≈ *Eco*MANAGEMENT ≈

01

via Silvano Caleri, 14
42100 Reggio Emilia, Italie
info@centroesserci.it
www.centroesserci.it
ISBN 88-87178-72-0

Public : les dirigeants et leurs collaborateurs, les parents et leurs enfants, les enseignants et leurs étudiants, les pasteurs et leurs fidèles, les chefs syndicaux et leurs membres, les politiques et leurs citoyens...

Couverture : Olivier Latyk
Projet graphique : Delicatessen

GILLES CHAREST

La démocratie se meurt, vive la sociocratie!

Le mode de gouvernance qui réconcilie
pouvoir & coopération !

esserci
edizioni

À la racine de la violence, il y a toujours
un manque de vocabulaire !

Gilles Vigneault

Ce n'est pas le pouvoir qui corrompt,
c'est la peur. La peur de perdre le pouvoir
pour ceux qui l'exercent et la peur d'en être privés
pour ceux qui le subissent.

Aung San Suu Ky

Préface

Lorsque Gilles Charest m'a invité à écrire la préface de son livre Vive la sociocratie, c'est un survol de mon cheminement professionnel qu'il a provoqué.

Ma relation avec l'auteur

J'ai connu Gilles Charest à l'époque où le Cirque du Soleil transitait de son statut de départ de petit organisme sans but lucratif, composé de saltimbanques, à une véritable entreprise commerciale dirigée par Guy Laliberté (désigné en juin 2007 « Entrepreneur de l'année au niveau mondial » par la firme Ernst & Young). À cette époque, en tant qu'organisateur-conseil auprès de cette entreprise en forte croissance, qui allait devenir la plus grande entreprise de cirque au monde, je recherchais des experts pour nous aider à mieux comprendre les fondements et les comportements d'une grande organisation. C'est à travers les interventions de Gilles que j'ai pris conscience de l'importance de la vision partagée et du partage responsable du pouvoir comme moteur d'une organisation.

Par la suite, Gilles est intervenu dans de nombreux mandats de consultation que j'ai réalisés au Québec et ailleurs. À chacune de ses interventions, il a toujours su mettre en perspective les enjeux du client et les forces des dirigeants pour y faire face.

Gilles est aussi intervenu à des moments clefs de mon propre cheminement professionnel depuis près de vingt ans. Il a orienté et influencé avec beaucoup d'écoute et de compassion le cours de ma carrière. Je profite de cette occasion pour le remercier et l'encourager à poursuivre dans le monde son travail inspirant.

Ma relation avec la sociocratie

La sociocratie repose sur la vie en communauté et les lois universelles qui ont créé le monde dans lequel nous vivons. Le modèle est novateur, mais ses fondements sont ancestraux. C'est un modèle organisationnel qui bouscule nos réflexes démocratiques si bien établis dans nos organisations. Par exemple, en sociocratie, la majorité ne peut pas imposer son choix à la minorité. La sociocratie nous invite donc à revoir notre approche de l'exercice et du partage du pouvoir, car c'est bien de cela qu'il s'agit.

Ce modèle repose sur trois grands principes. Les membres de l'organisation n'exercent pas de contrôle les uns sur les autres, ils partagent un but commun et, finalement, ils créent ensemble en mariant leurs contributions. Ces trois principes sont à la base de nombreux projets réussis auxquels j'ai contribué.

En fait, le mode de gouvernance, dont ce livre fait la promotion, prend sa source dans la sagesse de toutes les grandes traditions sur l'art de vivre ensemble. Il rejoint l'enseignement que m'a transmis un grand maître japonais de Kyudo (art martial du tir à l'arc) : le but n'est pas la cible mais la trajectoire. La sociocratie est aussi simple que cela : le processus est tout aussi important que le but à atteindre (ou le projet à réaliser).

L'implantation de la sociocratie oblige un changement réel de comportement puisqu'il change les règles de communication et de prise de décision. Vous devrez consacrer du temps pour soutenir le passage à ce mode de gouvernance plus en lien avec les lois de la Vie. Pas à pas, vous créerez les conditions organisationnelles pour que votre personnel vive libre et responsable, ce qui est le rêve de tout entrepreneur qui veut grandir.

Imposer la sociocratie à votre organisation est un non-sens. Faire évoluer ses pratiques de gestion par une pédagogie respectueuse des limites de ses membres est déjà la mise en pratique du mode de gouvernance sociocratique.

Ma relation avec les leaders

J'ai eu le privilège d'accompagner plusieurs grands leaders culturels au Québec et ailleurs dans la réalisation de leurs rêves les plus fous. Je peux dire que j'ai fréquenté des gens de pouvoir et j'ai pu observer que certains ont construit leur empire sur la coopération autour d'une idée-phare et que d'autres ont détruit leurs rêves dans des luttes de pouvoir et des crises d'ego.

Aujourd'hui, mon rôle à la synergie créative consiste à encourager l'émergence de la créativité au Cirque du soleil et à contaminer cette organisation aux nouvelles tendances artistiques dans le monde afin de tracer le chemin de la pérennité de l'excellence créative de cette organisation qui est devenue la plus grande entreprise culturelle au Canada et le plus grand cirque au monde. Un défi inspirant que je ne pouvais pas laisser passer!

Au Cirque du Soleil, une cellule créative composée des concepteurs et réalisateurs est mise en place pour chaque nouveau spectacle. C'est un modèle de complicité transdisciplinaire où le talent de chaque membre est mis à contribution au profit de l'oeuvre commune. Mon travail consiste à bâtir des ponts entre les cellules créatrices et les services de soutien pour développer une approche originale qui favorise le management de la liberté créative.

Management et créativité sont souvent en opposition, mais doivent cohabiter non seulement dans une entreprise de création comme le Cirque du Soleil, mais dans toute organisation qui veut demeurer vivante et prospérer. C'est un véritable défi de gestion qui oblige les dirigeants à revoir leur vieux modèle de gouvernance pour associer tous les acteurs de l'organisation. La sociocratie est une réponse à ce défi mondial.

Merci Gilles pour ta détermination à promouvoir et implanter ce modèle de gouvernance des temps modernes.

Jacques Renaud
Vice-président synergie créative
Siège social international, Cirque du Soleil

P.-S.
Il est amusant de noter que le correcteur de mon ordinateur nouveau cri, avec lequel j'écris cette préface, indique une erreur soulignée en rouge lorsque j'utilise le mot sociocratie car il n'existe pas dans sa mémoire. Les organisations qui ont aujourd'hui l'audace d'implanter la sociocratie sont les précurseurs pour faire reconnaître ce modèle et l'inscrire un jour dans nos dictionnaires !

TABLE DES MATIÈRES

Introduction

POUVOIR !

Le mot a mauvaise presse au point où l'homme de la rue en est venu à croire que le pouvoir corrompt.

Ce n'est pas le pouvoir qui corrompt. Le pouvoir est une force neutre qui meut tout ce qui existe. Il est à la base de la pulsion évolutive de l'univers. Tous les êtres vivants sont dotés de pouvoir. Il leur est indispensable pour satisfaire leurs propres besoins.

Les abus de pouvoir dont nous sommes les victimes sont en fait le résultat d'erreurs dans l'organisation de la vie en commun. Alexis de Tocqueville écrivait déjà en 1840 dans son livre tome II *De la démocratie en Amérique* :

> « Il y a un passage très périlleux dans la vie des peuples démocratiques.
>
> « Lorsque le goût des jouissances matérielles se développe chez un de ces peuples plus rapidement que les lumières et que les habitudes de la liberté, il vient un moment où les hommes sont emportés et comme hors d'eux-mêmes, à la vue de ces biens nouveaux qu'ils sont prêts à saisir. Préoccupés du seul soin de faire fortune, ils n'aperçoivent plus le lien étroit qui unit la fortune particulière de chacun d'eux à la prospérité de tous. Il n'est pas besoin d'arracher à de tels citoyens les droits qu'ils possèdent ; ils les laissent volontiers échapper eux-mêmes. (...)
>
> « Si, à ce moment critique, un ambitieux habile vient à s'emparer du pouvoir, il trouve que la voie à toutes les usurpations est ouverte. Qu'il veille quelque temps à ce que tous les intérêts matériels prospèrent, on le tiendra aisément quitte du reste. Qu'il garantisse surtout le bon ordre. Les hommes qui ont la passion des jouissances matérielles découvrent d'ordinaire comment les agitations de la liberté troublent le bien-être, avant que d'apercevoir comment la liberté sert à se le procurer ; et, au moindre bruit des passions politiques qui pénètrent au milieu des petites jouis-

sances de leur vie privée, ils s'éveillent et s'inquiètent ; pendant longtemps la peur de l'anarchie les tient sans cesse en suspens et toujours prêts à se jeter hors de la liberté au premier désordre.

« Je conviendrai sans peine que la paix publique est un grand bien ; mais je ne veux pas oublier cependant que c'est à travers le bon ordre que tous les peuples sont arrivés à la tyrannie. Il ne s'ensuit pas assurément que les peuples doivent mépriser la paix publique ; mais il ne faut pas qu'elle leur suffise. Une nation qui ne demande à son gouvernement que le maintien de l'ordre est déjà esclave au fond du cœur ; elle est esclave de son bien-être...

« Il n'est pas rare de voir alors sur la vaste scène du monde, ainsi que sur nos théâtres, une multitude représentée par quelques hommes. Ceux-ci parlent seuls au nom d'une foule absente ou inattentive ; seuls ils agissent au milieu de l'immobilité universelle ; ils disposent, suivant leur caprice, de toutes choses, ils changent les lois et tyrannisent à leur gré les mœurs ; et l'on s'étonne en voyant le petit nombre de faibles et d'indignes mains dans lesquelles peut tomber un grand peuple...

« Le naturel du pouvoir absolu, dans les siècles démocratiques, n'est ni cruel ni sauvage, mais il est minutieux et tracassier. »

Jusqu'ici, nous avons cru dominer la nature et cette prétention nous a éloigné de la sagesse qui régit l'univers. La conséquence de cette étourderie n'est pas seulement source de pollution de notre environnement physique, mais également l'origine des erreurs dans l'organisation de notre vie en commun. Les conflits et la violence dont nous sommes quotidiennement les témoins résultent en fait de la destruction des structures naturelles de communication et de prise de décisions qui régulent les systèmes vivants. Les problèmes sociaux qui nous confrontent deviennent donc le terrain propice à une nouvelle édification, une édification ancrée, dès l'origine, dans les lois qui régissent l'organisation du vivant. Ces lois ne sauraient, sans conséquences fâcheuses, être déformées ou ignorées.

Le premier chapitre de ce livre raconte la légende des MoaZoa, un peuple autochtone qui aurait vécu avant l'arrivée des blancs en Amérique. Selon la légende, ils connaissaient les principes du mode de gouvernance sociocratique. En utilisant la forme du conte, j'ai voulu toucher le cœur des lecteurs avant leur intellect. Je crois au pouvoir transformateur des arts et de la poésie. J'espère que ce compte saura vous émouvoir et éveiller en vous un savoir endormi concernant l'organisation de la vie en commun.

Le second chapitre débat du fait social et de son importance dans le développement et l'évolution des individus qui composent une communauté. Pour comprendre la sociocratie, le pouvoir du NOUS, il faut d'abord comprendre comment ce NOUS se constitue ainsi que son importance pour la santé individuelle et collective.

Le troisième chapitre décrit l'influence de la structure de communication et de prise de décisions sur le comportement humain. Il explique les fondements sur lesquels repose la sociocratie.

Le quatrième chapitre présente les règles du mode de gouvernance sociocratique.

Le cinquième chapitre discute des règles de communication qui sont implicites dans le mode de prise de décisions par consentement.

Le sixième chapitre présente l'interaction des différents lieux de communication organisationnelle : le groupe d'amélioration, le cercle de prise de décisions et l'équipe de coordination. On y débat des différents processus qui doivent animer ces différents lieux dans une organisation sociocratique.

Le septième chapitre explique le déroulement d'une rencontre de cercle et explique les rôles des officiers de cercles comme animateurs de la vie sociocratique de l'organisation.

Le huitième chapitre fait le lien entre le modèle de gouvernance sociocratique et l'approche systémique pour cerner la réalité d'une organisation. Chaque cercle sociocratique est un système en lui-même faisant partie d'un ensemble plus vaste.

Le neuvième chapitre développe le modèle de gouvernance sociocratique dans ses aspects économiques et juridiques. Nous y discutons du déploiement de ce modèle pour la gestion des collectivités et présentons nos réflexions sur l'évolution des syndicats pour accompagner le changement que commande le mode de gouvernance sociocratique.

Le dixième chapitre discute de la stratégie d'implantation du mode de gouvernance sociocratique dans une organisation.

Le onzième chapitre présente les divers outils reliés à l'animation de la vie d'une organisation sociocratique.

Le douzième chapitre discute des lois qui régissent le vivant et sur lesquelles prétend s'appuyer le modèle sociocratique de gouvernance.

J'espère contribuer par cet ouvrage à soutenir partout sur la planète le rêve de ceux qui travaillent à construire des organisations plus humaines, plus efficaces et plus respectueuses de la vie.

Gilles Charest, Lac Simon, 2007-06-15

Chapitre 1
Le peuple des MoaZoa

Il était une fois un pays que ses habitants appelaient « le jardin du monde » tant la nature y était florissante, les lacs poissonneux et les forêts giboyeuses. La nation des MoaZoa, comme ils se nommaient eux-mêmes, y vécut heureuse jusqu'au jour où l'histoire que je vais vous raconter commença.

J'ai reçu cette histoire en songe à un moment de ma vie où je désespérais de moi et de l'humanité. Ce rêve me sortit de ma dépression et de l'impuissance que je vivais à cette époque. Il donnait un sens à ma quête : « que faire pour mieux vivre et mieux travailler ensemble ? »

Le chef des MoaZoa de cette époque m'est apparu durant plusieurs nuits consécutives dans son costume de souverain. Il était vêtu d'une tunique en peau de chevreuil peinte de motifs bleus et blancs. Dans ses cheveux noirs, il portait une plume d'aigle royal et au front, une pierre blanche d'où irradiait une force telle, que je pouvais à peine contempler son visage. Brodé sur son cœur, je reconnus un symbole qui me fut expliqué plus tard.

Il me répéta trois nuits de suite de communiquer son histoire à tous ceux qui aspirent encore aujourd'hui à construire un monde meilleur. C'est, paraît-il, très important pour lui car si son histoire réussit à inspirer quelques personnes parmi nous, il sera définitivement libéré des erreurs qu'il a commises lors de son dernier séjour sur terre comme chef des MoaZoa.

Voici son histoire !

La vision du monde des MoaZoa

L'origine du nom de mon peuple remonte au temps de Bison Blanc le shaman le plus sage que nous avons eu la grâce d'accueillir.

Il nous enseigna les lois de la Vie et nous montra patiemment comment vivre d'après elles. Avant son départ pour un pays qui se situe au-dessus du pays de nos ancêtres, il nous demanda de prendre le nom des MoaZoa pour que jamais nous ne puissions oublier son enseignement. On pourrait traduire ce mot par « Moi-Nous ». Il nous rappelle qu'en aucun cas l'individu n'est séparé du Grand Tout.

Cet enseignement devait rester vivant et se transmettre d'une génération à l'autre sans avoir besoin d'être consigné dans quelque code que ce soit. À cette époque, nos connaissances techniques étaient certes moins élaborées que les vôtres, mais notre culture était beaucoup plus riche et notre société plus apte à permettre à ses membres de trouver le chemin du bonheur.

Nos shamans recevaient en songe des symboles éternels qui nous révélaient les secrets de l'univers. Ces connaissances demeurent pour vous encore aujourd'hui un mystère. Je porte, brodé sur ma tunique, le plus éminent de tous ces symboles : un anneau évoquant le Grand Tout dans lequel est sertie une croix à branches égales représentant le pouvoir des 4 directions. Ce symbole est universel et sa signification a été gardée dans son sens à peu près exact par les peuples frères des MoaZoa que vous appelez aujourd'hui les Amérindiens. La « Roue de la Médecine », comme ils l'appellent, explique les lois de la création.

Nous apprenions très jeunes de nos mères que tout ce qui existe s'alimente à la même source : l'irradiation du Grand Manitou. Pour cette raison, nous parlons au vent et aux nuages car ils nous informent des pensées du Grand Esprit. Nous parlons à la terre parce qu'elle nous nourrit. Nous écoutons les astres car nous brûlons du même feu qu'eux. Nous aimons le chant des ruisseaux et des rivières car il nous murmure comment vaincre tous les obstacles. La forêt qui nous sert de jardin est pour nous le livre de la Vie.

Nous le savons, la vérité est vivante et éternelle. La montagne majestueuse, le brin d'herbe le plus humble, le bison, la souris, l'aigle et l'ours, tous nous parlent à leurs façons des lois de la Vie.

Nous savons qu'il est impossible de s'approprier la Vérité et de la garder comme un trésor dans un coffre. Elle demeure pour chacun une richesse tant et aussi longtemps que nous en témoignons par notre façon d'être, imitant en cela tous les autres êtres vivants.

Les pictogrammes sacrés, que les êtres de la nature montrèrent à nos shamans, expliquent mieux que les mots le sens des lois qui régissent notre existence et le lien que nous entretenons avec l'univers. Récemment, ils dessinèrent à nouveau ces mêmes symboles dans des champs céréaliers en Angleterre et ailleurs dans le monde. Vous devriez vous intéresser à ces phénomènes que vous qualifiez d'insolites car c'est un signe des temps qui annonce un renouveau pour l'humanité. Bison Blanc nous révéla jadis le sens de ces symboles et nous donna, en conséquence, des règles de conduite qui devaient maintenir notre peuple vivant.

⊕ GARDE CLAIRE LA SOURCE JAILLISSANTE DE TES PENSÉES TU FAIS AINSI RÉGNER LA PAIX ET PAVES LE SENTIER DE TON BONHEUR.

⊕ SI TU VEUX LE SUCCÈS ENTREPREND RIEN SEUL. DEMANDE ET ACCEPTE L'AIDE VISIBLE ET INVISIBLE QUI CHAQUE JOUR T'EST OFFERTE.

⊕ ESTIME CHAQUE CRÉATURE VIVANTE : LEUR VIE EST LIÉE À LA TIENNE.

⊕ RESPECTE LA FEMME, PROTÈGE-LA ET ÉCOUTE-LA. ELLE EST PROCHE DES PENSÉES DU GRAND ESPRIT.

⊕ PASSE PAS UN SEUL JOUR SANS AVOIR FAIT UN TRAVAIL AU SERVICE DE LA COMMUNAUTÉ.

⊕ OUBLIE PAS DE DIRE MERCI. CE QUE TU ES ET CE QUE TU AS, LE GRAND MANITOU TE L'A DONNÉS. TU LUI APPARTIENS.

⊕ GARDE LE SENS DE L'HUMOUR, UN RIRE FRANC REND LIBRE.

Ces règles de conduite furent celles de nos ancêtres jusqu'à moi. Durant mon règne, nous nous sommes écartés pour un temps de ces prescriptions. La leçon fut sévère. Notre nation s'en souviendra pour l'éternité.

L'histoire des MoaZoa est liée à une prophétie que se sont appropriée toutes les nations amérindiennes et qui remonte au temps de l'arrivée de l'homme blanc en Amérique. Cette époque marqua pour notre nation un tournant décisif. Le temps de la réalisation de cette prophétie est maintenant arrivé. Elle dit : « *Lorsque l'homme blanc marchera sur le sentier des MoaZoa, l'humanité entrera dans le règne du Grand Renouveau* ».

Cette prophétie a été jusqu'ici bien mal comprise. Elle ne signifie pas que vous devez adopter le mode de vie des Amérindiens, mais plutôt redécouvrir l'enseignement éternel que nous avons nous-mêmes ignoré pendant un certain temps pour notre plus grand malheur.

Quant à moi, plusieurs générations après que Bison Blanc ait séjourné parmi nous, dans les années qui précédèrent l'arrivée de l'homme blanc en Amérique, je suis revenu dans le peuple des MoaZoa pour devenir leur chef. J'avais pour mission de raviver dans le cœur des miens les enseignements de Bison Blanc et de protéger mon peuple des malheurs qui risquaient de s'abattre sur lui. J'ai hélas failli partiellement à ma mission ! Je vais vous raconter mon histoire dans l'espoir qu'elle éclaire votre chemin et qu'à travers vous ma mission parvienne à sa fin.

La structure de notre peuple

J'avais 364 lunes quand le Grand Conseil, sous la recommandation du Conseil des Femmes, me donna le titre de Chef de la Paix.

De tout temps, les femmes désignent les Chefs. Ce rôle leur revient parce qu'elles voient grandir les enfants. Elles peuvent mieux que nous, les hommes, reconnaître, chez les jeunes enfants et chez les adolescents, les qualités de cœur nécessaires pour remplir les différents rôles utiles au développement harmonieux de notre communauté.

Il faut savoir que chez nous, la fonction de chef est assumée par une personne différente selon que nous sommes en paix ou en guerre. Le rôle de chef de guerre est assumé généralement par un des chefs de clan.

Nous croyons que de génération en génération, dans chaque nation, s'incarnent des êtres qui ont les talents nécessaires pour aider à l'évolution de toute la communauté. Encore faut-il les reconnaître. Cette fonction, chez les peuples avancés est toujours laissée aux femmes car elles ont pour rôle d'éduquer leur peuple à travers les enfants.

Pour cette raison, nos femmes ont toujours pris un grand soin de donner à chacun et chacune le nom qui lui convenait. Nous considérons que le nom que nous portons doit révéler notre individualité. Les garçons, suite à une quête personnelle pour avoir une vision plus sentie de leur destin, peuvent changer de nom à l'adolescence. Nos femmes, elles, gardent toujours le même nom car par nature la femme est plus sensible et il lui est plus facile qu'à nous de rester attentif aux pensées du Grand Manitou.

Dans ma quête de vision personnelle pour connaître ma mission, je partis seul en montagne. Après trois jours d'escalade, un loup blanc aux yeux rouges s'approcha de mon feu de camp assez près pour que je ressente tout ce qu'il voulait me dire. Je pris donc à l'adolescence le nom que me donna le Conseil des Femmes : « Regard Brûlant ». Le blanc symbolise pour nous la sagesse et le loup est un expert de la vie en société. C'est donc l'idéal que je me fixai : acquérir la sagesse nécessaire à la vie en société. Je compris plus tard pourquoi le loup de ma vision avait les yeux rouges !

Chez-nous nos femmes ont un grand pouvoir. Lorsqu'un homme prend femme, celle-ci continue d'aller faire cuire la nourriture destinée à son mari et ses enfants chez sa mère. La grand-mère garde ainsi un lien toujours vivant avec ses filles et ses petits-enfants. De cette façon, les femmes exercent un pouvoir silencieux et très puissant sur le peuple. Bison Blanc leur avait confié une mission particulière, celle de gardienne de la flamme de Vie que chacun porte en son coeur.

Les premières années de mon règne furent les plus heureuses. Comme je n'avais pas beaucoup d'expérience, je me fiais spontanément à la sagesse du Grand Conseil pour prendre toutes les décisions qui allaient affecter la vie de la nation. Les discussions avec le Grand Conseil m'initiaient toujours davantage aux enseignements de Bison Blanc et les décisions que nous prenions ensemble ne rencontraient jamais d'objection puisque les membres m'aidaient à les expliquer au peuple. Bison Blanc nous avait donné sur l'art de diriger une prescription : « *Diriger c'est aider, collaborer c'est comprendre* ». Ce principe sacré devait être la clé de voûte de nos institutions politiques. C'est pour cette raison qu'au Grand Conseil, comme dans les autres cercles constituant l'ossature de la nation, aucune décision n'était prise si un des membres y opposait une objection raisonnable. Le consentement de tous était requis pour passer à l'action. Bison Blanc avait dit :

> *« Observez la nature, rien n'est immobile, tout est en mouvement et obéit à la loi des cycles. Ainsi devez-vous vous mouvoir, vous les humains qui formez le corps d'un peuple. Aucune partie de l'immense ensemble ne doit rester inactive, sinon elle ne tarderait pas à perdre de la force et à paralyser l'ensemble. Il faut que vos actions s'engrènent l'une dans l'autre, joyeuses et libres, en une grande chaîne d'entraide depuis le Grand Conseil jusqu'à la base de votre structure sociale et qu'elles refluent, transmises à nouveau, vers le Grand Conseil. Ainsi prend naissance un cycle éternel dont le Grand Manitou fortifie le courant vital, bénissant ainsi votre travail. ».*

La structure de notre peuple était conforme à cette prescription. Le premier cercle de la nation était la famille. Les enfants, projets des ancêtres, s'ajoutaient aux deux parents pour former le cercle familial, le père assumant le rôle de chef et la mère, plus en contact avec la nature, assumant le rôle de conseillère. Pour nous, un homme devait s'efforcer de refléter le pouvoir du Grand Manitou, la femme sa sagesse. Les décisions importantes d'une famille se prenaient toujours sur la base du consentement des membres en âge de participer à la discussion.

Le regroupement des familles formait des clans dirigés de la même façon. Le conseil de clan était formé du chef de clan, des chefs de famille et d'un certain nombre de conseillers ou shamans. Le Grand Conseil à son tour était formé du grand chef, des chefs de clan et d'un groupe de conseillers.

Le lien entre chaque clan et le Grand Conseil de la nation n'était pas uniquement assumé par le chef de clan, mais par une ou plusieurs personnes désignées par chaque clan. Ceci pour permettre à la communication d'être plus fluide d'un niveau à l'autre. Les liens entre les clans étaient également multiples du fait des mariages de nos enfants avec ceux ou celles des autres clans.

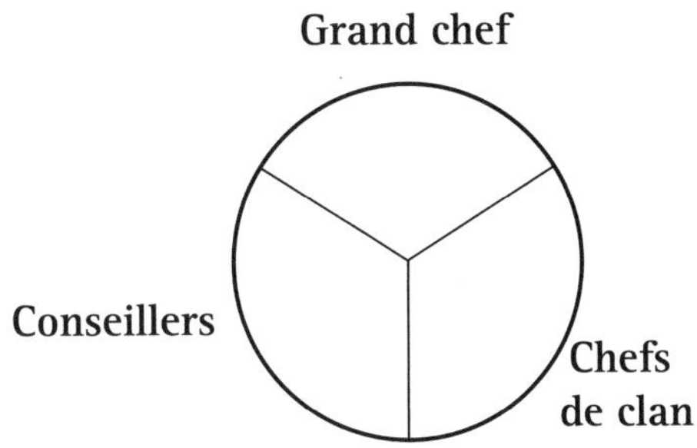

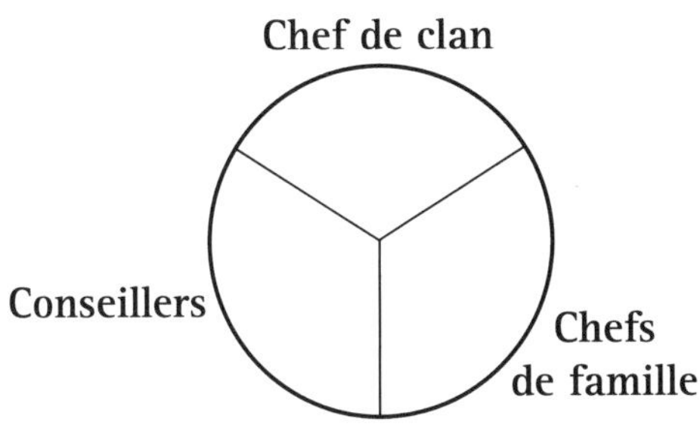

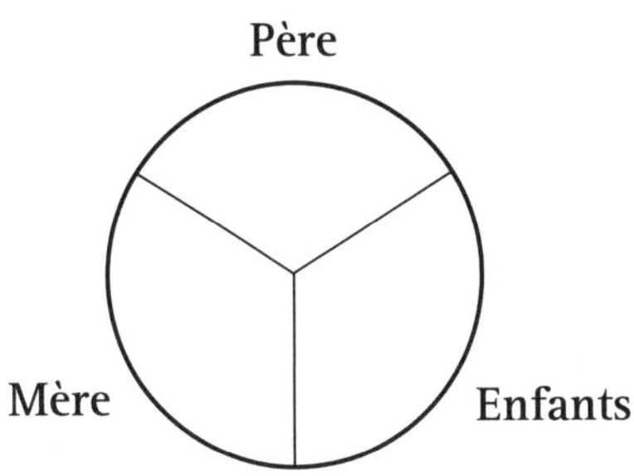

Bison Blanc avait dit un jour lors d'une grande fête du printemps :

> « *Tout ce que vous faites, vous devez le faire dans un cercle. Il en est ainsi parce que le Pouvoir de l'Univers agit toujours moyennant des cercles et toute chose tend à être ronde. Notre force et notre joie nous viennent du cercle sacré de la nation et, aussi longtemps que le cercle demeura entier, le peuple fleurira... Cette connaissance nous vient de l'Univers. Toute chose que fait le Pouvoir de l'Univers il la fait en forme de cercle. Le ciel est circulaire, et j'ai entendu dire que la terre est ronde comme une boule, et les étoiles, elles aussi sont*

rondes. Le vent, dans sa plus grande force, tourbillonne. Les oiseaux font leur nid en forme de cercle, car ils ont la même connaissance que nous (...) Nos tipis sont circulaires comme les nids des oiseaux et ils sont toujours disposés en cercle, le cercle de la nation : un nid fait de beaucoup de nids où le Grand Esprit veut que nous couvions nos enfants. ».

Comment le malheur s'abattit sur notre peuple ?

Bien des lunes éclairèrent nos nuits. Bien des printemps succédèrent aux hivers et toujours, suivant les enseignements de Bison Blanc, notre peuple prospérait.

Celui-ci, content de ma gestion, en éprouvait une grande reconnaissance. Leurs marques d'appréciation me flattaient et petit à petit je laissai pénétrer dans mon âme l'idée malsaine que j'étais personnellement la cause de cette prospérité.

J'en étais venu à croire que j'étais spécial et que ces marques d'appréciation étaient la preuve de ma grande sagesse. Sans trop m'en apercevoir, je m'appropriais chaque jour un peu plus personnellement le succès que j'aurais dû reconnaître aux lois qui régissent l'univers.

Conforté dans ma popularité, je sentis de moins en moins la nécessité de réunir le Grand Conseil de sorte que la fréquence de nos rencontres diminua et mon intérêt pour elles également.

Un jour se développa au sein du Grand Conseil un conflit important. Occupé à d'autres réalisations, je n'avais pas porté attention aux petits signes avant-coureurs de ce conflit que j'avais pourtant pressenti.

Hélas, au moment où je voulus intervenir, deux factions s'étaient déjà formées. Ce qui était, pour moi, au départ de simples points de vues opposés tournait maintenant à l'affrontement. On ne cherchait plus la Vérité, mais qui avait raison. Les discussions qui auraient dû rester le secret du cercle du Grand Conseil alimentaient des débats dans les différents clans et divisaient les familles.

Je remarquais que le travail des membres du Grand Conseil auprès du peuple avait changé. On parlait à mots couverts. Dans les sous-groupes qui se formaient ici et là régnait davantage une atmosphère de conspiration plutôt que celle de l'activité joyeuse habituelle.

Je pris peur. Ce conflit ne devait pas diviser notre peuple. Je décidai donc de dissoudre le Grand Conseil. Le printemps suivant, j'annonçai devant l'assemblée de la nation que, dorénavant, je dirigerais seul pour éviter la disharmonie. La majorité du peuple qui me vénérait m'approuva et je pris, avec l'appui de nos guerriers, le contrôle de nos institutions.

Les choses semblèrent entrer dans l'ordre. Encore une fois, j'avais pris la bonne décision car l'harmonie semblait régner à nouveau. Je m'en réjouissais.

Cependant, je ne tardai pas à réaliser mon erreur.

Les membres du Grand Conseil ne réagirent pas tous de la même manière. Les plus sages se retirèrent tout simplement pour ne pas envenimer la situation, les moins expérimentés continuèrent publiquement à dénoncer mon geste de sorte que mon autorité diminua auprès du peuple. Une certaine grogne couvait.

Je dus prendre d'autres décisions, mais j'avais sous-estimé le travail du Grand Conseil dans la mise en œuvre de celles-ci. Comme je n'avais plus personne pour m'aider à expliquer au peuple le bien-fondé de mes prises de position, je dus faire appel de plus en plus à la foi aveugle de mes sujets. Ma mission était de les guider et j'en étais réduit à leur demander d'obéir même s'ils ne comprenaient pas la raison de mes choix. Pourtant, je le savais : *diriger c'est aider, collaborer c'est comprendre*. Tel était bien l'enseignement de Bison Blanc.

Cela fonctionna tant bien que mal l'été, l'automne et l'hiver qui suivirent la dissolution du Grand Conseil, mais au retour des familles de leurs territoires de chasse, à la grande réunion du printemps suivant, j'ai dû faire appel à nos guerriers pour ramener à l'ordre certains contestataires. Cela se répéta souvent par la suite. J'en avais chaque fois le cœur brisé, mais je me disais : « Je ne peux tout de même pas permettre qu'on bafoue le pouvoir du chef, c'est la cohésion de toute la nation qui en sera ébranlée ».

Je me sentais de plus en plus seul et je m'apercevais que mon entourage si chaleureux du temps du Grand Conseil commençait à me craindre. Notre peuple si libre et joyeux devenait taciturne et cachottier.

Je décidai de redoubler d'ardeur et de me dévouer corps et âme à la direction des affaires de la nation. Je ne voyais plus ma famille, je travaillais jour et nuit. Je recevais d'innombrables délégations qui venaient me demander des choses souvent contradictoires. Mes conseillers n'osaient jamais me contredire et je demeurais seul à porter le poids de toutes les décisions.

Je faisais des mécontents chaque fois que je prenais parti pour un groupe de pression au détriment d'un autre. Des serviteurs fidèles, blessés par mes erreurs, commencèrent à me quitter. J'ai dû en choisir d'autres qui hélas n'avaient pas le même désintéressement et qui n'acceptaient ces postes que pour les honneurs que cela leur conférait.

Après quelques années de ce régime, j'étais épuisé. Mais ce que je ne pouvais supporter, c'était l'état d'esprit qui régnait chez mon peuple. Bison Blanc nous avait enseigné l'importance de garder claire la source de nos pensées pour préserver la paix sociale. Or de toute évidence, mon peuple n'était pas en paix. Les pensées qui flottaient au-dessus de nous n'étaient sûrement pas très lumineuses.

Le mécontentement et la déception faisaient maintenant place à une morosité qui me fendait le cœur. « Quand on ne rit plus, des forces maléfiques commencent à s'emparer de nos âmes » avait dit autrefois Bison Blanc.

Se pouvait-il que cette situation soit de ma faute ? Cette idée m'effleurait l'esprit, mais j'étais trop imbu de moi-même pour l'admettre franchement. Pourtant la douleur que j'éprouvais me le criait plus fort chaque jour si bien que la même année au moment où les feuilles tournèrent au rouge, je me résignai à rappeler le Grand Conseil.

Mais hélas, le Grand Conseil n'existait plus. Certes la plupart de ses membres étaient encore vivants, mais les liens subtils qui les unissaient et les reliaient aux autres cercles de la nation étaient brisés et ce que je voyais devant moi c'était une communauté malade. Chacun souffrait, isolé des autres, et personne n'était en mesure de rétablir le réseau de fils subtils qui autrefois nous soudaient les uns aux autres et nous unissaient également à nos ancêtres et tous les aides invisibles qui animent le cycle de la Vie.

Si au moins, nous avions pu partager notre peine ! Hélas, chacun restait sur ses positions, drapé dans une dignité blessée.

Je me devais de faire quelque chose, mais quoi ?

Le Grand Conseil se réunit à plusieurs reprises. Nous avons essayé de comprendre ce qui nous était arrivé. Nous passions plus de temps à nous accuser les uns les autres qu'à chercher, en nous-mêmes, les causes de notre malheur.

La guerre éclate

Le peuple voisin avait eu vent de notre division interne. Il en profita pour nous attaquer. Des échauffourées survenaient de plus en plus fréquemment sur nos frontières si bien qu'un jour la guerre éclata et je dus céder mon poste de Chef de la Paix au Chef de la Guerre. Cœur de Bison était un guerrier fort et très courageux que tous les membres du Grand Conseil appréciaient. Il sut rapidement recréer l'harmonie dans nos rangs. L'ennemi était à nos portes, il fallait nous défendre.

Je savais qu'une fois la guerre terminée, nous ne retrouverions pas la paix tant et aussi longtemps que nous ne comprendrions pas la cause profonde de ce qui nous divisait.

La guerre fut terrible pour les deux camps. Je me battais à côté de mon frère Cœur de Bison avec toute l'énergie que je pouvais déployer. Je prenais de grands risques car j'en étais venu à penser que je devais mourir au combat pour expier mes erreurs. Dans la bataille, je demandais d'être délivré et j'implorais le Grand Manitou de me pardonner d'avoir failli à ma mission de Chef de la Paix.

Un jour dans une attaque plus féroce que d'habitude, je pris les devants avec une poignée de braves et me lançai dans la bataille, à dix contre un. Je fus grièvement blessé et conduit dans un camp retranché pour y être soigné.

Touché par la grâce

Là, Vapeur de Joie, mon épouse, m'attendait. Mes fonctions, jusque-là, m'avait enlevé à ma famille et isolé sur mon île. Ce qui m'apparaissait au début comme un échec lamentable s'avéra être une bénédiction du ciel.

Les soins attentionnés de Vapeur de Joie me touchaient jusqu'au plus profond de l'âme. Comment se pouvait-il que je n'aie jamais été attentif à tout ce que cette femme portait en elle d'amour, de générosité, de grâce et de beauté. Jusque-là, j'avais pris pour acquis tous ses efforts pour rendre notre Tipi agréable et donner à nos enfants les soins et l'attention qu'ils demandaient.

À mesure que sa tendresse venait à bout de mes résistances, je sentais monter en moi une peine à nourrir une rivière. Je pleurais souvent en silence et quand Vapeur de Joie me surprenait, connaissant les raisons de ma détresse, elle me regardait chaque fois avec un sourire qui illuminait mon cœur et me procurait un bien-être mystérieux malgré mes souffrances.

Ma vie défilait devant mes yeux, je voyais dans son regard comment ma prétention de Grand Chef m'avait détourné de mon but ; comment j'avais négligé d'aimer mon peuple. Certes, je m'étais dévoué pour lui, mais cela ne lui avait pas apporté le bien-être que cette femme pouvait me donner par un seul de ses regards.

Elle ne soignait pas seulement mon corps, elle réveillait en moi de nouveaux élans. Je sentais à nouveau un contact vivant avec les forces de la nature. Se pouvait-il que le Grand Manitou m'ait pardonné ?

J'appris beaucoup de cette convalescence sur le pouvoir de l'amour. Je décidai de m'ouvrir, moi aussi, au grand courant d'énergie qui flue à travers l'univers depuis le Grand Manitou jusqu'à la terre. J'appris à voir avec les yeux de Vapeur de Joie. Cette nouvelle façon de faire et d'être régénérait mon corps et mon esprit.

Reconstruire la communauté

Le printemps suivant nous apporta une grande délivrance. La guerre avait pris fin et nous signions un traité de paix. J'étais guéri et prêt à reprendre mes fonctions. Cœur de Bison convoqua le Grand Conseil pour la signature du traité de paix et la passation des pouvoirs.

Après la cérémonie de la passation des pouvoirs du Chef de la Guerre au Chef de la Paix, je devais prendre la parole. J'avais la gorge nouée par l'émotion. J'étais incapable de parler. Je regardais les membres du Grand Conseil et un sentiment d'une telle compassion m'envahit que je croyais que j'allais éclater. Je n'avais pas de mot pour traduire mon sentiment, alors je leur dis tout simplement merci. À chacun individuellement, je dis merci. À cet instant, nos larmes alimentèrent la même rivière et de nouveau nous fûmes tous réunis dans le cercle sacré de notre peuple. L'amour coulait entre nous et nous nous sentions unis au reste de l'univers.

Cet instant inspira ces paroles de sagesse et de guérison au plus ancien membre de notre Grand Conseil :

Ô cercle précieux des amitiés profondes
Tu m'apprends la vie, tu me dis le monde
Tu es ma famille, je le sais très bien
On ne s'entend bien que parmi les siens

Caisse de résonance à nos pensées secrètes
Creuset de l'intuition, chapelle à la tendresse
Marché de nos échanges, témoin de nos silences
Théâtre de nos jeux, de nos chants, de nos danses

Il n'est rien que l'on dise hors du cercle sacré
Par chacun de nos pas, le temps y est marqué
Et quand on se croit seul au milieu de notre île
Les mots que l'on se dit, nous appartiennent-ils ?

Après ces événements, la vie reprit son cours dans notre communauté. À nouveau, je faisais confiance au Grand Conseil et il me faisait confiance. Je n'étais plus le chef décideur, mais le chef des exécutants des sages décisions du Grand Conseil comme les enseignements de Bison Blanc l'indiquaient depuis toujours. Les leçons que chacun tirait de l'expérience que nous vivions ensemble alimentèrent le Grand Conseil pendant toute l'année.

Au printemps suivant, nous avons organisé une fête et tous les membres du Grand Conseil ont fait serment, devant le peuple, de ne plus jamais briser les fils de matière subtile qui constituent la structure de notre nation. Cette structure est la coupe sacrée qui contient notre plus grande richesse : la culture de notre peuple, c'est-à-dire les valeurs, les connaissances et le savoir-faire issus de l'enseignement de Bison Blanc. En signe tangible de cet engagement, le Grand Conseil fit sculpter dans le tronc d'un gros érable une coupe qui devint pour nous le symbole de notre lien retrouvé.

La mission du peuple des MoaZoa n'est pas terminée

234 lunes plus tard arriva chez nous l'homme blanc. Pour le peuple des MoaZoa, cet événement marqua l'heure de notre départ. Les maladies qu'emporta avec lui l'homme blanc décimèrent mon peuple en l'espace d'un seul hiver. Notre système immunitaire n'était pas préparé à ces attaques.

Le temps était venu, pour nous, de rejoindre nos ancêtres pour une grande réunion des MoaZoa. Nous devions nous préparer dans l'au-delà à notre nouvelle mission pour que s'accomplisse l'ancienne prophétie amérindienne : « Lorsque l'homme blanc marchera sur le sentier de l'Amérindien, l'humanité entrera dans le règne du Grand Renouveau ».

Aujourd'hui nous sommes de retour sur terre, incarnés dans plusieurs peuples. Plusieurs MoaZoa sont parmi vous pour y terminer leur apprentissage personnel en y enseignant le pouvoir du véritable amour. Ils portent au front une étoile et ils apportent avec eux la connaissance de Bison Blanc.

Si cette histoire vous a touché, vous faites peut-être partie du peuple des MoaZoa. En tout cas, je vous souhaite de reconnaître ces privilégiés et de les aider dans leur mission. Ils possèdent la clé pour restaurer le « jardin du monde ». Aidez-les ! Vous en retirerez pour vous et votre peuple le plus grand bienfait.

Chapitre 2

Entre toi et moi, y a-t-il de la place pour nous ?

Ravivée par la turbulence de ce début siècle, l'espérance d'un Grand Renouveau plane sur notre monde.

À l'échelle de la planète, nous assistons à des bouleversements sociaux, économiques, organisationnels, politiques et écologiques qui donnent le vertige. Emportées dans ce tourbillon, nos vieilles certitudes se désagrègent en même temps que la confiance des citoyens dans le pouvoir des politiques, de la science, de l'argent, des idéologies et des églises. Nous traversons, de toute évidence, un passage historique marqué d'un grand espoir de changement car jamais, de toute son histoire, l'humanité, malgré ses acquis technologiques, ne s'est sentie aussi démunie.

Dans ce contexte, la prophétie amérindienne *« quand l'homme blanc marchera sur le sentier de l'Amérindien, le monde entier entrera dans l'ère du Grand Renouveau »* intrigue. Après tout, peut-être y a-t-il dans la légende des MoaZoa, une clef pour construire un monde meilleur ?

Plusieurs penseurs et observateurs contemporains estiment que l'apparente désolation de nos sociétés prépare des forces neuves qui annoncent déjà notre salut. Selon eux, les difficultés qui nous menacent nous obligent à vaincre notre dépendance paralysante à l'égard des pouvoirs établis et des idéologies dominantes et à puiser en nous-mêmes les moyens de réinventer une vie sociale, économique et politique à la dimension de la liberté et de la dignité humaine. Cette pensée est à rapprocher de la légende amérindienne. Le temps serait-il maintenant venu de reprendre en main notre destin et de nous bâtir un futur à la hauteur de nos aspirations les plus profondes ? Je le crois volontiers. Et vous ?

Le remède qui cause la maladie

Nous cherchons partout la cause de nos problèmes sans jamais remarquer que nos solutions les alimentent. L'homme de la rue cherche des coupables. Il accuse les parents, les professeurs, les étudiants, les fonctionnaires, les chefs d'entreprises, les syndicats, les policiers, les employés, les immigrants, les intellectuels, les scientifiques, les militaires et bien évidemment les politiques qui, croit-il, permettent la corruption et tous les maux qui en découlent.

Cette chasse aux coupables laisse insatisfait. Elle rend même mal à l'aise parce que, intuitivement, nous sentons bien que nous sommes responsables de ce qui nous arrive.

Quant à faire face à cette responsabilité, il faut croire que nous ignorons encore comment y arriver. Cela explique le manque d'originalité des solutions qu'on nous propose et que nous acceptons. Elles consistent généralement à demander à l'État de mettre sur pied des mesures d'assistance, de créer des organismes dont la mission est de gérer nos problèmes à notre place. Curieusement, ces organismes réclament toujours plus de ressources parce que les problèmes qu'ils devaient résoudre s'intensifient au lieu de se résorber.

On peut donc en déduire que nos solutions empirent le problème.

Imaginez qu'on nous demande de trouver la cause de la diminution alarmante du stock de poisson d'un lac.

Ce n'est pas en élevant des poissons dans des viviers artificiels que nous répondons à la question posée. Tant que nous éviterons de nous intéresser à l'eau du lac et aux désordres environnementaux qui entraînent la mort de ces poissons, nous ne proposerons aucune mesure susceptible de solutionner ce problème.

Et s'il en était de même pour les problèmes humains de notre époque ? Si nous avions empoisonné sans nous en rendre compte l'environnement social dans lequel nos propres enfants grandissent ?

Si nous sommes intervenus dans notre environnement physique de façon irresponsable depuis des siècles, croyant que la nature pouvait indéfiniment absorber les chocs que nous lui infligions, se pourrait-il que nous ayons ignoré également les lois de l'écologie sociale et pollué en même temps nos milieux de vie ? C'est bien là le message du chef des MoaZoa.

Quelles sont les conséquences de notre ignorance sur la santé économique, politique et culturelle de nos communautés ? Nous commençons à peine à nous poser la question et à reconnaître l'importance de la qualité du tissu social sur la santé des individus et des communautés.

Quand nous parlons ici de tissu social, nous référons à l'ensemble des liens vivants qui unissent les membres d'une communauté et permettent, non seulement une saine communication entre ceux-ci, mais surtout, l'émergence d'une culture capable de soutenir le développement de tous.

Imperceptiblement, mais graduellement, le tissu social de presque tous les pays se détériore. Partout, la structure de la famille ainsi que les rapports à l'autorité se modifient. L'absence grandissante de l'influence des aînés, des oncles, des tantes, des cousins, des cousines auprès des enfants consacre la disparition du clan familial traditionnel comme réseau de supports institutionnels. Le taux de divorce ne cesse d'augmenter et avec l'évolution des conditions économiques, les populations se concentrent de plus en plus dans des agglomérations où l'individu disparaît dans la foule des « sans noms ».

Nous ne devenons pas des personnalités plus conscientes et autonomes parce que nous abandonnons les structures traditionnelles. Nous restons fondamentalement des êtres sociaux. Nous aurons toujours besoin des autres pour construire notre identité et actualiser notre potentiel.

Dans la société dite moderne, l'individu a beau crier sur la place publique « moi, moi, moi ! », il n'obtient d'autre réponse que l'écho de sa voix. C'est à croire que dans nos cités, les habitants deviennent, petit à petit, sourds, muets et aveugles les uns aux autres. Les liens qui les unissent s'étiolent.

Le choc qui m'a ouvert les yeux sur l'impact phénomène de la dégradation du tissu social s'est produit, au tout début de ma carrière, lors d'une expédition en canot avec mes collègues de travail de l'époque. Nous avions décidé de descendre une rivière qui réunit le réservoir Gouin au réservoir Cabonga, dans la réserve faunique de La Vérendrye au cœur du Québec.

Nous étions descendus du train qui nous avait amenés à notre point de départ dans une petite communauté amérindienne le jour même où les autorités gouvernementales venaient de distribuer les prestations d'assistance sociale. Je fus témoin ce soir-là d'un spectacle qui a ouvert dans mon cœur une blessure qui continue encore aujourd'hui de m'instruire. Dans les regards d'enfants entre six et quinze ans, j'ai vu tout le délabrement d'une communauté. Ivres ou sous l'effet de la drogue, ces jeunes nous racontaient sur tous les tons leur envie en même temps que leur impuissance à sortir de leur réserve prison. Ils semblaient nous crier : *« ne voyez-vous pas que votre assistance nous tue, ce dont nous avons le plus besoin, c'est d'établir un lien d'échange mutuel avec le monde. Sans ce lien, nous perdons jusqu'au sens de nos propres valeurs ».*

De toute évidence, pas plus les humains que les animaux ne sont faits pour vivre dans un zoo et ce, même s'ils sont nourris par un État soi-disant bienveillant.

De « JE » à « TU » en passant par le « NOUS »

Comment s'édifie le fait social ?

Le fait social prend naissance avec le processus de communication lié aux nécessités même de la vie. Tant que nous vivons, nous communiquons. Nous pouvons mal communiquer, mais consciemment ou pas nous communiquons. Chaque pensée, chaque parole, chaque geste que nous posons est un message que nous lançons dans l'environnement pour y chercher la satisfaction à nos besoins.

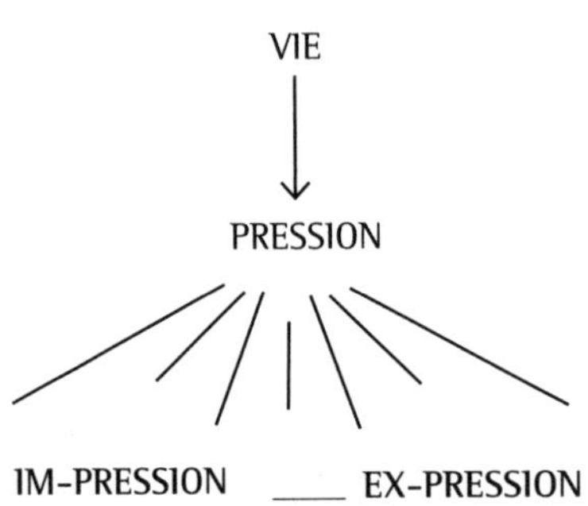

La Vie en tant que force exerce une pression qui engendre mouvement et chaleur.

Cette pression met l'univers en mouvement, elle est le moteur de l'évolution. Nous ressentons cette pression de la Vie dans chaque cellule de notre corps physique et nous utilisons la force dont elle est une manifestation à chaque instant.

D'un côté, le monde extérieur par l'intermédiaire de nos sens fait **impression** sur nous. De l'autre, la pression interne de nos besoins nous oblige à l'**expression,** à la communication avec l'environnement pour les satisfaire.

Au sens mécanique du terme, la communication est un jeu de pression, de poids et de contrepoids, permettant un échange mutuellement profitable avec notre environnement. C'est la danse de la vie. Notre qualité de vie est donc fonction de la qualité de nos liens avec les autres et notre environnement.

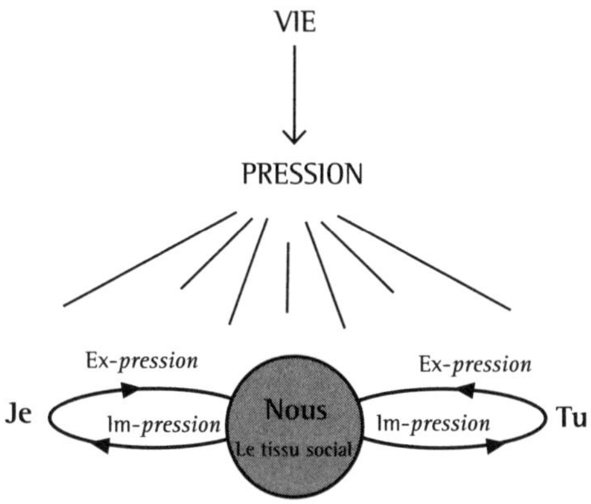

Dès que deux ou plusieurs personnes communiquent, des liens conscients et inconscients se tissent entre elles. C'est ainsi qu'entre « **je** » et « **tu** » se trame une autre dimension de la réalité que nous désignons affectueusement par le pronom « **nous** » : c'est là le germe du fait social.

De quoi est fait le « NOUS » ?

Quand des personnes communiquent sur une base relativement permanente, les anthropologues observent le développement de ce qu'ils nomment une culture commune.

Quatre éléments importants constituent les bases culturelles d'un groupe :

1. Un langage commun ;
2. Des méthodes communes de résolution de problèmes ;
3. Des valeurs communes et des principes de vie partagés ;
4. Une vision du monde et un sens commun.

C'est grâce à ces outils culturels que les individus vont découvrir comment satisfaire leurs besoins, être heureux et réussir dans la vie.

Comment se développe le « NOUS » ?

Le « NOUS » se développe quand les membres d'une communauté sont associés aux décisions dont ils subissent les conséquences. Pour résoudre leurs problèmes et faire des choix collectifs, les individus doivent se concerter. Cette concertation va donner lieu à des échanges qui devront puiser dans le réservoir des outils culturels du groupe ou encore enrichir ce dernier par l'exploration de pistes nouvelles.

Le « NOUS » est donc un agent indispensable dans le développement d'une communauté en santé, c'est-à-dire une communauté capable de s'autoréguler.

Les recherches en psychologie de la connaissance (Feuerstein et Al) ont démontré que la réussite d'une personne est moins liée à son niveau d'intelligence qu'au répertoire de concepts, de stratégies de résolution de problèmes, de valeurs et de significations que lui a transmis son milieu social.

Le caractère écologique et systémique de la vie sociale

Le « JE » a donc besoin d'un « NOUS » comme tout être vivant a besoin de son environnement pour se développer et s'épanouir. S'il pose des gestes qui affectent l'équilibre de son environnement physique ou social, tôt ou tard l'effet de ses actes l'atteindra. La vie sociale obéit aux lois qui régulent les systèmes vivants. Chaque individu fait nécessairement partie d'un sous-ensemble appartenant au Grand Tout. Il y exerce une influence et doit aussi y récolter les conséquences de ses choix.

Depuis la dernière guerre mondiale, la cybernétique a trouvé des applications pratiques de cette vision écologique du monde en identifiant les conditions pour qu'un système soit capable de s'autoréguler. Ces découvertes ont donné le formidable développement que nous connaissons dans le domaine informatique.

Appliquées à la vie sociale, ces découvertes font la promotion d'un mode de gouvernance qui réconcilie l'individu avec la société en cadrant la liberté individuelle dans les limites de ceux et celles qu'elle affecte. Il faut compter parmi ceux que nos gestes affectent, la nature. Les désastres écologiques nous rendent tous les jours un peu plus conscients que la pollution physique est avant tout le résultat du désordre social. Conséquemment, si nous voulons guérir la terre, il est urgent de soigner la société.

L'intérêt croissant des chercheurs à l'égard du phénomène du « NOUS », du fait social, trouve dans la théorie des systèmes dynamiques un modèle explicatif qui rejoint les enseignements traditionnels des civilisations passées.

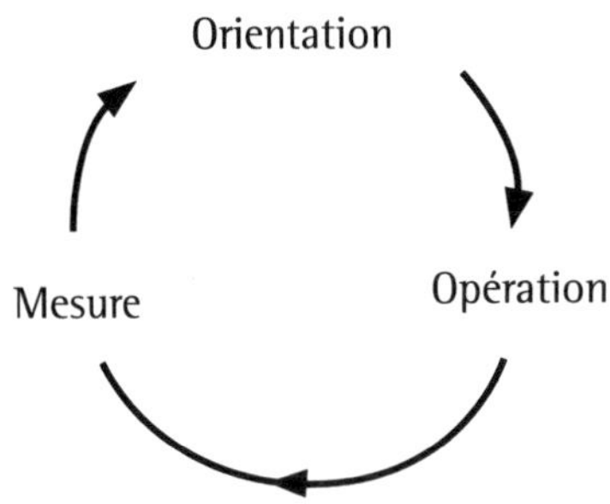

Rappelons qu'un système dynamique comprend trois grandes fonctions : l'une *oriente* le système, l'autre *exécute* les opérations nécessaires à l'atteinte du but visé par le système et la troisième *mesure* la progression vers ce but. Par exemple, pour avancer mon cerveau doit donner à mes muscles l'ordre de marcher, ceux-ci vont mettre mes jambes en mouvement, mes yeux et mes oreilles, quant à eux, vont évaluer la distance à parcourir et informer le cerveau de ma progression.

Une organisation, une équipe de travail, une famille, un groupe d'amis, une communauté sont tous des exemples de système dynamique qui pour s'adapter aux conditions changeantes de leur environnement doivent prendre des décisions, les exécuter et en mesurer les conséquences afin d'optimiser la satisfaction de leurs besoins.

Les recherches ont établi deux conditions pour qu'un système s'autorégule.

> La première est que les éléments du système ne doivent pas se contrôler mutuellement. Autrement dit, aucun élément ne doit imposer unilatéralement sa volonté aux autres.
>
> La seconde est que pour éviter le chaos qui ne manquerait pas de survenir, si aucun élément ne domine les autres, le système doit bénéficier d'une source d'énergie extérieure qui le mobilise.

Appliquées à la vie sociale, ces deux conditions veulent que pour se comporter comme un système dynamique en santé, les membres d'un groupe ne puissent pas se contrôler mutuellement, d'une part, et que, d'autre part, l'énergie qui les mobilise vienne d'une vision partagée, d'un but commun qui intègre les visions individuelles.

Comme l'être humain est un esprit libre, il se doit, pour garder son équilibre, de soupeser toutes les décisions auxquelles il adhère. Dans ce contexte, la fédération des consciences individuelles au sein d'un groupe ne peut se faire que par la recherche et la reconnaissance par tous les membres du bien commun.

L'autre voie pour forcer, à court terme, la cohésion collective est la violence et son pendant, la peur de la domination. Ce chemin a cependant pour conséquence, à long terme, l'appauvrissement voir même la destruction du « NOUS » car il contrecarre une des conditions pour qu'un système s'autorégule : pas de contrôle mutuel des éléments du système.

Deux processus qui nous tuent

Les chercheurs se perdent en conjectures sur les causes qui alimentent l'effritement de la structure d'une société. Pour le chef des MoaZoa, c'est simple, il faut attribuer ce phénomène à l'ignorance des enseignements traditionnels qui s'inspirant d'une vision écologique de l'univers privilégient la cohésion sociale.

En occident, l'évolution des sciences sociales, et particulièrement de la psychologie moderne, a surtout encouragé une vision de la société qui la réduit à la somme des individus qui la composent. On y fait à l'excès la promotion des droits et libertés individuels au détriment du fait social. Le « JE » a complètement supplanté le « NOUS ». L'attrait du succès individuel, la recherche pathologique de l'excellence et le goût du « vedettariat » n'auront jamais été aussi exacerbés qu'aujourd'hui.

Toujours est-il que, tant chez les MoaZoa que dans nos sociétés modernes, l'effritement de la structure sociale entraîne un phénomène inquiétant : **la baisse dramatique de la qualité et de la disponibilité de figures d'autorité crédibles dans la communauté.**

Ces figures d'autorité, ces chefs sont les maillons indispensables pour l'édification d'une saine structure de communication et de prise de décisions. Le premier signe de dégradation d'un système social c'est sans doute la diminution du nombre de ses chefs crédibles.

Nous commençons à peine à comprendre les conséquences de la diminution de ces médiateurs naturels à tous les niveaux de notre société sur la réussite tant individuelle que collective.

La baisse de la qualité et de la disponibilité des chefs naturels alimente deux processus sociaux qui nous tuent petit à petit :

1. **La centralisation des pouvoirs entre les mains d'un petit nombre**
2. **La diminution, chez un nombre grandissant d'individus de la capacité d'apprendre**

Depuis quelques années, ces phénomènes nous frappent davantage parce que, d'une part, l'État providence s'essouffle et qu'il cherche à refiler les responsabilités dont il ne peut plus assumer le poids aux gouvernements régionaux et municipaux.

D'autre part, le phénomène grandissant de l'échec et de l'abandon scolaire des jeunes nous renvoie lui aussi à la baisse de la qualité et de la disponibilité des chefs naturels de nos communautés. Attention, ce n'est pas l'intelligence des jeunes générations qui est remise en cause ici, mais plutôt la pauvreté des outils nécessaires pour qu'ils puissent s'en servir. Les concepts, les stratégies de résolution de problèmes, les principes de vie, la signification, en somme, les outils culturels que fournit naturellement une communauté en santé à ses membres sont de moins en moins transmis parce que les pédagogues naturels que sont les chefs de ces communautés ont disparu ou ne sont plus en état de faire leur travail.

L'impact de ces deux processus dans nos organisations et nos communautés est évident. Nous devons revoir à la base notre façon de vivre et de travailler ensemble. Nous mesurons maintenant l'ampleur du chantier à lancer pour reconstruire dans les organisations et dans les communautés, trop longtemps dirigées par une minorité autocratique, la structure de communication et de prise de décisions qui va laisser émerger à nouveau des chefs crédibles à tous les niveaux de la hiérarchie.

La centralisation des pouvoirs

Lorsque le tissu social d'une communauté se désagrège, nous assistons immédiatement à la centralisation des pouvoirs entre les mains d'une minorité : les autorités gouvernementales, quand la société est assez riche pour se le payer ou la mafia, dans le cas contraire. Dans plusieurs pays, ces deux pouvoirs vivent souvent en guerre ouverte, mais parfois, hélas, nous avons peine à ne pas les confondre. En tout cas, quand, dans une communauté, le pouvoir se centralise, les qualités morales de celle-ci diminuent. Perdu dans la cité, l'individu sans défense a un besoin évident de protection pour survivre. Si un État intègre ne peut lui garantir cette sécurité, d'autres s'en chargeront, ce qui ne surprendra personne.

Avec la centralisation des pouvoirs apparaissent quatre phénomènes qui renforcent le besoin d'intervention centralisée, créant ainsi un cercle vicieux.

Premièrement, on assiste à une diminution sinon à la disparition des lieux de concertation. Les grandes décisions sont prises dans des officines, loin du peuple, parce que les lieux de concertation traditionnels qu'étaient la maison familiale et les autres lieux naturels de nos petites communautés d'autrefois n'ont pas été maintenus. Dans un tel contexte, un gouvernement central fort demeure la seule option pour assurer la cohésion sociale.

Deuxièmement, pour justifier l'État central, il faut établir la primauté des droits individuels au détriment des droits collectifs. Il devient évident que pour garantir les droits individuels avant les droits collectifs, il faut retirer des pouvoirs aux communautés locales au profit du pouvoir central.

Troisièmement, les divisions administratives gouvernementales se chevauchent souvent de sorte que les batailles de juridiction et la réglementation abusive privent les citoyens d'un accès facile aux différents services disponibles. Ce qui ne fait que renforcir le pouvoir central.

Quatrièmement, la perte de contrôle généralisée qui résulte de la centralisation des pouvoirs engendre un climat d'insécurité auquel la collectivité répond en exigeant une intervention toujours plus importante du pouvoir central, dans le dessein de maintenir la paix sociale. On assiste alors à la prolifération des lois de protection : protection de la jeunesse, des personnes âgées, des minorités visibles, des handicapés, des chômeurs, des sans-abri, des femmes victimes de violence, etc. Nous sommes pris dans un cercle vicieux qui coûte de plus en plus cher parce que nos communautés locales sont de moins en moins capables de s'acquitter de leur rôle. C'est la crise.

Un groupe dont le pouvoir est concentré dans les mains de quelques individus devient rapidement vulnérable : par exemple, les délinquants, faute de surveillance adéquate, peuvent facilement abuser de la collectivité. En contrepartie, pour se défendre, celle-ci consentira au pouvoir central des mandats de plus en plus grands pour contrôler ses déviants. Résultat : la perte de contrôle se généralise.

Nos entreprises, les grandes surtout, n'échappent pas à cette tendance. La volonté de certains dirigeants de décentraliser le pouvoir vers la base se heurte à la résistance des masses de plus en plus désorganisées qui ont de la peine à se prendre en main, à assumer leurs responsabilités dans ces structures autocratiques.

La diminution de la capacité d'apprendre

Qui sont les chefs naturels d'une communauté et quel rôle jouent-ils dans une société en santé ? Autrefois, les chefs naturels étaient nombreux. Au niveau de la famille, par exemple, les grands-parents, les parents, les grands frères, les grandes sœurs, les oncles, les tantes, les cousins, les cousines et même les voisins exerçaient une influence sur les membres de la famille élargie. Aujourd'hui, les grands-parents ne vivent plus avec leurs petits-enfants. Les familles de plus de deux enfants sont si rares qu'elles suscitent l'admiration. Les deux parents travaillent à l'extérieur. La conversation entre parents et enfants est réduite à une moyenne de six heures par semaine. Chacun a ses activités : l'un s'amuse avec son jeu vidéo, l'autre écoute sa musique, les repas se prennent devant le téléviseur. En fin de compte, les enfants grandissent en bénéficiant de moins en moins de l'influence significative d'adultes dans leur vie. Ils grandissent en dehors du « NOUS ».

Il n'est pas question de faire ici une apologie nostalgique de la famille et des structures traditionnelles. Nous avons mille et un exemples de vies gâchées dans l'atmosphère étouffante de familles plus préoccupées par leurs ambitions sociales que par le bien-être de leurs membres. Il faut reconnaître, cependant, qu'il y a dans ces structures, lorsqu'elles fonctionnent sainement, une intelligence dont nous ne saurions pas nous passer sans en payer chèrement le prix.

Dans une structure sociale en santé, les chefs naturels sont des médiateurs importants, des enseignants indispensables.

Aujourd'hui, nous connaissons mieux leurs rôles. *Ils transmettent des stratégies de résolution de problèmes, des concepts, des principes de vie et surtout, ils donnent un sens à ce qui mérite d'être fait, ils expliquent le pourquoi des choses et le sens de la vie.* Ces outils sont indispensables pour apprendre à apprendre. En voici une description sommaire.

1° Les stratégies de résolution de problèmes

Comme le dit Scott Peck dans son livre intitulé *Le chemin le moins fréquenté* : « La vie est difficile ». Elle nous offre constamment des défis à relever, des problèmes à résoudre. Résoudre des problèmes constitue l'essence même de la vie. Cependant, pour les solutionner, il est important de maîtriser certaines stratégies, notamment l'observation, la comparaison, la précision, l'anticipation, l'organisation, l'extrapolation.

Des chercheurs en sciences cognitives se sont appliqués à répertorier les stratégies courantes de résolution de problèmes. Ils en ont identifiées plus de quatre-vingt-trois. Ces méthodes permettent de mieux observer la réalité, d'élaborer la meilleure solution possible et de l'appliquer avec soin. Elles constituent un acquis social et sont transmises, de génération en génération, dans le tissu social comme un héritage dont on prend graduellement possession tout au long de notre éducation, et ce, souvent de façon inconsciente.

La grille des stratégies de résolution de problèmes présentée à la fin de ce chapitre est celle que privilégie le programme d'actualisation du potentiel intellectuel développé par Pierre Audy et ses associés de l'Université du Québec en Abitibi-Témiscamingue. Ce programme s'inscrit dans la lignée des travaux de spécialistes du développement de l'intelligence comme Feuerstein, R. (1979-1980), Weinstein, C.E., Mayer, R.E. (1986), Brown, A.L. et al. (1983), Bransford, J. (1986), Flaveil, J.H. (1978), St-Pierre, L. (1991).

Il a été démontré que ces stratégies peuvent être apprises rapidement et à tout âge. Les expériences menées par Pierre Audy et son équipe, auprès d'enfants accusant un retard scolaire important, ont montré qu'une intervention d'une heure en efficience cognitive, faite par un médiateur compétent, entraînait déjà une augmentation des résultats scolaires de 1 % en français et en mathématiques. D'autres expériences que nous avons menées ensemble en entreprise nous donnent des résultats similaires. La productivité et les attitudes au travail des personnes qui ont suivi notre programme d'intervention (15 leçons de 2 heures échelonnées sur 15 semaines) augmentent de façon significative. Les personnes moins efficientes sont clairement moins productives et ont une attitude plus négative au travail. Elles occasionnent plus de bris, de gaspillages et d'accidents et s'absentent plus fréquemment du travail que les autres.

2° Les concepts

Pour appréhender la réalité et se débrouiller dans la vie, il est indispensable de connaître un ensemble de concepts. En effet, on ne peut réellement comprendre une chose, un phénomène sans d'abord en saisir la notion. Parce qu'il y a effritement de la structure sociale, les concepts ne sont plus transmis. Le langage s'appauvrit et conséquemment des outils pour résoudre nos problèmes se perdent.

3° Les principes de vie

Il est bien connu qu'un individu sans principes est plus dangereux qu'un animal. Ce dernier suit ses instincts tandis que l'être humain obéit à des principes de vie qu'il acquiert par l'éducation. Or, l'éducation, qu'on peut aussi appeler savoir véritable, ne s'acquiert que par l'expérience vécue, c'est-à-dire par la récolte conscientisée des conséquences de ses choix. Dans ce sens, un groupe reste virtuellement immoral tant et aussi longtemps que ses membres ne se sont pas constitué un réservoir de principes de vie conséquents, en prenant ensemble les décisions nécessaires à la satisfaction de leurs besoins individuels et collectifs.

4° La signification

Pour beaucoup de nos contemporains, la vie n'a pas de sens. Pour eux les difficultés de la vie sont les fruits du hasard. Ils sont les victimes incomprises d'un monde gouverné par la fatalité. Face à une telle conception de la réalité, peut-on encore s'étonner qu'ils ne soient pas motivés au travail, qu'ils cherchent à profiter du système par tous les moyens possibles, au détriment de la collectivité ?

On ne peut motiver une autre personne. On peut tout au plus lui expliquer la raison d'être des choses, lui montrer des façons de procéder, lui inculquer des principes de vie et lui enseigner des concepts, mais la motivation intrinsèque reste le propre de l'individu.

Donner un sens aux choses et aux événements est l'un des rôles fondamentaux des chefs. Ceux qui n'ont pas eu et n'ont toujours pas de réponses sensées à leurs pourquoi, ceux qui ont manqué d'encadrement dans leur vie ont généralement une image très négative d'eux-mêmes et de leur valeur. Ils vivent dans un monde qu'ils ne comprennent pas et contre lequel ils considèrent qu'il faut se défendre même par la violence s'il le faut. Ce qui faisait dire à Gilles Vigneault, le grand poète québécois : aux racines de la violence, il y a toujours un manque de vocabulaire.

Les concepts, les stratégies de résolution de problèmes, les principes de vie et la signification des choses sont les piliers de toute culture. Quand la culture n'est plus accessible à ses membres, c'est toute la communauté qui s'appauvrit.

LES 83 STRATÉGIES DE RÉSOLUTION DE PROBLÈMES

Les 4 stratégies métacognitives

MC-1 Anticiper la nature et les implications du problème
MC-2 Comparer et sélectionner les stratégies d'exécution pertinentes
MC-3 Planifier les stratégies retenues
MC-4 Contrôler et réguler le processus de résolution de problème

Les 19 stratégies d'observation

I-1 Anticiper l'observation à faire
I-2 Observer de façon complète et précise
I-3 Comparer ce qui est semblable et différent
I-4 Sélectionner l'essentiel
I-5 Explorer méthodiquement
I-6 Regrouper par ensembles
I-7 Interpréter ce que j'observe
I-8 Extrapoler ce que j'observe
I-9 Décomposer en sous-ensembles
I-10 Remarquer et combler ce qui manque
I-11 Appeler les choses par leur nom exact
I-12 Voir ce qui ne varie pas malgré le changement
I-13 Compter les choses semblables
I-14 Qualifier ce que j'observe
I-15 Situer les informations dans l'espace
I-16 Situer les informations dans le temps
I-17 Rassembler les informations retenues
I-18 Tenir compte de plus d'une chose à la fois
I-19 Faire l'inventaire de mes observations

Les 18 stratégies de recherche de solutions

E-1 Anticiper le problème à résoudre
E-2 Définir mon problème avec précision
E-3 Comparer mon problème avec d'autres déjà faits
E-4 Sélectionner ce qui est important pour la résolution
E-5 Planifier les étapes pour résoudre le problème
E-6 Appeler le problème par son nom
E-7 Voir des liens existants entre les éléments du problème
E-8 Faire des liens possibles entre les éléments
E-9 Décomposer le problème en sous-problèmes
E-10 Faire une représentation mentale du problème
E-11 Conserver bien en tête la définition du problème
E-12 Élargir le cadre de résolution
E-13 Conserver toutes les informations utiles à la résolution
E-14 Me servir de ma logique
E-15 Élaborer différentes hypothèses de solution
E-16 Vérifier mes hypothèses
E-17 Réfléchir aux conséquences de mes choix
E-18 Faire le point sur mes progrès vers la solution

Les 7 stratégies de mémorisation

M-1 Focaliser son attention
M-2 S'imprégner du contenu à mémoriser
M-3 Organiser
M-4 S'approprier
M-5 Intérioriser
M-6 Se rappeler et réviser périodiquement
M-7 Utiliser le contenu mémorisé

Les 10 stratégies de réponse

O-1 Estimer ma réponse à l'avance
O-2 Être précis dans ma façon de répondre
O-3 Comparer ma réponse avec celle qui est attendue
O-4 Sélectionner les éléments essentiels de la réponse
O-5 Prendre mon temps au moment de répondre
O-6 Tenir compte de l'interlocuteur
O-7 Retrouver les relations virtuelles perçues
O-8 Vérifier ma réponse avant de la produire
O-9 Utiliser adéquatement les outils de communication
O-10 Vérifier ma réponse après l'avoir produite

Les 4 stratégies de généralisation

G-1 Dégager un acquis généralisable
G-2 Identifier les bénéfices escomptés par la généralisation
G-3 Imaginer des transpositions de l'acquis dans différents contextes
G-4 Transférer l'acquis dans différents contextes d'utilisation

Les 6 stratégies de créativité

C-1 Générer des combinaisons aléatoires
C-2 Générer des combinaisons prédéterminées
C-3 Recourir à l'antithèse
C-4 Recourir à l'analogie
C-5 Recourir à l'imaginaire
C-6 Être ouvert à ses intuitions

Les 8 stratégies de support affectif

A-1 Contrôler son impulsivité
A-2 Surmonter les blocages
A-3 Gérer son stress
A-4 Anticiper des bénéfices éventuels
A-5 Se récompenser pour les réussites
A-6 Se parler positivement
A-7 S'attribuer la responsabilité de son apprentissage
A-8 Persévérer

EFFRITEMENT DE LA STRUCTURE SOCIALE

↓

BAISSE DE LA QUALITÉ ET DE LA DISPONIBILITÉ DES CHEFS NATURELS

Centralisation des pouvoirs	Diminution de la capacité d'apprendre
❑ Diminution de la concertation à tous les niveaux des administrations	❑ Réduction du répertoire de stratégies de résolution de problèmes
❑ Débilitation des droits collectifs	❑ Diminution du répertoire des concepts
❑ Réglementation abusive et chevauchement de juridictions	❑ Appauvrissement du répertoire des principes de vie
❑ Perte de contrôle du pouvoir central et impuissance des pouvoirs locaux	❑ Perte de sens.
CONSÉQUENCES Aliénation, isolement, impuissance	

Deux stratégies pour faire face à la situation actuelle

Selon un nombre croissant de scientifiques et d'experts qui se penchent sur les problèmes de la planète, nous n'avons pas d'autre choix. Il nous faut agir différemment. Si nous ne changeons pas, la nature se chargera de nous dicter notre conduite. Changer ou disparaître, c'est l'ultimatum que nous lance notre mère la terre.

Nous avons tous, individuellement, un pouvoir sur la situation dans la mesure où nous sommes responsables de notre propre transformation. Le Grand Renouveau auquel nous aspirons doit tenir compte cependant de la nécessité de régénérer le tissu social, pour que soient soutenues nos volontés individuelles de changements.

L'action individuelle n'est pas suffisante. Certes, l'information et la formation des individus demeurent une stratégie importante pour améliorer les performances d'une entreprise ou d'une communauté, mais lorsque les liens sociaux qui unissent les membres de cette société ne permettent pas de traduire cette formation en réflexes culturels, c'est un peu comme si nous essayons de puiser de l'eau avec un filet.

On ne peut arrêter la marche de l'histoire et rétablir la société traditionnelle comme mode de vie sous prétexte qu'autrefois le tissu social était plus sain. Les tentatives, comme le retour à la terre des années 70, se sont avérées des aventures marginales sans grand succès. L'évolution nous pousse inexorablement vers des formes d'organisation (familles, quartiers, communautés, organismes, etc.) plus adaptées à la maturité de notre époque. Un retour en arrière serait inutile et même nuisible. Il nous faut plutôt inventer de nouvelles façons de vivre ensemble respectueuses des lois à la base de l'écologie sociale.

Il ne saurait y avoir de culture sans structure. Il ne suffit pas d'intervenir auprès de certains groupes d'individus pour relever leur niveau d'efficience, comme on le fait actuellement dans certaines écoles ou dans certaines entreprises ; il faut repenser les structures de communication et de prise de décisions à tous les niveaux de notre société pour redonner aux personnes la capacité de travailler ensemble à nouveau.

Vouloir développer les organisations sans toucher à la structure de pouvoir qui conditionne le comportement des gens est un non-sens. Pour que nos interventions donnent des résultats, nous devons nous soucier des deux niveaux de réalité : l'individu et la communauté dans laquelle il évolue. En fait, s'il faut nous sauver nous-mêmes, nous ne pouvons en aucun cas y parvenir seuls. Nous sommes tenus de chercher des solutions pour les autres également, ce qui implique que d'autres participent à l'action et partagent nos choix.

Avec d'autres collaborateurs, l'organisation est mon terrain de recherche et d'expérimentation depuis plus de trente-cinq ans. Nous y investissons notre énergie depuis plusieurs années afin de mettre au point un mode de gouvernance et des pratiques de gestion applicables à toutes les formes d'organisations humaines. Nous espérons que ces travaux fourniront des outils et des pistes de réflexion assez riches pour permettre à tous ceux qui s'intéressent au développement des communautés humaines de travailler avec entrain à l'avènement d'une société plus harmonieuse.

Nous avons donné un nom à ce mode de gouvernance, nous l'appelons la sociocratie, le pouvoir du fait social, le pouvoir du « NOUS ». Le prochain chapitre présente les fondements de ce mode d'exercice du pouvoir.

Résumé et commentaires du chef des MoaZoa

Ravivée par la turbulence de ce début de siècle, l'espérance d'un Grand Renouveau plane sur notre monde.

> *Cet espoir ressenti intuitivement est confirmé par une vieille légende de notre peuple... Nourrissez cette intuition. La nostalgie qu'elle fera naître dans votre cœur vous indiquera le chemin du renouveau.*

Nous cherchons partout la cause de nos problèmes sans jamais remarquer que nos solutions les alimentent.

> *Il me fallut beaucoup de souffrance pour m'apercevoir que les remèdes que je prescrivais à mon peuple étaient la cause de sa souffrance. Vous avez aboli dans presque tous les pays la monarchie, mais vous l'avez remplacée par la bureaucratie. Vous avez changé la forme de tyrannie à laquelle vous soumettez votre peuple. C'est tout !*

Le fait social, le « NOUS », prend naissance avec le processus de communication lié aux nécessités même de la vie. Il s'exprime dans ce que nous appelons la culture d'une communauté.

Quatre éléments importants constituent les bases culturelles d'un groupe :

1. Un langage commun ;
2. Des méthodes communes de résolution de problèmes ;
3. Des valeurs communes et des principes de vie partagés ;
4. Une vision du monde et un sens commun.

Le « NOUS » se développe quand les membres d'une communauté sont associés aux décisions dont ils subissent les conséquences. Pour résoudre leurs problèmes et faire des choix collectifs, les individus doivent se concerter et vivre les conséquences de leurs choix. Cette concertation va donner lieu à des échanges qui devront puiser dans le coffre des outils culturels du groupe ou encore l'enrichir par l'exploration de pistes nouvelles.

> *En abolissant le Grand Conseil et en assumant seul le pouvoir, j'avais l'intention d'aider mon peuple. Je l'ai blessé. J'aurais dû laisser le Grand Conseil résoudre ses problèmes en tolérant l'expression des conflits. Je confondais à cette époque violence et conflit. Je sais maintenant que le conflit fait partie de la Vie. Il est l'expression naturelle de la polarité du monde et des choses. En ne permettant pas l'expression des différends au Grand Conseil, j'ai brisé les*

liens de communication qui formaient la structure de mon peuple et j'ai créé moi-même la violence et la disharmonie que je voulais éradiquer.

Les recherches ont établi deux conditions pour qu'un système s'autorégule.

La première est que les éléments du système ne doivent pas se contrôler mutuellement. Autrement dit, aucun élément ne doit imposer unilatéralement sa volonté aux autres.

La seconde est que, pour éviter le chaos qui ne manquerait pas de survenir, si aucun élément ne contrôle les autres, le système doit bénéficier d'une source d'énergie extérieure qui le mobilise.

Appliquées à la vie sociale, ces deux conditions veulent que pour se comporter comme un système dynamique en santé, les membres d'un groupe ne puissent pas se contrôler mutuellement, d'une part, et que, d'autre part, l'énergie qui les mobilise vienne d'une vision partagée, d'un but commun qui intègre les visions individuelles.

Les enseignements de Bison Blanc disent dans leurs mots ce que votre science vous enseigne : « Laisse tes frères et soeurs suivre le sentier de leurs cœurs. Alors seulement, vous marcherez ensemble ! »

La baisse de la qualité et de la disponibilité des chefs naturels alimente deux processus sociaux qui nous tuent petit à petit :

1. La centralisation des pouvoirs entre les mains d'un petit nombre ;
2. La diminution, chez un nombre grandissant d'individus de la capacité d'apprendre.

J'ai réellement pris conscience de l'importance des membres du Grand Conseil et de toute la hiérarchie des médiateurs qui servait de colonne vertébrale à notre nation lors de la réunion du Grand Conseil qui célébra la fin de la guerre. J'ai ressenti lors de cette cérémonie la Vie qui circulait à nouveau dans le grand corps de mon peuple. Je comprends aujourd'hui qu'on ne peut s'affirmer que si l'on prend sa place dans une hiérarchie vivante. Chaque palier doit assumer le pouvoir qui lui est dévolu. Je n'ai pas respecté cette hiérarchie des pouvoirs. Vous connaissez les conséquences.

Chapitre 3
Changer la structure pour changer la culture

On peut conduire un cheval à l'abreuvoir, mais on ne peut pas boire à sa place.

Il n'y a aucun type d'intervention qui puisse, a priori, transformer une personne humaine et lui faire prendre une direction donnée si celle-ci n'y voit pas son intérêt ou un sens quelconque. On peut sensibiliser quelqu'un à ses besoins, mais on ne peut pas choisir de les satisfaire pour lui.

Puisque nos valeurs sont le résultat du processus de satisfaction de nos besoins, il est illusoire de penser enseigner la vertu par la contrainte. Historiquement, ni la ferveur missionnaire, ni la force armée ne se sont avérées efficaces pour élever le niveau éthique d'une collectivité. Seule une approche qui encourage la liberté et la responsabilité personnelle peut donner des résultats valables.

Un chef authentique ne cherche donc ni partisans, ni esclaves, il accompagne et soutient ses collaborateurs dans le processus de maturité qui les conduit de la dépendance à l'autonomie et à l'interdépendance.

Or, s'il ne peut ni convertir les autres, ni leur imposer sa vision des choses, comment le chef peut-il faciliter le développement d'une culture qui fait la promotion des valeurs à la base de la croissance humaine ?

En travaillant consciemment à l'édification et au maintien dans son organisation d'une structure de communication et de prise de décisions qui favorise l'expression de la liberté et de la dignité humaine. Pour cela, il devra se faire ingénieur social.

Les structures de communication et de prise de décisions des organisations traditionnelles encouragent le contraire : l'immaturité et la dépendance. Sans un renouveau de ces structures, il est illusoire d'espérer une évolution significative des comportements éthiques au sein des organisations.

De fait, la structure conditionne la culture et le présent a essentiellement pour but de comprendre pourquoi et comment elle affecte le comportement humain.

Quelques constats importants

Toutes les organisations sont structurées par niveaux hiérarchiques comme dans le schéma qui suit. Ici, les employés de la base travaillent sous la responsabilité d'un superviseur qui se rapporte à un directeur de département. Ce dernier se rapporte à un directeur général qui se rapporte au conseil d'administration.

Une règle inconsciente

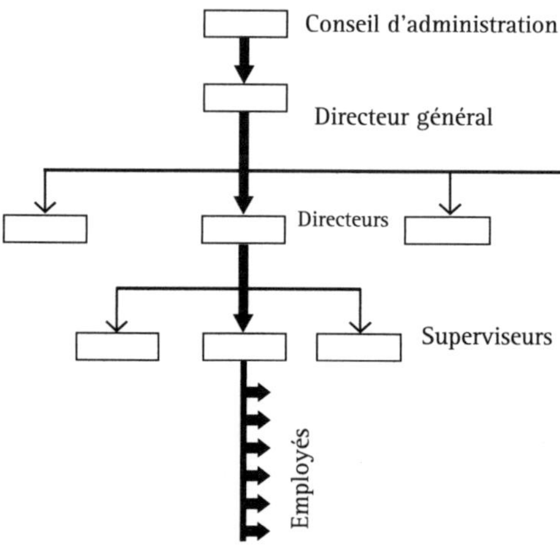

Il existe une règle qui régit le mode de prise de décisions dans ce genre de structure et elle s'énonce de la façon suivante : à tous les niveaux de la hiérarchie, dans les limites de son mandat, un chef a toujours le pouvoir de prendre seul toutes les décisions.

Dès que des individus sont invités dans ce genre de structure à participer à une décision, le danger demeure toujours réel que le poids du rang hiérarchique l'emporte sur la qualité des arguments. Un chef qui a réussi à obtenir la confiance de ses collaborateurs peut temporairement créer un climat participatif dans son unité, mais son successeur peut détruire en un rien de temps ce qu'il aura mis des années à construire. Il en a le pouvoir et cela se produit très souvent dans nos entreprises.

La communication à sens unique

Dans ce type de structure, la communication est toujours difficile. Elle fonctionne plutôt à sens unique, du haut vers le bas.

Habituellement, les employés se plaignent que leurs patrons ne les écoutent pas tandis que ceux-ci se plaignent qu'ils sont mal compris de leurs collaborateurs. On observe, en effet, une distorsion dans les informations qui voyagent dans la chaîne de commandement.

Pourquoi en est-il ainsi ? Parce que, dans cette structure, le pouvoir appartient au chef qui peut toujours ignorer les opinions de ses collaborateurs. Cette possibilité inhibe la communication ascendante. Les individus se retrouvent coincés dans un système qui ressemble au jeu du téléphone. Ce jeu de société consiste à transmettre un message de bouche-à-oreille à une chaîne d'individus sans que le récepteur du message ait le droit de poser des questions au messager. Dans ce processus, d'étape en étape, le message va se dégrader. Ce jeu, amusant dans une rencontre sociale, l'est beaucoup moins dans la vie organisationnelle.

Une pyramide est une pyramide

On ne peut pas se passer de la structure hiérarchique.
Dès qu'on veut réaliser une action en commun, il est naturel de se répartir les tâches et de s'organiser par niveau hiérarchique. Sans cette organisation qui confère au chef un pouvoir de coordination dans l'action, c'est la confusion.
On a prétendu, ces dernières années, que le problème de communication venait des cadres intermédiaires et on a voulu raccourcir la chaîne de commandement. Cette solution qui prétendait rapprocher la haute direction de la base n'a pas modifié fondamentalement le jeu du téléphone. Elle a tout simplement mis plus de stress sur les cadres de premier niveau.

On a essayé aussi d'éliminer les superviseurs de premier niveau en regroupant les travailleurs dans des équipes semi-autonomes. Toutes ces innovations qui ne respectent pas la loi de la hiérarchie ont des succès temporaires qui viennent de l'effet de leur nouveauté. À long terme, elles se sont avérées des échecs. Pour travailler efficacement ensemble, on ne peut pas se passer d'une structure hiérarchique. Pour maintenir le rythme et l'harmonie, il faut quelqu'un pour battre la mesure. Une organisation sociale sans structure hiérarchique engendre l'anarchie.

Les chefs passent, l'organisation demeure

Embaucher de nouvelles personnes dans les postes d'autorité ou les former ne résout en rien la difficulté de communiquer efficacement dans une structure hiérarchisée.

Les chefs passent et l'organisation demeure. On a beau former les chefs, les muter, en recruter d'autres, le problème des communications demeure sensiblement le même tant et aussi longtemps que l'organisation dans laquelle ils communiquent ressemble à la structure du jeu du téléphone

On a cru que des cadres mieux formés pourraient faire une différence. Les colloques et les séminaires de gestion n'ont pas cessé de se développer ces dernières années sans pour autant avoir un impact significatif sur les communications organisationnelles. Il ne semble pas y avoir de corrélation entre le niveau de formation des cadres et l'amélioration des communications organisationnelles.

C'est la faute à l'organigramme

Il faut en venir à la conclusion que les difficultés de communication que nous dénonçons tant dans nos organisations sont inhérentes à la structure hiérarchique.

Cette structure, nécessaire pour exécuter nos décisions, est un lieu inadéquat pour en prendre.

La conclusion surprend pour la simple raison que nous imaginons mal, dans notre culture, des structures organisationnelles différentes de celle de l'armée. À force de vivre dans des structures d'exécution, on s'y est habitué au point de penser que toute autre forme d'organisation est une utopie.

Le chaînon manquant

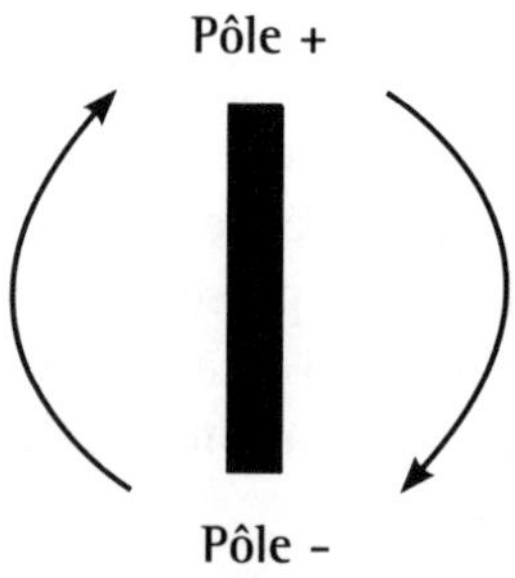

La structure hiérarchique de nos organisations est incomplète. Nous ne retrouvons nulle part dans la nature une structure où la communication est à sens unique.

En physique, la force du champ magnétique vient du fait que l'énergie circule d'un pôle à l'autre. L'énergie électrique

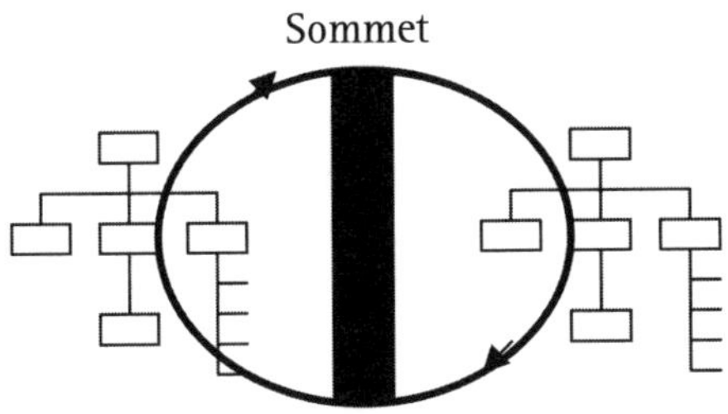

est composée de deux courants, l'un positif et l'autre négatif. L'univers tout entier semble baigner dans une sorte de pulsation à deux temps : l'une positive et expansionniste, l'autre négative et implosive.

Nous retrouvons le même phénomène en biologie. Le flux sanguin fonctionne sur le même principe, notre respiration également.

Si nos structures industrielles ont résisté jusqu'ici, c'est sans doute largement à cause de la structure syndicale qui a permis de rétablir une forme d'équilibre dans la communication. La nature ayant horreur du vide, l'instance syndicale est née dans la société occidentale pour compléter la structure d'exécution de nos organisations industrielles.

Cela n'a cependant pas suffi pour établir des relations harmonieuses au sein des organisations. Une des raisons est sans doute que les structures syndicales ne sont que le reflet des structures patronales. Les difficultés de communications que nous vivons dans les organisations patronales se vivent également dans les structures syndicales. Les employés de la base ont généralement le sentiment de n'être écoutés ni des instances syndicales ni de la direction.

Le principe des structures dynamiques

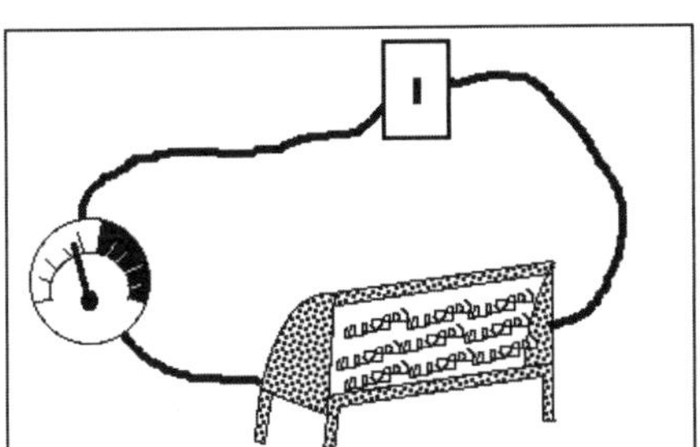

Éléments	Fonctions
Commutateur	Commander au système
Appareil	Exécuter la commande
Thermostat	Contrôler le niveau de chaleur

L'étude des systèmes dynamiques démontre très clairement la nécessité d'une structure de communication indépendante de la structure d'exécution pour permettre à ces derniers de maintenir leur intégrité et de s'adapter à leur environnement.

Un exemple dans le domaine des systèmes techniques va l'illustrer. Visualisons les éléments de base d'un système de chauffage et leurs fonctions.

Ici, le commutateur joue le rôle de chef. Il commande à l'élément chauffant. L'élément chauffant, l'exécutant, entre en opération et s'arrête quand il en reçoit l'ordre du commutateur. Le troisième élément, le thermostat contrôle la température de la pièce et indique au commutateur que le degré souhaité est atteint ou non.

Pour que l'appareil fonctionne adéquatement, les limites de chaque composante du système doivent être respectées. Pour cela, la communication doit circuler librement entre les éléments du système. Quand le commutateur envoie le courant électrique vers l'appareil, celui-ci n'a pas le choix : il se met en marche. Par contre, s'il atteint un certain niveau de stress, il va en informer le thermostat ou un autre système de contrôle qui va en informer le commutateur et lui signifier qu'une limite est atteinte, et ce dernier n'aura pas d'autre choix que de couper l'alimentation temporairement. On voit clairement ici que chaque élément du système possède un pouvoir sur l'ensemble. Sans cela, on dit que le système est défectueux.

Dans un système social, on retrouve également ces trois composantes. Par exemple, dans nos sociétés démocratiques, nous avons une institution qui joue le rôle de chef, c'est le pouvoir législatif. Une autre joue le rôle de l'exécutant, c'est le pouvoir exécutif, et une troisième joue le rôle de la mesure et du contrôle, c'est le pouvoir judiciaire.

L'indépendance de ces trois pouvoirs est une condition pour que le système démocratique fonctionne. Quand, par exemple, les juges et la police sont de connivence avec le gouvernement, il est évident qu'on est en dictature. Quand nos élus interviennent pour influencer les fonctionnaires au profit de leurs amis, ne les accuse-t-on pas de trafic d'influence ?

Nos organisations, qui sont également des systèmes, doivent obéir aux mêmes règles pour fonctionner adéquatement. La direction commande, les collaborateurs exécutent. Mais, comment assure-t-on le contrôle ?

Habituellement, les fonctions de mesure et de contrôle sont regroupées dans des départements tout près de la direction. À l'intérieur de la structure d'exécution, les directeurs de ces départements sont également soumis à l'autorité du chef qui a le pouvoir d'ignorer leurs avis. Pire, il peut subtilement leur ordonner de ne lui communiquer que ce qu'il veut entendre.

À la limite, quand les fonctions de contrôle perdent leur indépendance par rapport à la direction, la communication se détériore à tous les niveaux de la structure.

Comment pouvons-nous empêcher cette détérioration ?

Non égaux, mais équivalents

Une autre idée fort répandue dans nos sociétés occidentales, notamment dans les régimes socialistes, est celle de l'égalité entre les êtres humains.

Dans les faits, nous sommes inégaux ! Nous sommes inégaux génétiquement, socialement, économiquement et culturellement. Tout contribue à notre inégalité.

La structure d'exécution de nos organisations est d'ailleurs fondée sur cette inégalité naturelle des collaborateurs. Les différents postes de la structure hiérarchique exigent des compétences et des habiletés différentes. Les individus dans cette structure ont également un pouvoir différent et c'est parfaitement normal.

Par contre, les humains sont des êtres spirituels et, sur cette base, sans être égaux, ils sont équivalents. Ils ont potentiellement la même valeur même si cette valeur n'est pas actualisée à un niveau identique. Selon notre niveau d'évolution, nous avons tous la capacité de reconnaître le vrai, le beau, le bien, le bon, le droit et le juste.

Il est vrai que cette capacité est souvent entravée par nos difficultés à distinguer nos désirs personnels de nos besoins réels. Néanmoins, nous avons tous la possibilité d'écouter notre intuition et de réveiller en nous cette capacité de faire des choix éthiques, des choix plus en harmonie avec les valeurs à la base de la croissance humaine.

Dans nos organisations modernes, où pouvons-nous nous rencontrer sur une base d'équivalence pour communiquer réellement et faire des choix libres et responsables ?

Ce lieu de parole et de décisions reste à construire !

Résultats, processus, structure

Un processus de travail est une séquence d'activités organisées sur le principe de la chaîne de production. Chaque activité sert à la suivante et peut donc être considérée comme un intrant, une activité de transformation ou un résultat dépendamment de sa place relative dans la chaîne.

Processus = séquences d'activités reliées

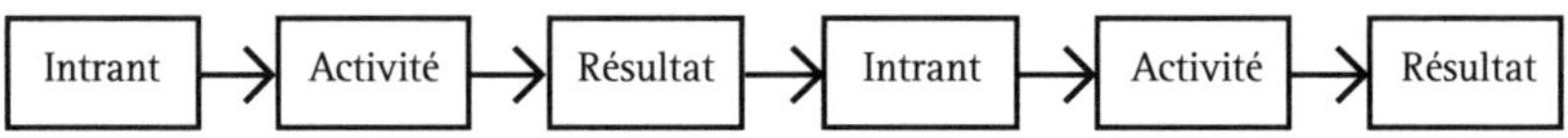

Pour diriger un processus de travail, il faut une structure qui va ordonner l'exécution de chacune des étapes. C'est la structure d'exécution.

STRUCTURE D'EXÉCUTION

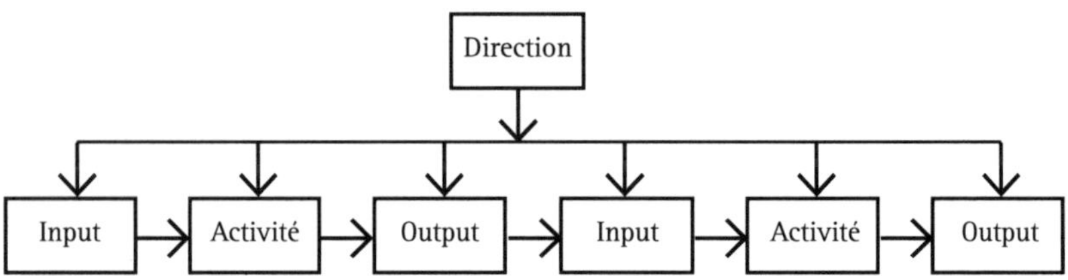

Nous sommes familiarisés avec l'idée que nous pouvons améliorer un résultat en améliorant toutes les étapes du processus qui conduit à ce résultat. Nous le sommes beaucoup moins avec celle, tout aussi évidente, que pour maintenir la qualité d'un processus il faut associer la structure d'exécution à une structure de contrôle indépendante de celle-ci.
Du point de vue de l'ingénierie des communications, notre défi consiste donc à doter l'organisation d'une structure dynamique lui permettant de s'autocontrôler.

STRUCTURE DYNAMIQUE

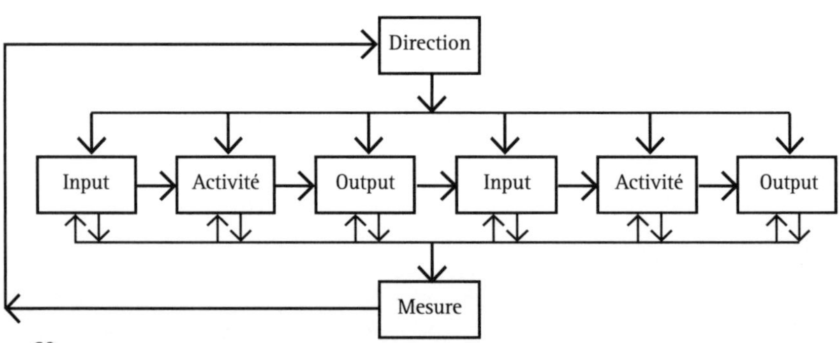

Décisions et comportements

L'évolution récente des concepts et des pratiques de gestion confirme la nécessité de trouver de nouvelles formes d'association des employés aux décisions qui les affectent au travail. La recherche amorcée par nos entreprises pour améliorer tous les processus de travail, de la mise en marché à la facturation du client, requiert une collaboration et une responsabilisation accrues du personnel. Nous en sommes arrivés à la conclusion que cette collaboration est impossible sans une décentralisation réelle des pouvoirs, du sommet de la pyramide vers sa base.

Cette forme plus éthique d'organisation veut plus qu'encourager les membres à exprimer leurs idées, elle veut garantir à chaque individu et à chaque unité de travail une place dans le processus décisionnel.

Comment assurer la cohérence décisionnelle au sein d'une organisation hautement décentralisée ? La voie de la démocratie fait face ici à une limite importante à cause des coûts trop élevés de sa mise en œuvre et de sa piètre performance sur le plan pratique. Il ne vient à personne l'idée de proposer de gérer nos entreprises par référendum ou encore d'implanter les partis politiques et les élections pour nommer les gestionnaires.

Quand on pense à refaire l'ingénierie de la structure de communication et de prise de décisions, il est important de respecter la structure hiérarchique. Il ne s'agit pas ici d'impliquer le travailleur de la base dans des décisions qui relèvent de la haute direction. À chacun son niveau de responsabilité. Encore faut-il s'assurer qu'à chaque palier décisionnel, les décisions soient prises en tenant compte du point de vue de ceux qui y travaillent.

Ce que nous devons réussir, ce n'est pas tant une simple déconcentration administrative qu'un réaménagement fondamental de l'exercice du pouvoir.

Ici au Canada, le débat des dernières années sur l'avenir même de la Fédération canadienne en a convaincu beaucoup de la nécessité de déléguer plus de pouvoirs aux régions. Cette vision de la gouvernance politique dépasse largement l'expérience canadienne. Elle est, à notre avis, une conséquence naturelle de l'évolution de la conscience collective.

Nous sommes parvenus au moment historique où, tant au niveau des États que dans nos entreprises, nous devons nous affranchir de notre dépendance à l'égard des pouvoirs centraux qui deviennent de moins en moins efficaces pour résoudre nos problèmes locaux. Nous affranchir des pouvoirs centraux ne signifie pas les éliminer. Au contraire, en décentralisant les décisions au niveau de ceux qui peuvent solutionner les problèmes plus efficacement, la haute direction peut enfin s'occuper de ses véritables tâches : préparer l'avenir.

Il en va de même au niveau international. Peut-être sommes-nous mûrs pour nous doter d'un gouvernement mondial parce que, justement, nous sommes plus conscients de la nécessité de nous prendre en main au niveau local.

En occident, cette lente évolution de la conscience collective est gravée dans la trajectoire des différents modes de prise de décisions adoptés tout au long de son histoire.

La nécessité comme mode de prise de décisions

Aux temps préhistoriques, dans le pays béni du lait et du miel, l'être humain vivait en nomade, soumis aux éléments de la nature. La prise de décisions y était simple et le pouvoir très décentralisé. La cueillette et la chasse occupaient une place primordiale dans la prise de décisions du clan. Tous les membres participaient aux décisions du groupe parce que, partageant les mêmes besoins, ils devaient aussi faire face ensemble aux mêmes contraintes. Des sages, qui avaient plus de facilité à lire les signes de la nature, devinrent les chefs naturels reconnus de ces communautés. L'aventure de l'homme à la conquête de l'autoconscience et de la responsabilité venait de naître.

Ce mode de décisions, imposé par la nécessité, existe toujours aujourd'hui : nous l'utilisons chaque fois que nous laissons les circonstances et la pression des événements influencer nos choix et que nous saisissons, au bon moment, les occasions qui se présentent à nous.

La magie, les croyances comme mode de prise de décisions

Au fur et à mesure qu'on abandonna la vie nomade, la structure décisionnelle commença à se rigidifier. C'est ainsi que le pouvoir passa des mains des sages à ceux des prêtres. La religion consacra la tradition comme fondement de la vérité au détriment de l'expérience personnelle et conféra un pouvoir absolu aux prêtres rois.

Les croyances religieuses et la magie occupèrent de plus en plus de place dans le processus de prise de décisions. Les droits individuels étant soumis aux règles religieuses, toute dérogation aux préceptes des Églises pouvait, à la limite, entraîner la mort.

Nous nous référons encore aujourd'hui à ce mode de prise de décisions chaque fois que nous fondons nos choix sur nos croyances. Il n'y a rien de mal à cela et il est tout à fait naturel de croire en ce que nous faisons. Le problème se pose lorsque nous voulons imposer nos croyances aux autres convaincus de posséder tout simplement la vérité.

La délégation d'autorité comme mode de prise de décisions

Dans notre société occidentale, la séparation historique de l'Église et de l'État marque un tournant important et permet aux droits individuels de naître et de progresser. Désormais, l'individu ne se vivra plus comme un être spirituel soumis à l'autorité absolue de l'église et du roi. Il devient citoyen et acquiert un statut social. À titre de membre de la société, il a maintenant des droits qui le protègent contre les abus de pouvoir. Cependant, même si avec l'abrogation de la royauté de droit divin est aussi abrogé le droit de vie et de mort du roi sur ses sujets, la délégation d'autorité continue de s'imposer comme principe d'organisation.

Le mode de prise de décisions autoritaire est nécessaire aux individus et aux groupes. Il est nécessaire au groupe pour coordonner l'action. Il est nécessaire aux individus pour qu'ils développent leur identité. Il faut bien laisser aux personnes un espace de liberté et d'initiative pour qu'elles s'expriment et agissent selon leur bon vouloir. Même s'il est parfois difficile de contenir ce pouvoir dans des limites acceptables, on ne saurait s'en passer sans détruire l'individu et forcément les organisations dont il est membre.

La démocratie comme mode de prise de décisions

Au moment de la Révolution française, pour faire échec à la prétention du roi qui affirmait « La loi, c'est moi », on lança cette idée consacrée depuis lors comme vérité de foi « Vox populi, vox Dei », c'est-à-dire « la voix du peuple est la voix de Dieu ». La démocratie, le pouvoir de la majorité, était née ; on assista par la suite à l'explosion des droits et libertés des individus. L'abolition des pouvoirs royaux et de la noblesse marqua un progrès à certains égards, mais entraîna aussi des abus.

Même si la démocratie et l'avancement de la science et de la technologie ont amené de grandes améliorations à notre mode de vie individuel, ils ont, jusqu'à ce jour, encouragé l'individualisme, la spécialisation des groupes et la centralisation des pouvoirs. La mondialisation qui encourage aujourd'hui au niveau économique la création de grands monopoles en est un exemple frappant.

Dans notre société, la spécialisation est l'un des plus grands avantages des groupes. Notre niveau de vie en dépend entièrement. Par contre, elle contribue de plusieurs manières à l'immaturité des groupes.

Comme le souligne Scott Peck dans son livre Les Gens du mensonge : « Chaque fois qu'un membre du groupe se spécialise dans une organisation régie par la loi de la majorité, il peut facilement se désolidariser des résultats de l'ensemble. En agissant ainsi, il met non seulement sa conscience de côté, mais la conscience collective du groupe devient fragmentée et diluée au point de disparaître. ». C'est la loi du chacun pour soi qui renvoie toute la responsabilité collective à l'État providence.

La sociocratie ou la gestion par consentement comme mode de prise de décisions

En réalité, tout groupe demeure inévitablement sans conscience jusqu'à ce que son mode de prise de décisions rende tous ses membres directement responsables de la conduite du groupe.

Le système démocratique ne tient pas compte de cette réalité, car il encourage la guerre des partis et crée inévitablement des situations de gagnants et de perdants. La démocratie exige que la minorité mette de côté ses convictions lorsqu'elles ne correspondent pas à celles de la majorité. Cette situation n'encourage pas une recherche authentique de la meilleure décision, mais favorise plutôt la manipulation de l'opinion et les jeux d'influence.

Dans notre marche collective vers l'autoconscience et la responsabilité, l'histoire nous pousse à aller plus loin et nous oblige maintenant à nous libérer de la tyrannie de la majorité pour trouver des solutions mieux adaptées aux besoins de notre temps.

Gérard Endenburg, entrepreneur et professeur à l'université Erasmus à Rotterdam, a donné, au début des années 70, le nom de Sociocratie au modèle qui cherche à intégrer la contribution de tous les membres d'un groupe dans le processus de prise de décisions.

La sociocratie, qu'on peut définir étymologiquement comme le pouvoir du groupe, dynamise les rapports humains en proposant le consentement comme mode de prise de décisions.

Pas de culture sans structure

Il faut comprendre qu'un groupe est amoral, pour ne pas dire immoral, tant et aussi longtemps que tous les membres du groupe ne se sentent pas responsables des décisions qui se prennent dans ce groupe. Si les membres d'une équipe ne prennent aucune décision ensemble, comment développeraient-ils des valeurs communes ? La question des valeurs ne se pose qu'en rapport à l'action, donc au moment de prendre les décisions qui les motivent.

En fait, le niveau moral d'un groupe ou d'une organisation est non seulement tributaire de la qualité de ses chefs, mais également de la qualité de la structure de communication et de prise de décisions qui unit les membres. Culture, structure et leadership sont donc intimement liés.

La culture d'un groupe est faite d'un ensemble de principes, de règles, de façons de penser et de faire, dont la fonction est de modeler le comportement des membres. Ces règles, plus ou moins conscientes, reflètent le niveau moral du groupe.

Le chef développeur est responsable de transmettre ce bagage culturel et de l'enrichir à la lumière des expériences qu'il vit avec ses collaborateurs. Pour y arriver, il a besoin d'un lieu d'échanges, d'une structure où il va communiquer avec ses collaborateurs et décider avec eux de la direction commune à prendre. Les règles souvent inconscientes qui structurent ces lieux de parole et de prise de décisions sont parmi les plus importantes parce qu'elles encouragent ou découragent la responsabilité individuelle et collective.

Quand un groupe accepte que les décisions du chef soient sans appel, les membres, soumis à cette règle, vont tôt ou tard adopter des comportements défensifs : dépendance, soumission aveugle, délinquance, révolte, résistance passive, démobilisation, démission, etc. L'inverse est également vrai. Quand les membres d'un groupe sont invités à influencer les décisions qui ont un impact sur leur vie, ils ont tendance à collaborer de façon plus responsable.

Comment se fait-il que, puisque nous savons tout cela, les comportements irresponsables soient toujours si répandus dans nos organisations et, en conséquence, le niveau moral si bas ? C'est que notre stratégie pour faire évoluer les choses dans la bonne direction est incomplète. Nous essayons de convertir les individus, de les former, de les convaincre, mais nous ne faisons rien pour changer la structure de pouvoir de nos organisations.

Éduquer les chefs ne suffit pas. Il nous faut encore porter attention à la structure de prise de décisions dans laquelle ils exercent leur pouvoir, pour protéger nos organisations contre les abus d'autorité qui risquent toujours de survenir. Leur laisser l'entière responsabilité de prendre toutes les décisions est irresponsable.

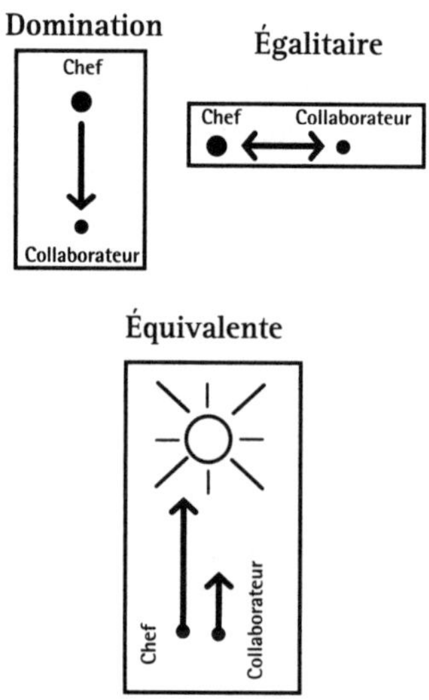

Quand la structure d'une machine se casse, le fonctionnement de tous les sous-systèmes qui la composent en est affecté. De la même manière, quand la structure de communication et de prise de décisions d'une organisation est défaillante c'est le comportement des membres qui en est perturbé. Dans ce cas, les valeurs qui devraient commander des comportements libres et responsables ne peuvent plus jouer leur rôle.

Évidemment, le travail de réingénierie organisationnel nécessaire pour réparer nos structures sociales ne peut se faire sans le consentement de chefs éclairés qui ont compris que leur façon d'être en relation avec leurs collaborateurs est plus importante que ce qu'ils leur disent et ordonnent.

Ces chefs ne tolèrent pas les relations de domination et ne cherchent pas non plus à établir des relations égalitaires. Ils reconnaissent l'équivalence des contributions de chacun et font la promotion de la collaboration de tous en proposant un idéal commun.

Pour paraphraser St-Exupéry, aimer ce n'est pas se regarder dans les yeux, mais regarder ensemble dans la même direction, celle bien sûr qui correspond aux valeurs qui sont à la base de la croissance humaine.

Le prochain chapitre présentera les outils d'ingénierie sociale pour en arriver là.

Résumé et commentaires du chef des MoaZoa

Il faut en venir à la conclusion que les difficultés de communication que nous dénonçons tant dans nos organisations sont inhérentes à la structure hiérarchique.

Ma prétention à savoir ce qui était bon pour mon peuple l'a fait souffrir. Au lieu de faire face aux conflits inévitables dans une communauté vivante, je les ai étouffés parce que j'ai perdu confiance dans l'intelligence collective du Grand Conseil. J'ai détruit la structure qui pouvait faire circuler l'énergie dans tout le corps de mon peuple.

C'est la faute à l'organigramme

Je comprends que la structure d'exécution est utile pour conduire une organisation, mais elle est inadéquate pour prendre des décisions.

Blâmer les individus pour une erreur dans la structure de notre vie en commun c'est viser la mauvaise cible.

Ce que vous appelez les structures dynamiques desquelles s'inspire la sociocratie, chez nous c'est la nature qui nous parle dans ce sens. Nous savons que dans la nature, tous les éléments sont importants et ont une influence sur l'ensemble. La sociocratie veut rappeler cette sagesse.

Nous ne sommes pas égaux, mais équivalents. C'est aussi un enseignement de la nature. Le papillon, le champignon, sans avoir un apport identique, ont une importance capitale dans le cycle de la vie de d'autres animaux, de d'autres plantes. C'est la même compréhension de la Vie qui vous a inspiré ce que vos scientifiques appellent la vision systémique.

Décisions et comportement

L'évolution humaine a commandé différents modes de prise de décisions fondés tantôt sur la nécessité vitale, les croyances, la volonté d'une seule personne ou encore d'une majorité de personnes. Avec la sociocratie, vous voulez revenir à un mode de prise de décisions qui tient compte de tous ceux que vos décisions affectent. Cela comprend également l'environnement. Chacun de ces modes de prise de décisions témoigne du niveau de maturité du groupe qui l'adopte. Le comportement de ses membres reflète cette maturité.

Pas de culture sans structure

J'ai finalement compris tout le tort que j'ai fait à mon peuple en abolissant le Grand Conseil. Je l'ai privé d'un lieu de parole, d'un lieu de pouvoir donc d'un lieu de conscience et de sagesse. J'ai donc porté atteinte à la culture de mon peuple en détruisant la structure qui en facilitait l'expression.

Chapitre 4
Vivre en sociocratie

Pour briser la loi du silence et mettre fin au régime de la peur

Plutôt que d'exhorter à la vertu, nous sommes à la recherche d'outils qui incitent à une conduite exemplaire. Nous le savons maintenant, on ne fait pas la promotion des valeurs à la base de la croissance humaine en prononçant des discours enflammés ou en placardant les murs de slogans vertueux. Ce qu'il faut faire, c'est rendre les communications organisationnelles transparentes et donner aux gens qui y vivent l'occasion de s'associer en toute conscience aux décisions qui les concernent.

Sur le plan privé, une personne adopte des comportements éthiques quand elle consent à soumettre ses intentions, ses pensées, ses paroles et ses actions à son intuition. Elle accepte alors de se situer au-dessus de ses désirs personnels du moment pour considérer les choses d'un point de vue supérieur. De la même façon, une organisation va adopter des comportements éthiques quand elle permettra à ses membres d'examiner ouvertement ses décisions à la lumière du bien commun.

Les règles qui vont suivre ne proposent pas de solutions préétablies à tous les problèmes auxquels nous faisons face dans nos organisations mais en revanche elles offrent le genre d'outils dont nous avons besoin pour trouver ensemble les solutions optimales à nos difficultés.

Gerard Endenburg formula pour la première fois, au début des années 70, les quatre règles de gestion qui, en dotant l'organisation d'une structure de communication et de prise de décisions appropriée, encouragent des comportements éthiques. Il a appelé son modèle de gestion la sociocratie, terme inventé par Auguste Comte (1798-1857), le père de la sociologie, pour décrire un modèle de gouvernement qu'il considérait supérieur à la démocratie.

Au début des années 80, le gouvernement hollandais a reconnu ce mode de gestion et depuis, il permet son implantation dans les entreprises comme une alternative au comité d'entreprise, mécanisme obligatoire dans plusieurs pays européens pour encourager la participation des travailleurs à la gestion.

La sociocratie : un outil neutre

Ces règles n'exigent pas de la part de ceux qui les adoptent l'adhésion préalable à un système de croyances quelconque. Elles encouragent chaque individu à exprimer son point de vue et le groupe tout entier à définir ses propres valeurs. Elles partent des prémices selon lesquelles, de la même façon que les fleurs sont attirées par la lumière, des personnes conscientes et libres orienteront toujours leurs actes dans le sens des valeurs à la base de la croissance humaine. Voici l'énoncé de ces règles dont le présent chapitre se propose d'expliquer le sens et la portée.

Le consentement

Le consentement des membres (zéro objection) est le mode de prise de décisions pour adopter les politiques et les orientations qui régissent la vie d'une équipe de travail. Ce qui signifie qu'aucune décision importante pour la vie de l'équipe ne pourra être prise si un des membres y oppose une objection raisonnable.

Le cercle de concertation

Chaque unité de travail se dote d'un cercle de concertation comme lieu de parole et de prise de décisions. Chaque cercle de concertation poursuit une mission claire et délègue à ses membres les fonctions opérationnelles reliées à la réalisation de cette mission. Le cercle de concertation est responsable de trois choses : l'atteinte des objectifs annuels de l'unité, l'amélioration de ses méthodes de travail et le développement des compétences de ses membres.

Le double lien

Le lien entre deux cercles de concertation est double, c'est-à-dire qu'au moins deux personnes prennent part aux décisions d'orientation dans le cercle immédiatement supérieur : le chef de l'unité et un représentant élu par les membres.

Le choix et l'affectation des membres

Les membres d'une équipe de travail sont choisis et affectés dans leurs fonctions par le cercle de concertation après une discussion ouverte et une décision prise sur la base du consentement des membres.

Le consentement

Il n'est pas dans la nature d'un esprit libre d'agir sans comprendre. Si diriger c'est aider, collaborer c'est comprendre.

Comprendre ! Ce mot signifie littéralement prendre avec soi, faire sien. Quand un groupe prend une décision sur la base du consentement de ses membres, il invite chacun d'abord à peser intérieurement pour lui-même le bien-fondé de la proposition à l'étude. Dans le mot « consentir », il y a le verbe « sentir ». Ensuite, le groupe appelle chacun à formuler toutes les objections raisonnables à cette proposition dans le dessein de prendre conscience collectivement de l'impact de la proposition prise en délibéré. Une objection raisonnable est une objection qui est reconnue comme telle par le groupe. Ici, le dicton populaire : « Qui ne dit mot consent » prend tout son sens. Une fois que les membres d'un groupe ont résolu de prendre leurs décisions sur la base du consentement, ne pas s'exprimer équivaut à consentir.

Le zéro objection et les lois de la nature

Dans sa détermination à poursuivre son rêve d'organisation, de l'éclatement des super novas à l'élaboration des atomes en passant par la formation des molécules jusqu'aux cellules vivantes, la nature met à profit une multitude de forces. Comment cette inimaginable collaboration du minéral, du végétal et de l'animal serait-elle possible si elle ne se fondait pas sur le respect inconditionnel de leur contribution réciproque à l'équilibre du Grand Tout ?

L'élaboration de cette gigantesque construction s'appuie sur la règle du consentement comme base de prise de décisions. L'équilibre des écosystèmes et la diversité des espèces en fait la démonstration : aucune action entreprise par une bactérie, une plante ou un animal ne demeure viable si elle ne tient pas compte des limites, des conditions ou des objections que lui impose son environnement.

Pour tout organisme naturel, une bonne décision est donc celle qui tient compte des tolérances de son environnement.

L'homme appartient, lui aussi à la nature. Il est donc autorisé à y faire tout ce qu'il désire, pour autant qu'il ne nuise à personne.

La recherche du zéro objection se veut un mode de décision écologique, un mode qui pose les bases de la collaboration et de l'entraide entre toutes les créatures vivantes et oblige à la reconnaissance non seulement des autres êtres humains impliqués dans le processus décisionnel, ce qui est déjà une grande amélioration par rapport au mode démocratique, mais, à la limite, il nous oblige à tenir compte également de nos autres compagnons de voyage que sont, entre autres, les animaux, les plantes, les minéraux et les bactéries.

En effet, comment ne pas tenir compte de leurs objections quand nous savons que notre survie dépend d'eux ? Le respect de la nature est à la base du comportement moral parce qu'il nous ouvre à la reconnaissance des lois qui entretiennent la vie et fondent tout progrès véritable.

Le consentement : personne ne dit non ; le consensus : tout le monde dit oui

Consentement n'est pas synonyme de consensus. Le consensus est un mode de décision qui fait partie des outils de la démocratie. En démocratie, on cherche à obtenir l'accord de la majorité à une proposition donnée. La règle du 50 % plus une voix est généralement requise pour que l'on considère qu'une décision est légitime. Dans certaines circonstances, on peut convenir que la majorité devra rallier les 2/3 des voix ou l'unanimité. La recherche du consensus est cet effort visant à obtenir l'unanimité, c'est-à-dire l'accord de tous les membres à une proposition.

À bien y réfléchir, la recherche du consensus est un non-sens et forcément inutile. Comme nous sommes tous différents, nous voyons obligatoirement la réalité de manières différentes. Chercher à convaincre les autres de notre point de vue est futile. Il est plus pratique de chercher à connaître leurs objections pour en tenir compte dans nos décisions.

Le climat général des rencontres où l'on cherche un consensus est généralement très tendu pour la simple raison qu'on cherche à imposer un point de vue unique. Le consentement suppose, au contraire, que l'on valorise les objections qui, dans ce cas, ne sont pas considérées comme des obstacles à la prise de décisions mais plutôt comme les conditions nécessaires à sa mise en œuvre.

La liberté et le contrôle social

En gestion, comme en physique, la notion de tolérance est très importante. On sait que, dans la nature, rien n'est vraiment immobile. Or, tout ce qui bouge oscille avec des amplitudes plus ou moins grandes autour d'un axe central. Les tolérances d'un système sont justement les limites au-delà desquelles les oscillations risquent d'endommager le système lui-même.

En industrie, on a vu se développer, ces dernières années, des techniques d'analyse de vibrations qui permettent de prévoir les bris des machines et de diminuer, de façon significative, les coûts de réparation par l'entretien préventif.

Par analogie, gérer une organisation humaine présuppose la connaissance et le respect des tolérances des éléments constitutifs de ce système. Le schéma qui suit illustre le phénomène.

Chaque fois que nous nous proposons d'accomplir une tâche, d'atteindre de nouveaux objectifs, la réalisation efficace de nos ambitions va exiger l'identification et le respect de contraintes, de conditions spécifiques.

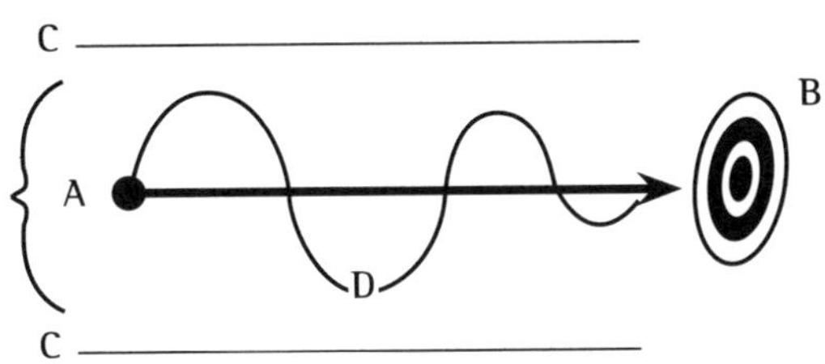

Dans le présent graphique, la cible (B) représente le projet à réaliser.

La ligne droite (A) représente la direction que nous voulons prendre. Cette direction est une vue de l'esprit puisqu'en management, comme dans le monde physique, la ligne droite n'existe pas. Nous allons chercher notre chemin (D) en oscillant autour de cette ligne imaginaire. Les lignes C' et C représentent les limites, les tolérances à ne pas dépasser.

L'ignorance ou le non-respect de ces tolérances peut entraîner la destruction d'une partie de l'organisation, voire sa faillite complète. Pour trouver notre chemin du point A au point B nous aurons donc besoin de connaître, par exemple, les exigences de qualité, les limites de budget, de temps, le niveau de compétence des ressources humaines, la disponibilité des machines, etc. Cette connaissance va nous permettre, tout en cheminant dans la direction voulue, de respecter les tolérances de l'organisation.

Sur le plan mécanique, sans tolérances, pas de mouvement. En management et dans la vie sociale en général, ces limites sont les marges de manœuvre que chaque membre d'un groupe doit négocier pour protéger son intégrité personnelle. Sans cette marge de manœuvre, sans tolérances clairement définies, il n'y a plus de liberté individuelle et, par le fait même, plus de vie sociale possible.

Paradoxalement, la liberté individuelle est tributaire de l'établissement de limites claires sur le plan social. L'expression bien connue « La liberté des uns finit là où celle des autres commence » exprime cette idée avec justesse.

On conçoit mal un système qui fonctionnerait sans limites. De la même façon, la vie sociale est impossible sans contrôle social, sans une entente des membres concernant les limites à ne pas dépasser. Le mode de décision par consentement favorise l'identification de ces limites et, par conséquent, l'autocontrôle.

Sans gagnant ni perdant

Dans un groupe qui fonctionne sur le principe du zéro objection, on discute moins pour convaincre les autres que l'on a raison que pour comprendre la problématique et les conditions d'implantation de la solution envisagée. Gagner un débat n'a ici aucun sens.

Les polarisations rigides n'ont pas plus leur raison d'être. Changer d'idée au cours d'une discussion est tout à fait naturel, car le processus n'encourage pas l'attitude gagnant ou perdant. Au contraire, c'est un processus qui encourage l'exploration des options.

Le poids des arguments

On aura compris que dans l'optique du zéro objection, c'est la qualité des arguments qui importe. Le poids du nombre ou celui du statut hiérarchique n'est pas un critère pour juger de la qualité d'une décision. Si le chef a de bons arguments, ce qui n'est pas rare à cause des informations dont il dispose, c'est la force de ses arguments qui fera la différence et non le fait qu'il occupe un poste de commandement dans la structure hiérarchique.

La solidarité n'est pas requise

Ce mode de prise de décisions ne requiert pas le recours à la règle de la solidarité, puisque personne n'est forcé de consentir contre son gré à une décision du groupe. Lorsque l'on a recours à la règle de la solidarité obligatoire pour s'assurer que la décision sera respectée par les membres d'un groupe, on peut être assuré que la décision retenue aura des conséquences néfastes. Tôt ou tard, les frustrations engendrées par cette façon de bâillonner les opposants devront être payées. C'est la porte ouverte au trafic d'influence, aux négociations de privilèges et à toutes sortes de manipulations.

La sécurité psychologique

Pour fonctionner de façon optimale, les membres d'un groupe ont d'abord besoin de se sentir en sécurité dans le groupe. Chaque fois que vous demandez aux membres d'une équipe les conditions nécessaires pour qu'ils parlent ouvertement en groupe, 9 fois sur 10 ils posent comme première condition le fait de se sentir respectés. Le mode de décision par consentement est un moyen de briser la loi du silence et de mettre fin au régime de la peur qui, aujourd'hui encore, constitue le principal obstacle à l'amélioration du fonctionnement de nos organisations.

Le droit à l'erreur

Le mode de décision par consentement ne garantit pas à une équipe qu'elle va toujours prendre les bonnes décisions. Par contre, il favorise la reconnaissance des erreurs et interdit la recherche d'un bouc émissaire. Si le groupe se trompe et prend une mauvaise décision, c'est tout le cercle qui est responsable. Dans ce contexte, il est plus facile de considérer l'erreur comme une occasion d'apprentissage.

La réconciliation des intérêts individuels et du bien commun

Le mode de décision par consentement favorise la recherche du bien commun. Il est bien évident que, dans pareille situation, les arguments qui ont le plus de chance d'influencer la décision sont ceux qui intègrent les intérêts individuels et les transcendent.

Les limites du zéro objection

Après avoir vanté les mérites du consentement comme mode de prise de décisions, il nous vient un doute. Pourquoi une méthode aussi simple et efficace n'est-elle pas plus répandue ?

Cette méthode est exigeante dans la mesure où elle encourage chacun à la vigilance pour débusquer ses peurs et au courage d'y faire face. Ce mode de prise de décisions exige de ceux qui le pratiquent un sens profond de la liberté humaine et une vision écologique du monde. Or, l'histoire des hommes n'a pas toujours été édifiante à cet égard.

D'une part, les structures autoritaires de prise de décisions représentent pour beaucoup la voie de la facilité. Certaines personnes préfèrent que d'autres prennent les décisions à leur place pourvu qu'en échange de leur esclavage, elles soient entretenues par l'État ou autrement. Cette attitude leur laisse le loisir de critiquer et surtout, de s'afficher comme des ayants droit victimes des mauvaises intentions d'autrui. Ce faisant, ils gardent bonne conscience, en entretenant l'illusion de leur valeur. D'autre part, les structures autoritaires permettent à certains dirigeants de monopoliser le pouvoir et d'entretenir leur désir pathologique d'influence sur les masses.

En fait, c'est le consentement tacite des parties qui, en bout de ligne, crée les dictatures. Ce problème est aussi vieux que l'irresponsabilité humaine.

Nous sommes actuellement, et c'est heureux, à une croisée de chemins historique qui favorise l'émergence d'une forme de prise de décisions plus responsable. Beaucoup plus qu'une nouvelle mode, la gestion par consentement se veut un vaste programme d'éducation à la liberté. Et c'est là sa limite. On ne peut pas prendre pour acquis que tous choisiront la liberté parce que la liberté suppose aussi la responsabilité.

Comme l'affirme Hubert Reeves : « Par son intelligence et sa liberté d'action, l'homme peut déjouer les garde-fous qui opèrent efficacement chez les autres animaux. Il peut agir sciemment contre son intérêt propre, contre celui de sa lignée. Il peut se stériliser et se suicider, il peut exterminer tous ceux de son espèce, entraînant peut-être dans cette catastrophe la biosphère entière. ». Devant cette possibilité, il nous faut pourtant prendre parti pour la vie et croire que l'humanité fera le bon choix. Il se peut hélas qu'elle ait à souffrir pour cela.

Le cercle de concertation

Le cercle de concertation, ou le cercle sociocratique, est le complément naturel de la structure hiérarchique de nos organisations. J'aime bien le terme cercle de concertation parce qu'il évoque l'idée d'un concert et donc d'harmonie.

Nous avons démontré, au chapitre précédent, l'inefficacité de la structure hiérarchique lorsqu'il s'agit de faire circuler l'information nécessaire à une prise de décisions rapide et éclairée. Cette structure ne permet pas une rencontre de personne à personne sur une base d'équivalence pour la simple raison que les membres n'y détiennent pas un pouvoir équivalent.

Par définition, la structure hiérarchique induit la notion qu'il y a, d'un côté, ceux qui pensent et décident, les cadres, puis de l'autre, ceux qui vissent et exécutent, les employés. Dans cette structure, les messages du chef sont presque toujours déformés parce que ce qui est exprimé correspond rarement à ce qui est entendu. Le chef dit : « Faites-moi confiance, vous pouvez me parler ouvertement, je ne veux que votre bien ». L'employé entend : « Attention, j'ai plus de pouvoir que vous et tout ce que vous direz pourra être retenu contre vous ». Pas étonnant qu'on se sente mal à l'aise dans ce type de structure.

Si la structure hiérarchique s'avère nécessaire pour coordonner l'action, elle est inappropriée pour prendre les décisions qui vont déterminer la direction à prendre. Pour y arriver, il faut créer un autre lieu, plus ouvert à la discussion et à l'échange, où le pouvoir est partagé plus équitablement.

Le cercle : un concept d'organisation très ancien

Le cercle est une structure organisationnelle très ancienne. Les Amérindiens en avaient fait la structure principale de leurs sociétés.

Selon Hekaka Sapa (Élan noir), homme sacré chez la nation sioux : « Toute chose que fait un Indien est faite dans un cercle et il en est ainsi parce que le pouvoir de l'Univers agit toujours moyennant des cercles, et toute chose tend à être ronde. Dans les anciens jours, quand nous étions un peuple fort et heureux, toute notre puissance nous venait du cercle sacré de la nation et, aussi longtemps que le cercle demeurait entier, le peuple fleurissait... Cette connaissance vint à nous de l'Univers avec notre religion.

Toute chose que fait le pouvoir de l'Univers, il la fait en forme de cercle. Le ciel est circulaire, et j'ai entendu dire que la terre est ronde comme une boule, et les étoiles, elles aussi sont rondes. Le vent, dans sa plus grande force, tourbillonne. Les oiseaux font leurs nids en forme de cercle, car ils ont la même religion que nous (...) Nos tipis étaient circulaires comme les nids des oiseaux et ils étaient toujours disposés en cercle, le cercle de la nation, un nid fait de beaucoup de nids, où le Grand Esprit voulait que nous couvions nos enfants... ».

Le cercle, on le ressent bien, est réservé à la vie intime. Il est propice à l'échange et au partage. Encore aujourd'hui, le concept de cercle renferme la notion d'équivalence entre les participants. Nous parlons du cercle de nos amis plutôt que du groupe de nos amis, du cercle familial, etc. Les organisations qui utilisent le mot cercle pour se décrire, comme « Le cercle des amis de la terre », indiquent implicitement leur intention de considérer leurs membres comme équivalents.

La constitution des cercles de concertation

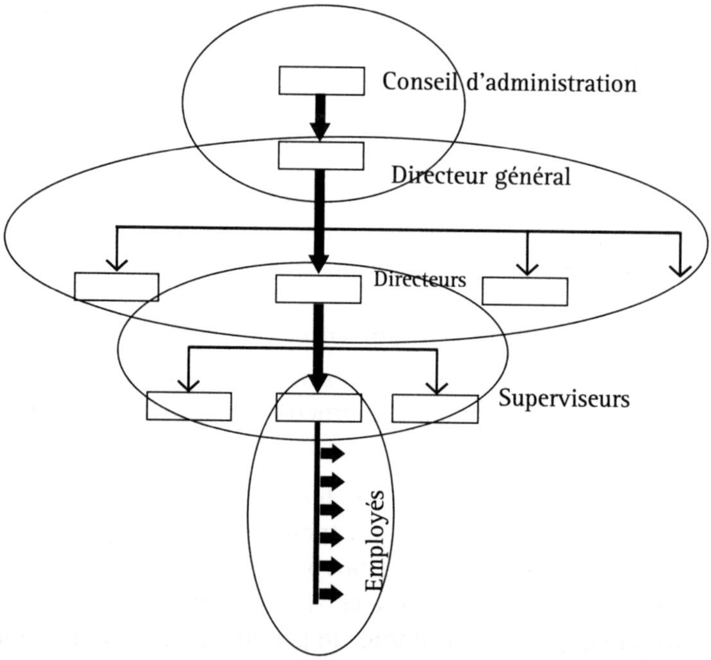

Dans l'organisation, le cercle de concertation comprend le responsable hiérarchique et les membres de l'équipe de travail.

Pour être fonctionnel, le cercle élit parmi ses membres (sur la base du zéro objection) un président et un secrétaire.

Le chef hiérarchique, le président du cercle, le secrétaire et le double lien, dont nous allons parler bientôt, sont appelés les officiers du cercle de concertation.

La structure des cercles de concertation se superpose donc à la structure hiérarchique traditionnelle comme dans le schéma de la page précédente. Un cercle de concertation doit regrouper des personnes qui partagent un but commun et qui occupent des postes dont la contribution concourt à la réalisation de ce but.

Les trois rôles du cercle de concertation

Les trois principaux rôles du cercle de concertation sont :

- Organiser le système de production ou les processus de travail pour remplir correctement la mission du cercle ;
- Améliorer continuellement les processus de travail du cercle et chercher à faire mieux à moindre coût ;
- Assurer la survie du cercle à long terme par la gestion des compétences de ses membres et l'actualisation du potentiel du cercle.

Le pouvoir du cercle de concertation

Le pouvoir du cercle de concertation s'exerce dans les limites établies par le cercle qui lui est supérieur. Ce pouvoir est donc égal à celui qui est traditionnellement délégué au chef hiérarchique de l'unité de travail. À l'intérieur de ces limites, le cercle a tous les pouvoirs pour orienter l'unité de travail, incluant le choix et l'affectation des membres dans leur poste.

Le cercle de concertation a également le pouvoir de mandater des comités ad hoc (groupes de qualité, groupes de travail) pour étudier un problème ou préparer une politique. Le pouvoir d'exécuter les décisions du cercle de concertation appartient toujours au chef hiérarchique qui assume la coordination et la supervision des opérations.

Le cercle de concertation est un lieu de prise de décisions et non un groupe de résolution de problème, un comité de travail ou un groupe d'amélioration. Il n'élimine pas non plus les rencontres de coordination et d'information nécessaires à la gestion courante.

Partager le pouvoir sans le perdre ni le diluer

Il faut se rappeler que le pouvoir est de même nature que l'amour, plus on le partage, plus il augmente. Le cercle n'enlève ni aux gestionnaires ni aux employés les pouvoirs qui découlent de leurs fonctions. Il leur permet de partager ce pouvoir et non de s'en défaire et encore moins de le diluer. Il faut se rappeler que dans le cercle, le chef peut s'objecter comme tous les autres membres et qu'il demeure toujours responsable, au niveau supérieur, des décisions de son cercle, comme chaque membre l'est au niveau de son poste de travail.

« Partager le pouvoir » évoque, pour certaines personnes, l'idée qu'il pourrait être divisé en plusieurs parts et faire l'objet d'un commerce. Il n'en est rien. Le pouvoir c'est une capacité, une force dont tous les êtres vivants et la nature entière jusqu'à la moindre particule élémentaire sont pourvus. Les règles sociocratiques invitent simplement chacun à se prévaloir de la force qui l'habite et à assumer le pouvoir qui est le sien.

Le cercle, un lieu de dialogue, de créativité et de résolution de conflits

Le dialogue, l'écoute et la communication respectueuse sont les premières qualités que les membres d'un cercle de concertation vont développer, ce qui augmente automatiquement le niveau de créativité du groupe.

Un organisme vivant a le pouvoir de s'adapter à son environnement et si, par mégarde, il se blesse dans l'action, il a également le pouvoir de s'autoguérir, de cicatriser ses blessures et même de ressouder une structure osseuse brisée.

De la même manière, le cercle de concertation décuple la capacité de l'entreprise à s'adapter rapidement à tout changement qui survient dans l'environnement. En restaurant la communication interne et externe, il accélère le temps de réaction de l'entreprise et permet à toutes les unités de travail d'agir directement à leur niveau pour maintenir l'équilibre de l'ensemble.

Dans le cercle de concertation, les différences de points de vue ne sont plus considérées comme des obstacles à la communication mais, au contraire, comme source de créativité. Les individus en conflit sont soutenus par le groupe jusqu'à ce que celui-ci trouve le moyen d'intégrer les opinions divergentes. Il ne s'agit pas ici de faire des compromis pour éviter les affrontements potentiels, mais d'écouter au-delà des mots les sentiments et les motivations profondes derrière les arguments. À ce niveau, tout devient possible.

Le cercle, un lieu de planification et de contrôle

Il est étonnant de voir avec quelle rapidité les travailleurs organisés en cercle de concertation parviennent à développer une vision stratégique de leur unité en fonction des objectifs de l'organisation. La planification n'est pas une science réservée à des experts. Dès qu'un groupe acquiert la possibilité de contrôler son destin, il commence à faire des projets d'avenir.

Le cercle et l'amélioration continue

La vie est un vaste champ de problèmes à résoudre et il n'y a rien de plus stimulant pour les humains que de résoudre des problèmes. Dans des conditions normales, tout groupe est stimulé par ce défi. Encore faut-il qu'il en ait le loisir. Le cercle de concertation, en ouvrant la communication, donne aux membres les moyens d'agir pour améliorer leur sort. Ceux-ci chercheront donc à résoudre les difficultés auxquelles ils sont confrontés et ils s'efforceront de s'améliorer. Dans ce sens, l'implantation des cercles de concertation facilite grandement l'implantation des programmes d'amélioration continue.

Le cercle, un lieu d'éducation et d'entraide

Le cercle de concertation, plus qu'un milieu de travail, peut graduellement devenir un milieu de vie.

L'évolution rapide des technologies, des marchés et tous les changements sociaux et environnementaux auxquels nous sommes soumis appellent plus que jamais à la formation permanente. Le cercle est le lieu désigné pour assumer réellement cette fonction. On y discute des besoins de formation des membres pour ensuite y organiser, de toutes les façons possibles, la diffusion des connaissances et l'acquisition des habiletés requises. Parce que le cercle est un lieu d'expression des limites individuelles, il devient, à la longue, un lieu d'éducation et d'entraide. Nous ne parlons pas ici uniquement d'instruction technique, mais d'éducation ce qui implique aussi une formation morale, un savoir-vivre collectif dérivé d'une connaissance expérientielle des lois de la Vie.

Le double lien

Dans la structure hiérarchique traditionnelle, c'est le responsable de l'unité qui constitue le seul lien avec l'unité supérieure. Dans la structure des cercles, il siège également d'office dans le cercle immédiatement supérieur.

S'il est le seul représentant de son cercle sur celui de son patron comme dans le schéma ci-contre, cela signifie qu'il constitue le seul lien entre les deux cercles.

Du point de vue de l'ingénierie sociale, cela pose un problème, nous avons une structure autoritaire entre deux cercles de concertation.

Le superviseur du département X aura beau dire qu'il a pris dans le cercle des superviseurs une décision avec le consentement de ses collègues, les employés de son propre cercle auront l'impression d'être ignorés dans le processus de prise de décisions.

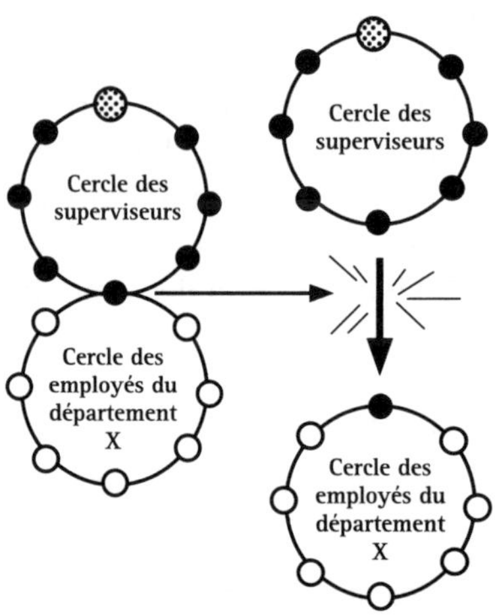

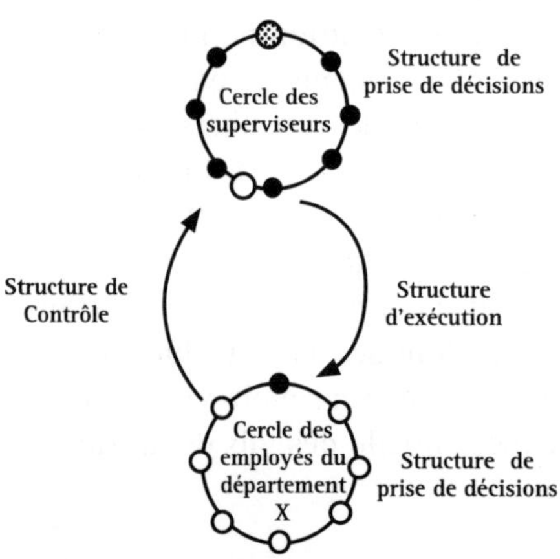

Pour remédier à cette situation, il faut changer la structure de communication entre les cercles. C'est le rôle que joue le double lien. Dorénavant, le lien entre deux unités sera constitué d'au moins deux personnes : le chef de l'unité et un représentant élu par les membres de son cercle.

Cette règle se fonde sur la théorie selon laquelle il doit y avoir au moins deux liens entre les éléments de tout système : un qui descend l'information et un autre qui la remonte.

Le patron, qui a normalement la responsabilité de

descendre l'information, peut difficilement jouer le rôle de celui qui la remonte. Il est payé pour atteindre des résultats et, dans le feu de l'action, il privilégiera toujours la communication descendante. Pour garantir l'équilibre, on doit nécessairement créer une autre voie de communication pour remonter l'information : d'où la création du double lien.

L'équilibre du masculin et du féminin

Avec la règle du double lien, on rétablit l'équilibre entre le principe masculin et le principe féminin de l'organisation. Le rôle de chef représente le pôle positif, le rôle du double lien constitue le pôle négatif. Le rôle du premier est plus masculin en ce sens qu'il vise à stimuler le groupe vers l'atteinte d'un objectif. Le rôle du second est plus féminin parce qu'il favorise l'écoute, l'accueil des idées de chacun.

On peut dire que l'institution du double lien vient redonner à l'organisation tout son potentiel énergétique. Comme l'énergie magnétique tourne autour des deux pôles d'un aimant, l'énergie organisationnelle a besoin elle aussi de deux pôles pour circuler normalement.

On remarque d'ailleurs que l'implantation de cercles de concertation dans une organisation donne subtilement au féminin une place plus importante et compense l'aspect masculin de la structure hiérarchique traditionnelle. Pour les femmes qui travaillent dans les entreprises, cela représente une libération. Pour elles, le fonctionnement en cercles permet à leur nature plus encline à l'accueil, à la guérison, à l'éducation et à la protection de se manifester.

Dans cette optique, mieux que tous les programmes d'égalité des chances, l'introduction des cercles de concertation dans les organisations peut s'avérer le geste le plus significatif pour donner aux femmes et aux hommes leur véritable place.

Le double lien : rôle et responsabilités

Le rôle du double lien est de représenter l'esprit de son cercle au niveau supérieur. Il n'est pas le porte-parole de son cercle, mais un membre à part entière du cercle supérieur. À ce titre, il évalue selon ses convictions les arguments qui lui sont présentés sans avoir à consulter son cercle avant d'émettre son opinion. Il agit à ce niveau comme un autre décideur.

Ainsi, un cercle de concertation supérieur peut décider d'adopter une proposition qui affecte une unité inférieure sans avoir à consulter directement cette dernière. Plus tard, s'il surgit un problème, les membres des cercles de concertation inférieurs auront toujours la possibilité de faire valoir leurs objections.

L'expérience démontre que les membres des cercles choisissent comme doubles liens des personnes pondérées, dotées d'un bon jugement. Contrairement à ce que l'on pourrait croire, ils ne choisissent pas les plus contestataires ni les plus soumis parce qu'ils savent intuitivement que le double lien doit maintenir une bonne relation, à la fois avec la direction et avec les membres de son cercle. C'est un médiateur naturel, quelqu'un à qui l'on fait tout naturellement confiance à cause de sa compétence, de son ancienneté et de ses qualités de chef.

La famille élargie reconstituée

Le cercle de concertation reconstitue, d'une certaine façon, la structure de la famille élargie et jette un éclairage nouveau sur son importance pour l'évolution normale des collaborateurs.

Dans un cercle de concertation, on retrouve généralement trois niveaux hiérarchiques comme dans la famille élargie. Cette structure permet aux employés d'accéder à un palier d'autorité supérieur à celui de leur patron, ce qui facilite la concertation entre les niveaux hiérarchiques tout comme, dans la famille élargie, le contact des petits-enfants et des grands-parents contribue à la cohésion sociale de la famille.

Par contre, cette situation exige un repositionnement du grand patron. Dans le cercle, le grand patron aura du succès s'il agit davantage comme un grand-parent. Normalement, il va se faire discret pour laisser la place à ses collaborateurs. Ses prises de positions, peu nombreuses, seront surtout destinées à rappeler les principes de fonctionnement de l'entreprise. La présence des doubles liens ouvre au grand patron une fenêtre sur les faits et gestes de ses collaborateurs immédiats créant ainsi une transparence qui devrait

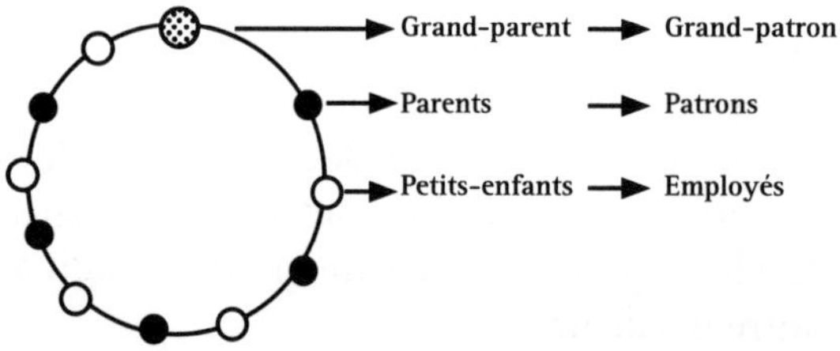

les inciter à agir dans le sens du bien commun.

Le lien de confiance rétabli

La règle du double lien concrétise pour les employés le droit à l'expression et renforce, par le fait même, leur confiance dans les autorités supérieures de l'organisation. On comprendra que le double lien constitue une protection naturelle contre l'abus d'autorité souvent involontaire des chefs hiérarchiques.

Cette protection est nécessaire pour que les membres se sentent capables d'établir un contact productif avec leur chef et d'apprécier leur travail à sa juste valeur. Nous ne pouvons pas vraiment apprécier quelqu'un qui nous fait peur. L'amour est aux antipodes de la peur.

La relève

On comprendra que l'élection des doubles liens est stratégique pour l'entreprise sur le plan de la relève. Le poste de double lien est une école fantastique pour développer les futurs chefs et ce, à tous les niveaux de la structure.

Les exigences de ce poste s'apparentent à celles du chef. Représenter d'autres personnes tout en gardant sa liberté intérieure est une des premières qualités d'un chef. On ne peut imaginer l'efficacité du double lien sans une grande complicité avec le chef dont, en pratique, il doit devenir le bras droit. Cette collaboration exige, de la part du double lien, une confiance en soi et un discernement qui l'aideront plus tard à jouer le rôle de chef.

Le choix des membres et l'affectation dans leur poste

L'adoption dans l'organisation des trois premières règles de la Sociocratie, c'est-à-dire le consentement comme mode de prise de décisions, le cercle de concertation et le double lien, est le prérequis naturel à la quatrième règle, le choix et l'assignation des individus à leur poste sur la base du consentement des membres du cercle.

Quand le groupe acquiert du pouvoir sur l'embauche, le congédiement et l'affectation de ses membres dans leurs fonctions, l'harmonie sociale s'accroît d'elle-même. Puisque, dans ces circonstances, l'opinion des collègues compte autant que celle du chef, la qualité des relations interpersonnelles qu'un membre entretient avec les autres va devenir déterminante pour sa progression au sein de l'organisation.

Le pouvoir de s'organiser

Le cercle de concertation n'est réellement vivant que lorsque celui-ci fait sentir son influence de façon positive sur la destinée de ses membres. Le pouvoir ultime d'un groupe étant celui d'inclure ou d'exclure un de ses membres, il est pertinent de donner au cercle de concertation le pouvoir d'embaucher, de mettre à pied et d'affecter les membres à leur poste de travail. Quand le cercle commence à exercer ce pouvoir, en respectant évidemment la règle du consentement, la loi des affinités va permettre le développement d'équipes de travail qui partagent les mêmes valeurs.

Je crois qu'il y a là une clé subtile qu'un chef habile sait utiliser pour donner vie à son cercle de concertation. S'il partage avec le cercle de concertation son pouvoir d'embaucher et d'affecter les membres de son unité à leurs postes, il tisse entre chaque membre et le cercle un lien subtil qui contribue à consolider l'esprit d'équipe. Si les membres d'un groupe sont embauchés, mutés à d'autres postes et éventuellement congédiés avec le consentement du cercle de concertation, ils seront plus enclins à chercher à concilier leurs besoins individuels avec les besoins communs. Il faut rappeler qu'en agissant ainsi, le chef ne renonce pas à son droit de choisir les membres de son unité. Il peut toujours s'opposer à la venue d'une personne avec laquelle il ne se sent pas à l'aise pour travailler.

Le point de vue des collaborateurs

Voici deux courtes anecdotes pour illustrer comment les membres d'une équipe de travail peuvent vivre l'introduction des règles de la Sociocratie.

Des critères de mise à pied

C'était en période de récession. Les commandes avaient beaucoup baissé et la direction envisageait des mises à pied pour réduire les coûts de main-d'œuvre. Puisque le cercle de concertation était en place depuis un certain temps dans cette entreprise, on convoqua donc le cercle pour discuter et approuver la politique de mise à pied. Il n'était pas question que le cercle identifie les personnes qui seraient remerciées, mais il lui fallait établir les critères à partir desquels le superviseur devait agir.

Au début de la discussion, le groupe se rangea derrière le seul critère de l'ancienneté, sans vouloir en démordre. La discussion devenait assez animée parce que, quelques années auparavant, il y avait eu des mises à pied, et la direction, au dire des employés, n'avait pas respecté l'ancienneté comme critère de prise de décisions. Cette objection fut réfutée par le superviseur qui expliqua comment les dernières mises à pied s'étaient effectuées. Dans les faits, les personnes plus anciennes qui avaient été mises à pied temporairement l'avaient été à leur propre demande. Ayant plus de 55 ans et moins d'exigences financières que les parents ayant de jeunes enfants, ces personnes d'expérience avaient elles-mêmes proposé de prendre un congé sans solde en attendant que la conjoncture se rétablisse.

Les membres du cercle n'avaient jamais eu connaissance de la générosité de ces personnes et furent très touchés de l'apprendre. Après cette explication, le cercle fut en mesure d'identifier 4 ou 5 critères pour effectuer des mises à pied en cas de manque de travail. L'ancienneté, les qualifications de l'employé, sa flexibilité et sa situation familiale furent retenues, entre autres, comme critères.

Ce qui me frappa le plus, lors de cette prise de décisions, ce fut ce qui se produisit immédiatement après. Un des employés pris la parole pour dire : « C'est bien beau de se réunir pour décider des critères de mise à pied, mais cela ne nous apportera pas plus de travail. Que pouvons-nous faire pour obtenir plus de contrats ? Je crois que la personne la plus qualifiée parmi nous pour aller chercher du travail c'est notre superviseur. S'il accepte d'aller sur la route, nous pourrions nous organiser entre nous pour nommer un superviseur le temps que la conjoncture économique s'améliore. ». Cette proposition fut acceptée par le cercle. Le double lien fut nommé superviseur.

Au sortir de la réunion, j'entendis un employé dire à un de ses collègues : « C'est drôlement difficile le rôle de superviseur, je ne me vois pas aller annoncer à un collègue de travail qu'il est remercié de ses services, même temporairement ». On sentait dans la voix de l'employé un respect nouveau, de l'admiration et une certaine fierté à l'endroit du chef de l'unité.

Dans les jours qui suivirent, les employés apportèrent à l'équipe de vente des coupures de journaux et toutes sortes d'informations relatives à des possibilités de contrats pour l'entreprise.

Le superviseur qui alla sur la route s'avéra un très bon vendeur et ne regagna jamais son ancien poste.

La vente illégale de cigarettes

Un employé avait un petit commerce très lucratif. Il vendait à ses camarades de travail des cigarettes de contrebande. J'en avais informé le président de l'entreprise qui m'avait répondu : « Que veux-tu que je fasse, les cadres supérieurs achètent à cette personne des cigarettes illégales. J'ai d'autres chats à fouetter et je serais gêné d'en faire un point de discussion au comité de direction parce que des membres de ma propre famille en achètent. ».

J'étais à cette époque embauché pour mettre en place les cercles de concertation dans les unités de travail. Je procédai donc dans cette unité comme dans les autres en expliquant aux ouvriers que maintenant ils pouvaient soulever tous les points qu'ils jugeaient utiles pour l'avancement de leur unité de travail.

Après la réunion, un des employés alla voir le président du cercle pour lui demander d'inscrire à l'ordre du jour de la prochaine réunion du cercle la vente illégale de cigarettes en milieu de travail. Quand, quelques semaines avant la réunion, le vendeur de cigarettes vit l'ordre du jour, il s'empressa d'aller voir le président du cercle pour lui dire de retirer ce sujet en alléguant qu'il arrêtait son trafic sur le champ. Ce qu'il fit, du moins sur son lieu de travail.

Conclusion, pour opérer, la mafia a besoin de la loi du silence. Si l'on discute d'une chose sur la place publique, il est bien évident que la vertu a des chances de triompher.

Ces deux anecdotes illustrent l'impact positif de l'implantation des cercles de concertation en milieu organisationnel. On retiendra entre autres choses : de meilleures communications, plus d'entraide, un plus grand respect de l'autorité, plus d'initiatives, l'élévation du niveau moral et un sentiment d'appartenance accru.

Le chef est chef parce qu'il est en marche pour le devenir

La sociocratie n'élimine pas l'autorité du chef et ne réduit en rien son rôle. Au contraire, elle lui offre un terrain pour déployer tous ses talents. Elle lui fournit la structure dont il a besoin pour développer, dans son organisation, une culture qui fait la promotion des valeurs à la base de la croissance humaine.

Grâce à cet outil, il peut enfin commencer à diriger dans le vrai sens du mot, c'est-à-dire à aider ses collaborateurs et son équipe à grandir. La tâche est belle, le défi stimulant et mobilisateur ! La tâche est belle parce qu'elle consiste à s'assurer que l'idéal que poursuit son équipe vit dans ses membres et que les talents de chacun y sont reconnus et mis à contribution pour la réalisation de cet idéal. Le défi est stimulant dans la mesure où le chef sent qu'il contribue à l'édification et au développement continus d'une communauté vraie. Il est mobilisateur parce que, pour collaborer à l'évolution des autres, il faut oser faire soi-même un pas dans cette direction.

Résumé et commentaires du chef des MoaZoa

Les quatre règles de la sociocratie étaient à la base de notre vie commune.

Le cercle

Chez-nous, l'organisation en cercles était un concept évident : le cercle familial, le clan, la tribu, la nation, tous ces cercles étaient imbriqués les uns dans les autres. Notre besoin d'entretenir des liens de qualité avec les autres était vital pour nous. Nous n'avions pas autant que vous la possibilité de nous isoler des autres. Cette vision de l'organisation sociale nous a été donnée par l'observation de la nature qui regroupe tout ce qui vit en genres et en espèces. Nous avons appris avec l'arrivée des blancs que même la terre était ronde.

Le double lien

Notre appréhension de la réalité n'était pas construite mentalement comme la vôtre. Nous avions la conviction que chaque être vivant manifestait une parcelle du grand ensemble et que tous ces fragments avaient quelque chose à nous révéler sur le Grand Tout. Cette vision nous a amenés à recevoir dans nos cercles plusieurs représentants des cercles qui composaient chaque niveau de notre organisation sociale dans le dessein d'avoir une image plus juste des choses à faire pour notre bien-être à tous. Plusieurs liens unissaient donc tous les cercles de notre nation.

Le consentement

Notre façon de prendre nos décisions résultaient normalement d'un long partage de nos perceptions sans argumentation. Nous n'avions pas cette habitude des débats que vous aimez tant. Pour nous la vérité ne surgit pas de la confrontation des idées, mais de l'adjonction des points de vue. Chaque participant dans un cercle ne représentant que son point de vue, c'est en intégrant tous les points de vue comme faisant partie de l'image d'ensemble que nous en venions à prendre action dans le sens de ce qui nous était ainsi montré.

Vous êtes trop attachés à vos idées et à vos croyances. Vos convictions les plus intimes ne sont que des points de vue. Quand nous avons oublié cela, survint la division et la guerre.

Le choix des fonctions par consentement

Nous ne procédions jamais à des élections comme vous le faites aujourd'hui dans vos organisations dites démocratiques. La valeur de nos chefs était reconnue dès leur enfance et confirmée par leurs gestes au sein de la communauté. L'affectation des personnes à des postes clés dépendait de leur maturité pour occuper ce poste et de leur disponibilité. L'acceptation d'une fonction n'était pas perçue chez nous comme un honneur, mais comme un devoir. C'est pour cette raison que nous étions très sensibles à l'appel que chacun ressentait au service de la communauté. Si cette mission ne rencontrait pas d'objection raisonnable elle était acceptée comme un service important à la communauté.

Chapitre 5
La discipline de la liberté

Pour communiquer et travailler plus efficacement ensemble

L'esprit d'équipe

Les recherches sur l'efficacité des groupes organisés ciblent *l'esprit d'équipe* comme *le* facteur déterminant. Qu'est-ce donc que l'*esprit d'équipe* ? Le concept est familier, mais la réalité qu'il évoque reste floue pour plusieurs.

Ceux qui en ont fait l'expérience en parlent comme si un groupe pouvait être conduit par un *esprit* supérieur aux volontés individuelles. Ils le décrivent comme un *état d'âme* où chaque membre ressent pleinement son individualité tout en étant complètement présent et uni aux autres dans la réalisation consciente et libre d'un but commun.

On se méfie par ailleurs et avec raison des dérives des groupes organisés. On a vu et l'on voit encore des personnes capables de mesquineries et des pires atrocités au nom du collectif. Dans ces cas-là, il ne saurait être question d'esprit d'équipe au sens où nous l'entendons ici, mais plutôt de fanatisme ou d'esprit partisan : une forme de dépendance affective qui pousse des individus aux identités fragiles à se laisser subjuguer par une idéologie, des croyances et à s'identifier à l'organisation qui en fait la promotion. Ce phénomène n'est pas à mettre sur le dos uniquement des sectes ou des organisations terroristes. C'est une maladie qui menace toutes les organisations sans exception.

Néanmoins, dans des situations extrêmes, sous l'influence d'un esprit d'équipe authentique, des individus ordinaires accomplissent des choses extraordinaires. Ce serait l'adrénaline des soldats au combat, des pompiers au feu, des sportifs dans des matchs décisifs, des pionniers qui se lancent dans la réalisation de leur rêve, etc. On observe également que le pouvoir mystérieux de l'esprit d'équipe opère dans des situations plus coutumières quand les membres d'un groupe, tendant vers un idéal commun, adoptent, grâce à une *pratique consciente*, l'attitude juste.

L'émergence de l'esprit d'équipe n'est pas qu'un phénomène spontané, il peut être le résultat d'un processus d'apprentissage qui :

- Suspend le contrôle des membres les uns sur les autres ;
- Entretient au sein de l'équipe une claire vision de la mission à réaliser ;
- Amplifie la présence à soi, aux autres et à l'environnement.

Cette façon d'être des membres de l'équipe ne s'attache ni au passé, ni à l'avenir. Elle est le ferment d'un *contact* vivant, d'une expérience réelle, d'instant en instant entre les membres du groupe et son environnement.

L'expérience authentique de *l'esprit d'équipe* libère momentanément de la peur qui couve en chacun de nous sous d'innombrables déguisements : hantise des blessures du passé, peur de l'avenir, phobie du manque, de la solitude, du rejet, de la souffrance et de la mort. C'est un moment d'harmonie où la vie en groupe devient un véritable concert des consciences individuelles. Voilà pourquoi nous sommes tant fascinés et attirés par le pouvoir subtil de l'esprit d'équipe !

L'intérêt grandissant pour la sociocratie vient d'ailleurs du fait que ses règles de gouvernance créent les conditions pour qu'émerge et vive *l'esprit d'équipe* dans une organisation. Voici donc, dérivées de ces règles, des indications additionnelles pour aider les membres d'un groupe à se syntoniser à *l'esprit d'équipe*.

Communiquer sans se disputer

Quand nous entrons en relation, deux possibilités s'offrent à nous : communiquer ou tenter de dominer les autres par le combat ou la fuite. La première possibilité fait régner la paix, l'autre la peur et la violence.

La communication sociocratique se veut une technique de dialogue sans disputes. Dans un cercle sociocratique, le but des échanges n'est pas de gagner ou d'avoir raison, mais d'établir entre les membres une *communion* qui va permettre l'émergence de choix éthiques capables de répondre à la fois aux besoins du groupe et à ceux des membres. Cette *communion* ne gomme pas les différences d'opinions, mais elle les transforme en autant d'éclairages utiles pour guider le groupe dans ses choix.

La règle du consentement comme mode de prise de décisions incite les membres d'un groupe à s'engager, au-delà des polarisations improductives, sur la voie de la coopération.

Voici trois indications pour communiquer sans se disputer.

Écouter avec attention pour saisir l'intention

L'écoute respectueuse de soi, des autres et du groupe est au cœur de la communication sociocratique. L'équivalence des participants dans le processus décisionnel oblige chacun à se mettre à la place de l'autre pour comprendre son point de vue. Cela garantit une écoute de qualité qui permet à chacun, entre autres choses, de :

a) Reconnaître dans l'histoire des autres sa propre histoire et d'en éprouver de la compassion ;

b) Discerner le grain de sagesse dans l'apport de chacun et en faire une pierre visible dans l'édification commune ;

c) Rester présent à *l'intention* derrière le discours des autres et éviter ainsi les interprétations et les jugements hâtifs.

Écouter et s'exprimer c'est la même chose dans la mesure où s'exprimer c'est s'écouter soi-même. L'écoute respectueuse vise à libérer *l'intention commune*, à la rendre claire et consciente. C'est cette intention partagée qui va uniformiser les pensées des membres du groupe et constituer ainsi la force nécessaire à sa réalisation.

La question sous-jacente au processus d'écoute attentive de l'intention est la suivante : « Quel est notre but commun ?, Quels besoins cherche-t-on à satisfaire maintenant ? ».

Vivre le moment présent

Le passé n'est plus et le futur n'est pas encore. Mieux, le passé et le futur sont tout entiers dans le présent. Quand je rumine le passé ou que j'anticipe l'avenir, je le fais toujours dans le présent. La *présence consciente* à l'expérience du moment est la clé de toutes nos difficultés. La peur et les autres sentiments négatifs qui polluent nos relations et nous divisent ne peuvent naître que si nous nous laissons distraire du présent par une anticipation compulsive de l'avenir ou le poids des regrets.

Que se passe-il ici et maintenant et quel est l'impact de ce moment sur le groupe ? Le cercle sociocratique requiert une attention constante au présent. Pour amener à la conscience *l'intention* derrière le langage, les membres sont invités non seulement à exprimer ce qu'ils pensent et ressentent, mais à discipliner leur intervention en observant continuellement *l'impact* de leur contribution active ou passive sur l'état du groupe. Comment le groupe réagit-il à ce qui se dit ou ne se dit pas ? Que se passe-t-il actuellement ? Cet état d'alerte intérieur s'appelle aussi la vigilance.

Prendre plaisir au jeu des polarités

La polarisation des opinions est un phénomène de groupe naturel. Les opinions opposées démarquent les limites, les tolérances à l'intérieur desquelles un groupe peut chercher sa vérité. Elles favorisent l'échange nécessaire pour résoudre nos problèmes de façon créatrice.

Dès qu'une personne ou un groupe formule une intention, il est naturel que des contraintes à la réalisation de cette intention surgissent. Ces contraintes sont les balises qui délimitent l'espace de réalisation de l'intention. En groupe, ces contraintes viennent à la conscience du groupe par la polarisation des opinions ; au plan personnel, par les tiraillements intérieurs que l'on ressent devant la tâche à réaliser.

Dans les cercles sociocratiques, les membres se réjouissent si une proposition rencontre des objections. Ils savent que les points de vue opposés créent un espace de possibilités à explorer pour découvrir le meilleur chemin à suivre : celui qui optimise la satisfaction des besoins des individus et du groupe. Une bonne décision est celle qui tient compte des limites, des tolérances, autrement dit, des besoins de ceux et celles qui vont vivre avec cette décision.

Rentabiliser le temps de discussion

En général, les gens ont horreur des réunions quand ils ont la sensation d'y perdre leur temps. La longueur du discours n'est pas synonyme de communication. Parler pour ne rien dire est une astuce du mental qui vise à dominer l'autre et non à le rencontrer vraiment. Or, la communication véritable se déroule au niveau expérimental (hors des frontières du mental). C'est une rencontre énergisante qui influence les membres du groupe, non pas en les soumettant à une volonté extérieure, mais en harmonisant les consciences pour une action efficace. L'analogie qui décrit ce processus est celle de musiciens accordant leurs instruments de musique avant de jouer.

Vouloir avoir raison, entreprendre de convertir, changer, guérir ou sauver les autres sont des stratégies très coûteuses en temps et en énergie. Le cercle sociocratique se veut économe, c'est pourquoi il gère rigoureusement le temps et l'effort déployés pour arriver au but. Rien de constructif ne s'édifie par la contrainte. Le respect du processus qui préside étape par étape à l'évolution des choses est un apprentissage important pour vivre et travailler ensemble.

Voici trois indications pour rentabiliser le temps de discussion en groupe.

Limiter le temps de parole

Nous avons l'habitude de considérer que le temps passe. L'un considère qu'il passe trop vite et l'autre trop lentement. En fait, le temps et l'espace sont immobiles. C'est nous qui nous déplaçons dans le temps et l'espace. Si les aiguilles de la montre se déplacent sur le cadran de seconde en seconde et que la nuit succède au jour, le temps lui reste immobile.

Pour des raisons pratiques, nous avons adopté l'horloge pour coordonner nos actions. Cependant, le processus de mûrissement nécessaire à l'évolution naturelle des événements requiert davantage une *qualité de présence* au moment présent qu'un déluge de mots à la minute. Le temps horloge de discussion et le temps nécessaire à l'aboutissement des choses ne sont pas équivalents.

Pour inciter les membres d'un groupe à se centrer sur le processus d'émergence et d'aboutissement des événements, le temps horloge de parole est strictement délimité.

Cette contrainte oblige chacun à une vigilance intérieure qui intensifie la communication et accélère le processus de mûrissement nécessaire à l'aboutissement réussi des choses. Prolonger le temps de réunion au-delà des limites convenues ne sert pas le processus concernant le devenir et l'existence de chaque événement. Il l'entrave. Dans un cercle sociocratique, une des fonctions du secrétaire est justement d'être le gardien du temps horloge.

Tourner en rond pour aller droit au but

Nos habitudes de prise de parole en groupe sont rarement respectueuses du processus d'émergence de l'esprit d'équipe. Monopoliser le temps de parole ou préparer mentalement une réponse pendant qu'un autre s'exprime sont des comportements contre-productifs dans un groupe.

Quand le sujet de discussion soulève beaucoup de réactions, pour faciliter la coopération et la communication harmonieuses, l'animateur du cercle sociocratique encourage les tours de table systématiques. On évite ainsi les affrontements stériles qui rehaussent le spectacle soit, mais éloignent de l'esprit d'équipe. Il est plus productif d'ajouter, quand vient son tour de parole, une nouvelle pierre à la construction collective que d'entrer en concurrence pour faire valoir son point de vue.

Quand dans une ronde, une personne obtient le droit de parole, elle peut dire « Je passe mon tour » pour se donner le temps de réfléchir.

Dans un cercle sociocratique, les individus ne s'interpellent pas directement. Les individus et leurs idées sont dissociés. Les idées deviennent la propriété de tous. Les joutes oratoires sont interdites. Chacun doit apprendre à offrir ses idées en pur don au groupe. L'image à retenir est celle d'un cercle d'amérindiens en conseil. Chacun parle dans le groupe sans attendre de répliques de la part de d'autres participants. Les opinions s'additionnent et ne se combattent pas.

Utiliser le pouvoir du silence

Dans un cercle sociocratique, les participants sont encouragés à parler que s'ils jugent leurs interventions utiles pour faire progresser les choses. Autrement, ils sont invités à garder le silence. S'ils veulent prendre la parole, ils doivent le signaler formellement et indiquer également au groupe qu'ils ont fini de parler. De cette façon, les membres du groupe cogèrent le temps de parole.

Un moment formel de silence entre les interventions permet à chacun de peser intérieurement ce qu'il vient d'entendre et de faire le tri dans les réactions que ces propos déclenchent chez lui. Cette pratique crée un rythme qui favorise le contact entre les membres et fait de la conversation une véritable musique. Cette musique est tout aussi importante que les paroles. Quand les mots remplissent tout le temps disponible, l'efficacité de la communication est à son plus bas. L'alternance parole silence accélère les processus de résolution de problèmes et de prise de décisions en groupe.

Dans un cercle sociocratique, chaque membre peut demander un temps de silence quand il ressent que cela est nécessaire.

Dans le silence, la pensée prend forme et se polit. Elle acquiert également une force magnétique qui attire à soi d'autres pensées similaires. Ce processus enclenche un mouvement, une progression vers un mûrissement. C'est ce mûrissement de la pensée du groupe qui nous intéresse et non la cacophonie d'idées et de paroles émises par les individus.

De la séparation à l'union

Dans l'art du tir à l'arc, le maître enseigne à l'élève à ne jamais perdre de vue le but au-delà de la cible. Il en est de même dans la conduite d'un groupe sociocratique. L'animateur maintiendra l'attention des participants à la fois sur les résultats tangibles à atteindre et en même temps sur la fluctuation du courant d'énergie qui unit les membres du groupe. Vouloir atteindre la cible extérieure de façon obsessive brise les liens qui unissent les membres du groupe et du coup affaiblit l'esprit d'équipe nécessaire pour inscrire l'action collective dans le courant de la vie.

Ce qui s'exprime ouvertement dans un groupe témoigne toujours de l'état des liens que les membres entretiennent entre eux et de l'ouverture qu'ils font à la sagesse qui se manifeste à travers ces liens. Reconnaître cette sagesse permet d'atteindre la cible à coup sûr, l'inverse détruit cette possibilité.

Voici trois indications qui prédisposent à la reconnaissance de cette sagesse.

Accepter notre imperfection

Si nous étions parfaits, nous serions tous identiques car la perfection ne saurait souffrir de différences. Or, nous ne sommes pas identiques. Nous sommes différents par notre code génétique, notre éducation, notre situation économique et sociale et tant d'autres choses encore. Ceci, évidemment, ne remet pas en cause notre équivalence.

L'efficacité du travail d'équipe passe par l'acceptation de nos limites respectives. Cette acceptation n'est pas quelque chose d'humiliant. C'est un geste courageux, lucide et libérateur. Le fait d'accepter la réalité de nos limites nous permet de mieux cerner nos talents et de reconnaître ceux des autres. Ce regard lucide met en lumière le meilleur de chacun. C'est le point de départ d'une saine coopération.

À l'inverse, notre prétention compulsive à la perfection donne naissance à nos pires défauts et détruit l'esprit d'équipe.

Reconnaître que nos convictions sont des points de vue

Chaque fois qu'un membre du groupe veut imposer ses convictions aux autres, il prétend implicitement détenir la *vérité* avec un grand V. Cette prétention encourage la séparation, les jugements de valeur, la critique, la comparaison et exacerbe la manie de vouloir avoir raison. Ces comportements sont rebelles à l'esprit d'équipe.

Nos convictions ne sont que des points de vue, ce qui ne nie en rien leur importance. Au contraire, toute opinion recèle une graine de vérité. Cependant, le but du groupe n'est pas de savoir qui a raison, mais de prendre les décisions qui tiennent compte des besoins légitimes de chacun et procèdent d'une éthique qu'inspire l'esprit d'équipe.

Chacun porte en lui quelque chose de beau et c'est en mettant l'accent sur cette beauté et non en énergisant les travers de chacun que les différences individuelles peuvent être transcendées et que, par l'union, l'équipe peut atteindre sa pleine efficacité.

L'union n'est pas la fusion. Une équipe mature est constituée de personnalités fortes, différenciées et complémentaires d'où émane une impression de paix et de beauté. Toutefois, dans un groupe sociocratique, le « nous » est plus important que le « je » et le « et » plus important que le « oui mais ». Cette règle de vocabulaire encourage le lâcher prise et le non-contrôle des uns sur les autres.

Partager avec le groupe la propriété de nos problèmes

Il est habituel de considérer nos problèmes comme notre propriété personnelle. Une fausse conception de la responsabilité et de la liberté individuelles nous laisse entendre que nos problèmes nous appartiennent en exclusivité et qu'ils ne concernent pas les autres. Cette conception nous sépare les uns des autres et nie la réalité sociale. Dans une communauté, la vie de chacun est liée à celle des autres parce que les pensées, les paroles et les actions des uns affectent les autres.

Ce qu'un des membres du groupe se permet de penser, de dire et de faire, le groupe en est lui aussi porteur. Les études sur les familles schizophrènes illustrent ce phénomène. Quand on retire l'individu malade de sa famille pour le placer en institution, un autre membre de la famille va prendre sa place. La famille a besoin de ce sacrifice. Pendant qu'un des membres porte la maladie du groupe, celui-ci peut continuer de fonctionner à peu près normalement.

Si chaque personne au sein d'une équipe est honnête avec elle-même, elle observera que le problème des autres trouve toujours, sous des formes différentes, un écho en elle. Entre « je » et « nous », il n'y a pas de séparation.

Les indications qui précèdent ont pour but d'enseigner la posture psychologique nécessaire pour communiquer et travailler plus efficacement en groupe. L'esprit d'équipe n'est pas la dissolution douceâtre ou sacrificielle des individualités dans le collectif. C'est plutôt l'affirmation consciente et respectueuse de notre véritable identité dans un projet qui nous rassemble librement.

L'esprit d'équipe exige de la vigilance et requiert une vraie discipline : celle qui fait de nous des êtres libres et responsables ; celle qui fait régner la paix sociale et rend heureux.

Résumé et commentaires du chef des MoaZoa

Ceux qui ont fait l'expérience de l'esprit d'équipe en parlent comme si un groupe pouvait être conduit par un *esprit* supérieur aux volontés individuelles. Ils le décrivent comme un *état d'âme* où chaque membre ressent pleinement son individualité tout en étant complètement présent et uni aux autres dans la réalisation consciente et libre d'un but commun.

Tout l'enseignement de Bison Blanc visait un seul but : laisser le Grand Esprit agir à travers le corps de notre peuple. Ma plus grande faute est d'avoir substitué ma volonté à celle du Grand Esprit. Ma prétention priva notre peuple du courant vital qui parcourt l'univers. Il détruisit l'esprit de corps et mina la vitalité même de la nation.

Communiquer sans se disputer

J'ai longtemps confondu conflit et violence et je me suis demandé pourquoi ? Je réalise aujourd'hui que je défendais une image. Je cherchais à être admiré comme chef au lieu d'aimer mon peuple. Si le conflit éclatait, je risquais de perdre le contrôle et j'aurais eu une piètre image de moi. Je ne pouvais le tolérer.

Écouter avec attention pour saisir l'intention

C'est Vapeur de Joie, mon épouse, qui m'apprit à écouter. Son écoute sans jugement m'ouvrait la porte du monde que j'avais quitté sans trop m'en rendre compte. Elle m'apprit par son silence attentif à écouter en moi-même pour y découvrir mes véritables motivations.

Vivre le moment présent

J'étais trop préoccupé par l'avenir pour me soucier du présent. D'un côté, la peur de l'avenir me rendait aveugle aux souffrances de mon peuple et de l'autre, la nostalgie du temps de Bison Blanc me paralysait. Pourtant je le savais : la Vie c'est ici, maintenant.

Prendre plaisir au jeu des polarités

Je me rends compte aujourd'hui qu'il n'y avait qu'une voie possible, la mienne. Je ne tolérais pas d'opinions opposées. J'en étais venu à considérer toute discussion comme une perte de temps. L'harmonie devait régner à tout prix et j'étouffais par mon intransigeance toutes communications.

Rentabiliser le temps de discussion

Notre rapport au temps n'est pas le même que le vôtre. Nous étions plus en lien avec la nature que vous ne l'êtes actuellement. Selon vos critères, nous n'étions pas prévoyants. Nous ne le voyons pas sous cet angle. Bison Blanc nous avait enseigné à tenir compte du point de vue de la nature qui dit que tout vient en son temps. Comme nous étions un peuple de chasseurs, nous avons appris à suivre les saisons plutôt que de les devancer.

Limiter le temps de parole

Mon peuple n'était pas bavard comme le vôtre... Je comprends que vous soyez obligés de limiter le temps de parole. Quand un groupe apprend à utiliser le temps qui préside à la maturité des choses, la précipitation pour dire s'éteint.

Tourner en rond pour aller droit au but

Pour nous le cercle est la forme sacrée. Le commencement et la fin des choses se tiennent par la main. Écouter le groupe plutôt que les individus aide à prendre la parole pour faire avancer le propos du groupe et non pour défendre un point de vue. Je comprends que donner la parole à tour de rôle puisse permettre le détachement nécessaire pour entendre le groupe.

Utiliser le pouvoir du silence

Pour nous le silence n'est pas vide. Il est, au contraire, chargé de tout ce qui devient. Avant que le silence soit un plaisir partagé, il faut que le groupe ait développé une grande complicité et une grande confiance. Pourtant c'est dans le silence de l'hiver que se prépare le printemps.

De la séparation à l'union

À ce chapitre, j'ai lourdement failli. Ma peur de la séparation y a précipité mon peuple. Il nous fallut la souffrance de la guerre pour ressentir à nouveau nos liens et refaire l'unité de notre nation.

Accepter notre imperfection

La compassion de Vapeur de Joie me montra le chemin. Elle m'aimait malgré mes fautes. Cet amour me donna le courage de me pardonner et plus encore, d'accepter mon imperfection. Ce lâcher prise me libéra de ma prétention. Soudain je n'avais plus d'image à défendre. J'étais à nouveau libre et ouvert à la Vie.

Reconnaître que nos convictions sont des points de vue

Aujourd'hui je le sais. Chaque fois que j'ai cherché à avoir raison, je me suis égaré. Au début de mon règne, je faisais confiance au Grand Conseil. J'écoutais candidement leurs conseils. Les choses se déroulaient sans problèmes. Puis j'ai vieilli. J'ai alors voulu démontrer que j'étais à la hauteur de l'image que je me faisais d'un chef. « Un chef ne se trompe pas. » « Un chef fort ne peut pas se tromper...» Quelle erreur !

Partager la propriété de nos problèmes

Mon problème devint forcément le problème de mon peuple. J'étais le chef. Si j'avais accepté que l'on m'aide ! Si j'avais pris ma place dans le cercle, seulement ma place et pas toute la place ! Les membres du Grand Conseil auraient pu apporter leur concours au règlement de notre problème. C'est la souffrance qui me réveilla de mes illusions. Cela me permit d'entrer à nouveau, et consciemment cette fois, dans le cercle de la nation.

Chapitre 6
Résoudre nos problèmes en trois temps, trois mouvements

Esprit d'équipe et solutions pratiques

Dans la matière, le devenir des choses est soumis au cycle de la naissance, de la croissance, de la maturité, du déclin et du renouveau des formes. Nos problèmes individuels et collectifs s'intensifient quand nous ne réussissons pas à nous inscrire dans ce mouvement. Dès lors, des éléments imprévus bousculent nos habitudes et nous créent des problèmes. S'équiper individuellement et collectivement pour résoudre ces problèmes oblige à un apprentissage continu.

Pour un groupe, une organisation, une communauté, cet apprentissage se condense dans ce que nous nommons la culture de cette collectivité. La culture d'une organisation n'est rien d'autre qu'un coffre à outils, un réservoir de concepts, de stratégies de résolution de problèmes, de principes de vie et de significations auxquels les membres de cette organisation ont accès pour réussir personnellement et collectivement.

Comment se constitue l'arsenal des outils culturels d'une organisation ? Par l'expérience acquise et transmise à ses membres lors des décisions prises pour résoudre les problèmes qui affectent les conditions de vie de cette organisation.

L'étude nous permet d'accumuler des connaissances certes, mais elles ne seront d'aucun profit et ne pourront devenir un savoir réel que si elles contribuent à l'adoption de comportements servant à la résolution de nos problèmes. Toute connaissance qui ne change pas le comportement est inutile et encombrante car elle ne nous appartient pas réellement.

L'être humain est un esprit libre. Il ne peut faire sienne une solution, une proposition de changement que s'il en comprend réellement l'importance. C'est pour cette raison que le mode sociocratique de gouvernance met de l'avant la méthode de prise de décisions sur la base du consentement des membres.

Si la vie est une liste infinie de problèmes à résoudre, mieux vaut se doter d'une bonne méthode pour les solutionner tous. Pour y arriver il est certes nécessaire d'adopter l'attitude juste, celle qui place aux commandes l'esprit d'équipe, mais il est tout aussi important de mettre le mental au service de cet esprit. Le mental est dans la pratique un outil indispensable pour concrétiser les solutions inspirées par l'esprit d'équipe.

L'esprit d'équipe nous oblige à s'harmoniser avec les lois de la Vie. Les choix que ces lois inspirent constituent des applications pratiques qui enrichissent le bagage culturel d'un groupe.

Une organisation humaine, comme tous les autres organismes vivants, reste en santé tant qu'elle s'adapte aux conditions changeantes de son environnement. Ce processus d'adaptation nous oblige à interroger constamment les lois de la Vie, à remettre en question nos acquis culturels pour trouver des solutions mieux adaptées aux circonstances.

Le mode sociocratique de gouvernance soutient cette vitalité en proposant non seulement des règles de communication et de prise de décisions qui favorisent l'émergence de l'esprit d'équipe, mais en élucidant les processus nécessaires à la résolution de nos problèmes pratiques. Danser sur une valse à 3 temps.

La logique veut que nous procédions par étapes pour solutionner nos difficultés. Tout processus logique peut être défini comme un système comprenant : des activités préparatoires, des activités de transformation et des activités de livraison du produit ou du service. Voici dans l'ordre les trois temps de notre processus logique de résolution de problèmes :

1. Définir et analyser le problème ;
2. Prendre une décision pour le résoudre ;
3. Implanter nos décisions.

Ces trois temps sont d'égale importance et bien qu'ils relèvent d'une logique élémentaire, nous les ignorons et les escamotons régulièrement. Nos temps de rencontre sont trop souvent des moments épuisants et inefficaces parce qu'on y danse rarement en mesure et quant à la musique, on y privilégie le tapage des débats, les monologues ennuyants et les non-dits aux dialogues constructifs conduisant à une décision partagée.

En pratique, trois raisons sont susceptibles de motiver nos rencontres d'équipe. Nous souhaitons :

1. Étudier une situation dans le dessein de proposer des améliorations ;
2. Nous concerter pour prendre une décision visant à résoudre un problème ;
3. Coordonner nos actions dans la réalisation de nos décisions.

Ces trois activités sont nécessaires à la résolution de nos problèmes et requièrent des lieux et des temps de rencontres spécifiques.

Le mode sociocratique de gouvernance propose de distinguer et d'intégrer ces trois temps de rencontres pour mieux soutenir le processus de résolution de problèmes. Les groupes qui vont se former pour créer ces lieux de rencontres portent des noms :

1. Le groupe d'amélioration ;
2. Le cercle sociocratique de prise de décisions ;
3. Le comité de coordination ou de direction.

Le groupe d'amélioration est constitué de personnes compétentes mandatées pour étudier une situation problématique et faire une proposition au cercle qui l'a mandaté.

Le cercle sociocratique de prise de décisions est constitué de tous les membres d'une unité de travail à laquelle s'ajoute des représentants (doubles liens) des unités dont elle est l'instance décisionnelle supérieure. La structure d'une organisation sociocratique est donc constituée de cercles hiérarchiques qui complètent la structure de commandement traditionnelle.

Le comité de coordination ou comité de direction est constitué des membres d'une équipe de travail. Elle a pour mandat d'exécuter les décisions de son cercle et d'en faire le suivi.

Trois temps, trois mouvements

Dans les organisations traditionnelles, le cercle de prise de décisions est assimilé au comité de coordination ou de direction. Or, quand le comité de direction s'arroge cette autorité, le pouvoir exécutif s'approprie du même coup le pouvoir législatif. C'est donc dire qu'il s'arroge le pouvoir d'orienter l'organisation sans le consentement de ses membres. L'indépendance des pouvoirs est pourtant un principe connu depuis l'avènement du mode de gouvernance démocratique. Il est reconnu en démocratie que la domination d'un des pouvoirs (le législatif, l'exécutif ou le judiciaire) brise le lien de confiance entre les partenaires sociaux parce qu'elle installe la dictature. Ce régime peut être temporairement bienveillant et confortable, mais, dans tous les cas, il nie la liberté et la responsabilité humaines.

Le mode sociocratique de gouvernance défend le principe de l'indépendance des pouvoirs en mettant en place une structure de communication qui distingue le lieu de prise de décisions de celui de leur exécution. Les décisions sont étudiées en groupe d'amélioration, elles sont prises en cercle de prise de décisions et elles sont exécutées dans la structure de commandement habituelle soit par le comité de direction de l'unité.

Voici les mouvements qui vont animer ces lieux de rencontre. La séquence de ces mouvements ou activités respecte l'ordre logique du processus de résolution d'un problème.

	Le groupe d'amélioration	Le cercle de prise de décisions	Le comité de direction
Étapes	**Définir** le problème	**Clarifier** la proposition	**Mesurer** le progrès
Étapes	**Analyser** les causes	**Décider** de la proposition	**Ajuster** le mandat
Étapes	**Proposer** une solution	**Promulguer** la décision	**Relancer** l'action
But	**Formuler une proposition**	**Prendre une décision**	**Implanter la décision retenue**

Chacun des lieux de rencontre se voit ainsi déléguer trois étapes dans le processus de résolution d'un problème. Chacune de ces étapes peut encore se subdiviser en trois pour constituer un processus en vingt-sept étapes.

Voici une brève description des trois processus qui constituent la démarche logique de résolution de problèmes proposée par le mode sociocratique de gouvernance.

Élaborer une proposition d'amélioration

Pour résoudre ses problèmes, un cercle sociocratique peut faire appel à un groupe de travail. Cette stratégie permet de mobiliser un nombre restreint de personnes compétentes pour étudier le problème et évite ainsi des pertes de temps considérables en cercle. Voici le processus de travail du groupe d'amélioration.

PROCESSUS D'ÉLABORATION D'UNE PROPOSITION

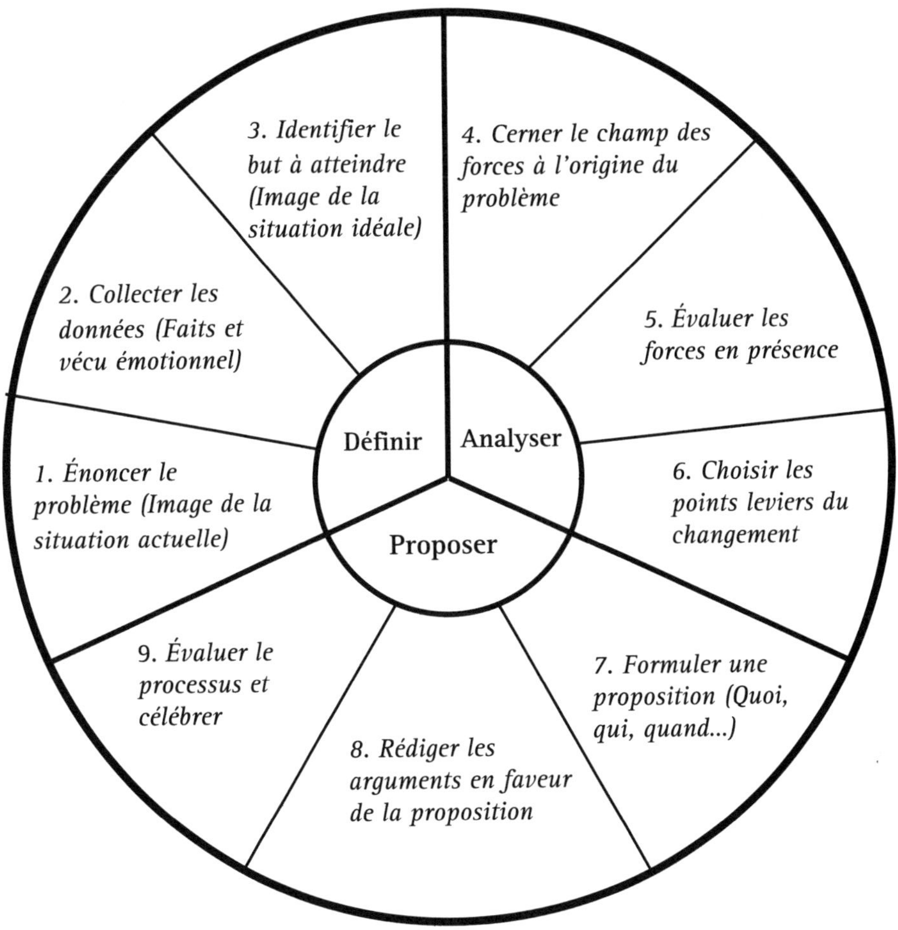

1. Énoncer le problème

La première étape consiste à se donner une vision commune du problème. Nous suggérons de le faire en partageant les images qu'évoque la présente situation. Une image vaut mille mots parce qu'elle véhicule à la fois des éléments factuels, le vécu émotionnel et la dynamique qui perpétuent la situation.

Voici, à titre d'exemple, l'image qu'un groupe présenta à ma collègue et moi lors d'une de nos interventions. *« Nous sommes dans un avion qui vole à 3 000 mètres d'altitude. La tempête éclate et nous constatons qu'il n'y a pas de pilote dans l'avion. Chacun à tour de rôle se précipite dans la cabine. Un petit groupe se dispute sur les mesures à prendre pendant que l'avion perd de l'altitude de façon inquiétante et que le reste des passagers pétrifiés de peur attendent et prient. »*

En peu de mots cet image vous livre l'ensemble des éléments qui constituent la problématique. Dans ce cas-ci : « *Personne ne croit avoir les compétences suffisantes pour prendre les commandes et surtout personne ne fait confiance à celui ou celle qui voudrait les prendre* ».

Cette description va permettre d'identifier rapidement l'élément à travailler pour résoudre le problème : la nomination d'un chef.

2. Collecter les faits objectifs et le vécu émotionnel

La seconde étape consiste à documenter l'image initiale en faisant la collecte de données utiles pour illustrer davantage la problématique. On pourra présenter les données quantitatives sous forme de tableaux et de graphiques pour aider les décideurs à comprendre la situation. Les données qualitatives sont aussi utiles pour comprendre une situation. Le vécu émotionnel fait donc partie des éléments pertinents à identifier car ils permettent de cerner les besoins importants à satisfaire.

3. Identifier le but à atteindre

La troisième étape permet d'identifier la cible à atteindre, le nouvel équilibre à construire. Nous suggérons de le faire en faisant évoluer le scénario qui décrit la situation actuelle vers la situation souhaitée.

Cette mise en scène va permettre d'identifier le rôle des acteurs dans la situation et les éléments à modifier pour résoudre la difficulté.

4. **Cerner le champ des forces à l'origine du problème**

   Toute situation est le résultat d'un jeu de forces qui perpétuent les conditions actuelles. L'évolution de la situation requiert de modifier l'équilibre des forces en présence. En diminuant la pression de certains facteurs et en augmentant certains autres, les choses vont se mettre en mouvement d'elles-mêmes dans la bonne direction.

   Si par exemple la difficulté de recruter un chef est due en partie aux exigences secrètes de perfection que les membres du groupe entretiennent par rapport à cette fonction, une discussion ouverte à ce sujet pourra établir de meilleures conditions pour son embauche.

   Il s'agit donc à cette étape d'identifier les éléments qui freinent l'amélioration et ceux qui jouent un rôle moteur. L'accélération des moteurs et l'élimination des freins permettra le changement.

5. **Évaluer les forces en présence**

   Une fois établi l'inventaire des freins et moteurs qui influencent la présente situation, on attribue à chaque frein et moteur une pondération qui les situe dans la chaîne des causes à effets créant la présente situation. Distinguer les symptômes des causes de la situation actuelle facilite l'économie des moyens pour régler la situation.

6. **Choisir les points leviers du changement à faire**

   Il est rare que l'on puisse agir sur tous les facteurs qui causent une situation. Nous n'en avons pas toujours le pouvoir ni les moyens. Mieux vaut choisir les éléments sur lesquels le groupe peut agir directement avec les moyens du bord. Toute action qui va provoquer un nouvel équilibre des forces en faveur du changement pourra faire évoluer les choses souvent plus rapidement qu'on ne se l'imagine. Petite cause, grands effets !

7. **Formuler une proposition**

   Comme la décision qui sera prise ne relève pas du groupe d'amélioration, il est important de la présenter au cercle de prise de décisions pour que les membres puissent en prendre connaissance avant la réunion. Cette proposition comprend une brève description de la problématique, la liste pondérée des causes principales du problème et un plan d'actions pour le résoudre, voire également des alternatives à ce plan d'actions si possible.

8. **Rédiger les arguments en faveur de la proposition**

L'important pour prendre une bonne décision est la qualité des arguments qui la soutiennent. Une bonne proposition fera donc la démonstration des avantages de la solution retenue en spécifiant les critères qui ont prévalu dans le choix proposé.

9. **Évaluer le processus et célébrer**

Le travail du groupe d'amélioration prend fin après avoir évalué en groupe le chemin parcouru et célébré le travail accompli. Ce rituel est nécessaire à plusieurs égards. Il permet de vérifier la qualité du travail et de reconnaître tous les collaborateurs. Cette reconnaissance est importante parce qu'elle met en évidence les talents du groupe et construit le lien de confiance nécessaire à sa réussite dans l'avenir.

Prendre une décision

Une bonne décision est celle qui respecte les limites, les tolérances, les besoins de ceux et celles qui devront vivre les conséquences de cette décision.

Le mode sociocratique de gouvernance garantit à tous les membres de l'organisation un poids équivalent dans le processus de prise de décisions. Il va sans dire que la prise de parole doit respecter la voie hiérarchique et que chaque personne est invitée à débattre à son niveau les changements qu'elle veut voir advenir dans l'organisation avant d'en faire la promotion au niveau supérieur et ce jusqu'au sommet de la pyramide.

PROCESSUS DE PRISE DE DÉCISIONS PAR CONSENTEMENT

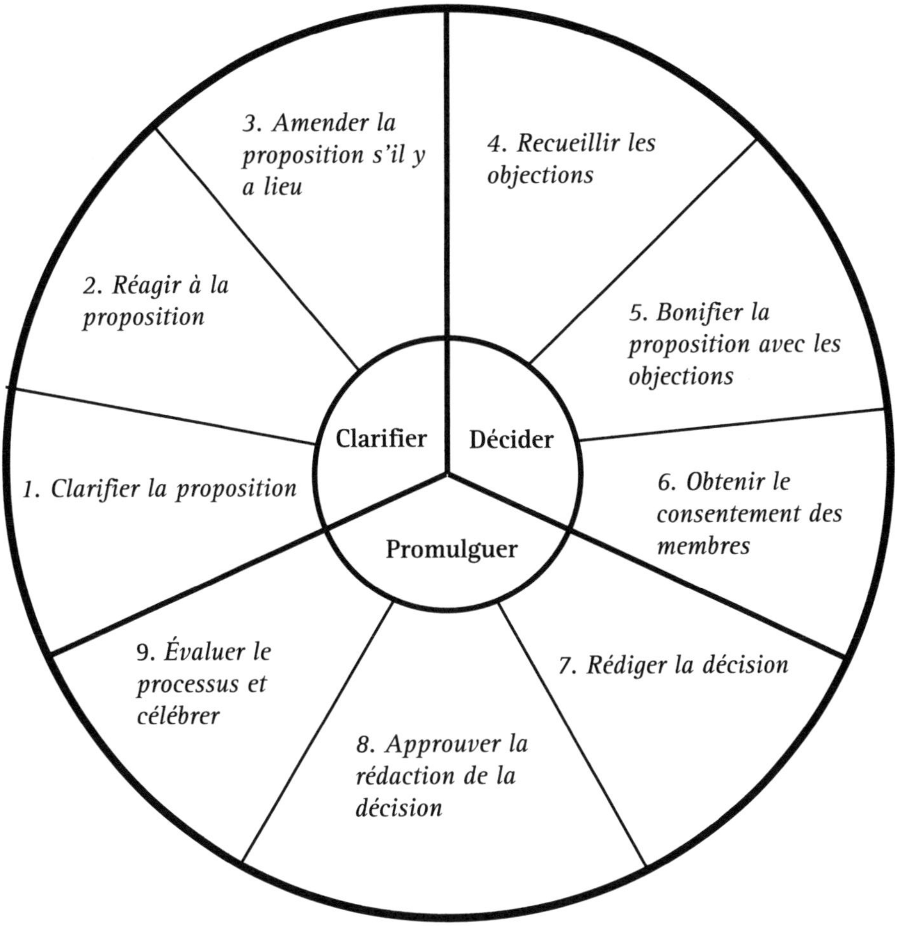

Les cercles sociocratiques sont à la fois ouverts et fermés. Ils sont fermés dans la mesure où ne participent à la décision que les membres en règle du cercle. Ils sont ouverts dans la mesure où il existe un double lien entre les cercles qui permet de réguler l'information ascendante et descendante et d'associer l'ensemble des cercles à la prise de décisions.

Voici le processus de travail du cercle de prise de décisions.

1. Clarifier la proposition

D'entrée de jeu l'animateur du cercle de prise de décisions offre aux membres du cercle l'occasion de poser des questions pour permettre à chacun de comprendre la proposition. Il ne s'agit pas de donner son opinion sur la proposition mais de s'entendre sur la signification des termes employés et de l'intention générale de ceux et celles qui ont fait la proposition.

2. **Réagir à la proposition**

   Une fois que les membres du cercle comprennent la proposition, l'animateur leur donne à tour de rôle un temps de parole pour réagir. Ce temps de parole de chacun est établi en fonction du temps disponible. Ce temps de réaction n'est pas un temps de débat. L'animateur du cercle interdit la réplique ou les échanges entre les membres. Chacun expose son point de vue sans discussion.

3. **Amender la proposition s'il y a lieu**

   Fort des arguments entendus dans la ronde de réactions, la personne mandatée pour présenter la proposition au cercle (généralement un membre du cercle) a le loisir d'amender sa proposition. Cette procédure fait gagner beaucoup de temps quand, à l'étape précédente, les membres ont eu le loisir d'exposer le fond de leur pensée.

4. **Recueillir les objections**

   Que la proposition soit amendée ou non, à cette étape, l'animateur recueille à la ronde les objections à la proposition. On recommande d'abord de faire une ronde pour savoir si oui ou non il y a des objections et de revenir par la suite à chaque personne qui a manifesté son objection pour l'aider à la formuler et la noter au tableau. Le cercle peut être mis à contribution pour cela. Il faut se rappeler que dans un cercle sociocratique les objections sont les bienvenues.

5. **Bonifier la proposition avec les objections**

   Une fois les objections écrites au tableau, on décidera de l'ordre de leur importance par un choix pondéré si les membres y consentent. Par la suite, les membres du cercle seront invités à faire preuve de créativité pour améliorer la proposition à l'aide des objections. Si cela est impossible, l'objection tombe à moins qu'elle renverse complètement la proposition.

6. **Obtenir le consentement des membres du cercle**

   Une fois la proposition bonifiée à l'aide des objections, le secrétaire du cercle rédige la nouvelle proposition et l'animateur demande dans une nouvelle ronde si les membres du cercle ont encore des objections à la nouvelle proposition. Si oui, on revient à l'étape 4. Sinon on poursuit.

7. **Rédiger la décision**

   À cette étape, l'animateur du cercle demande au secrétaire de rédiger la décision.

8. **Approuver la rédaction de la décision**

   L'animateur fait approuver la rédaction de la décision par les membres du cercle sur la base du consentement.

9. **Évaluer le processus et célébrer**

   Dans toute rencontre, l'étape d'évaluation et de célébration est d'une importance capitale. Elle permet au cercle d'apprendre de son expérience. C'est peut-être la fonction la plus importante d'un cercle sociocratique : le développement de sa propre culture.

   Ce moment est un temps de réflexion, de retour à soi et de gratitude sans quoi la rencontre reste incomplète et risque de se poursuivre inconsciemment en dehors du cercle. La clôture officielle de la rencontre permet à chacun de laisser dans le cercle ce qui appartient au cercle et doit servir à son évolution.

Implanter une décision

Contrairement à l'opinion populaire qui veut que le chef soit surtout une personne charismatique qu'on suit en toute confiance, la vertu principale des managers les plus performants est celle des bons marins : un mélange d'humilité et de persévérance. Leur premier souci est de s'entourer de personnes compétentes et de soutenir la coopération entre elles.

Cet esprit leur confère le courage de s'adapter aux circonstances et d'aller de l'avant contre vents et marées. En effet, l'écueil le plus dangereux de la direction d'une entreprise n'est pas le manque d'adhésion aux décisions, mais le manque de suivi des décisions. Un suivi rigoureux permet de ne pas se laisser distraire de l'intention originelle et, même s'il faut s'adapter aux circonstances changeantes, de maintenir au sein de l'équipe une tension saine vers sa réalisation.

Le chef authentique n'a pas besoin de tenir la barre s'il sait se servir de la boussole et du sextant.
C'est le devoir et la responsabilité du chef d'assurer l'exécution des décisions de son cercle. Il le fera en rencontre individuelle ou en équipe. La supervision individuelle est tout aussi importante que la supervision d'équipe pour assurer un suivi de qualité.
Voici le processus pour faire un bon suivi.

PROCESSUS D'EXÉCUTION DES DÉCISIONS

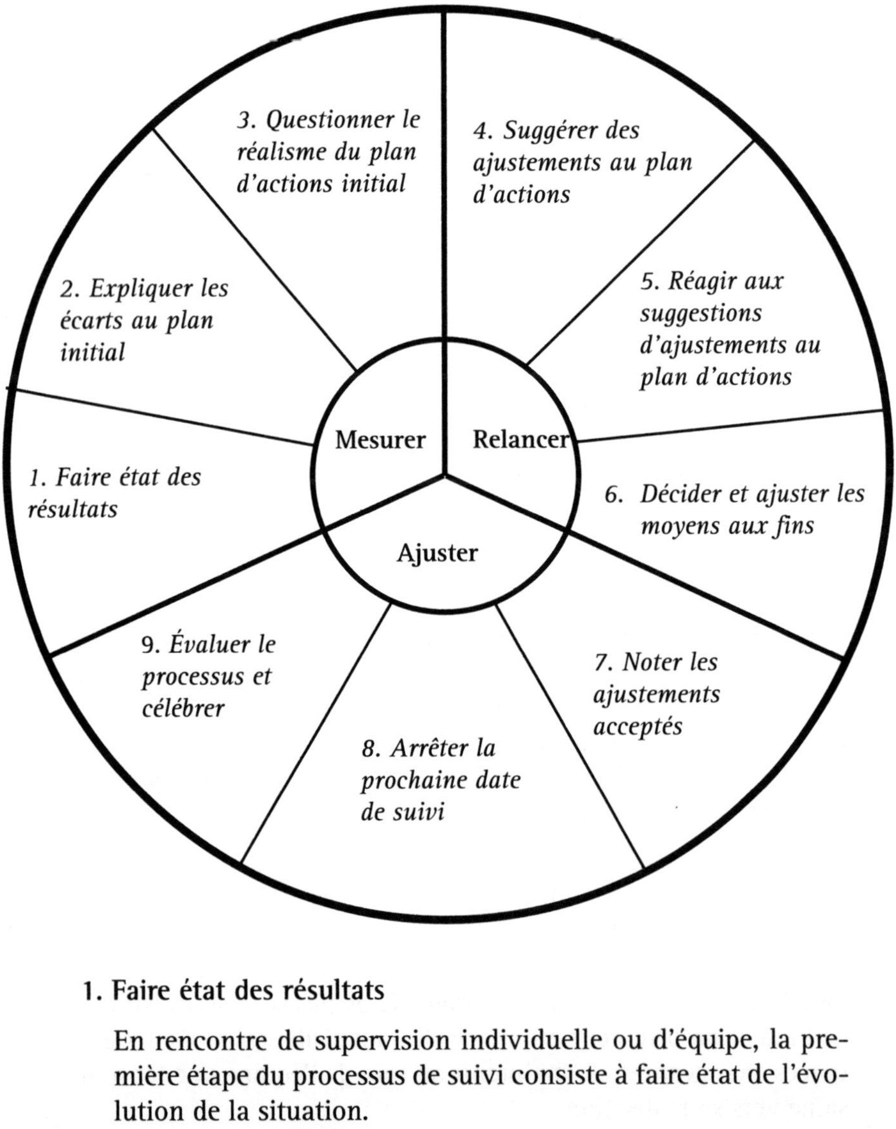

1. Faire état des résultats

En rencontre de supervision individuelle ou d'équipe, la première étape du processus de suivi consiste à faire état de l'évolution de la situation.

2. **Expliquer les écarts au plan**

   La discussion qui suit le dévoilement des résultats a pour but d'expliquer les écarts de performance. Il est important, pour des raisons évidentes, d'entendre d'abord les explications de celui qui est responsable des résultats.

3. **Questionner le réalisme du plan d'actions**

   À la lumière des explications de l'étape précédente, le réalisme du plan d'actions peut être questionné. Si des décisions d'orientation doivent être modifiées pour s'adapter aux circonstances, il faut prendre note de mettre ce sujet à l'ordre du jour de la prochaine rencontre du cercle.

4. **Suggérer des ajustements au plan d'actions**

   Les explications des écarts au plan d'actions et la remise en question même de celui-ci va permettre d'évaluer les options disponibles pour assurer le suivi des décisions d'orientation prises par le cercle.

5. **Réagir aux suggestions d'ajustements au plan d'actions**

   Une discussion ouverte sur les différentes options facilite la prise de décisions.

6. **Décider et ajuster les moyens aux fins**

   Une décision, préférablement prise sur la base du consentement, est arrêtée pour assurer la relance de l'exécution. En cours d'exécution, le mode de prise de décisions est fonction de l'urgence de l'action à prendre. Dans ces cas, le chef et le responsable de l'exécution se doivent de trancher. Leurs décisions pourront être sujettes à discussion plus tard en cercle sociocratique.

7. **Noter les ajustements acceptés**

   Il s'agit d'inscrire au procès-verbal de la réunion les changements proposés au plan d'actions.

8. **Arrêter la prochaine date de suivi**

   Arrêter la prochaine date de suivi va permettre au chef d'organiser l'agenda de la prochaine réunion. On décidera si le suivi se fera en comité de direction ou en rencontre individuelle de supervision.

9. **Évaluer le processus et célébrer**

L'évaluation du processus ferme la boucle du suivi. Encore une fois, il est important de rappeler l'importance de cette ronde d'appréciation. Pour sauver du temps, il est tentant de passer à un autre sujet. Ce rituel fait partie du rythme à respecter pour entretenir le sentiment de sécurité nécessaire au travail en équipe.

L'exécution des décisions est l'étape jugée à tort la moins excitante du processus de résolution de problèmes. C'est essentiellement le pays des héros, le terrain de prédilection des chefs authentiques.

Nous avons besoin pour piloter nos organisations de chefs habiles à gérer l'exécution dans le quotidien. Ce rôle exige des connaissances pratiques et une qualité toute particulière : *de la présence*. La présence à l'intention, au but à atteindre, mais aussi la présence à ce qui se passe ici et maintenant dans l'équipe sans quoi l'atteinte de la cible devient le tyran de tous, et la vie organisationnelle un enfer. Comme le pilote d'une bicyclette, d'une auto ou d'un avion fait corps avec sa machine, le chef fait corps avec son équipe. Il ressent les moindres secousses qui la traversent et cette perception lui donne les informations nécessaires pour aider ses collaborateurs à maintenir le cap.

Ce rôle n'incombe pas à tous les membres de l'équipe à la fois ou même en alternance à chacun comme certaines théories populaires sur l'art de diriger voudraient nous le faire croire. Comme le capitaine d'un navire, le chef est le premier responsable à bord et normalement le dernier à quitter les lieux des opérations quand les choses tournent au pire. À cet égard, son style de management a moins d'importance que la qualité de sa présence et sa capacité à maintenir des liens productifs entre les collaborateurs.

La profusion de la littérature sur la communication et la gouvernance prouve que nous comprenons encore mal le rôle du chef. S'il participe et influence les décisions à partir de son point de vue, le chef a surtout le rôle de les faire exécuter. En anglais le terme « chief executive officer » devrait se traduire littéralement par : « le chef des exécutants ». Si, dans une équipe, les décisions d'orientation sont la responsabilité de tous, l'exécution de celles-ci est, pour des raisons pratiques, déléguée à ses membres sous la direction du chef des exécutants.

L'influence dans une équipe peut être répartie entre les membres, mais l'autorité d'exécution ne peut l'être. Elle doit être déléguée à une personne spécifique et liée au mandat qu'on lui confie.

Vers un nouveau mode de gouvernance

Nos organisations et nos communautés ont du mal à offrir à leurs membres les conditions de leur épanouissement. D'une part, elles ne trouvent pas dans les sciences sociales actuelles un appui solide pour une édification plus saine ; d'autre part, les sciences naturelles ne s'intéressent pas vraiment à la vie sociale proprement dite. Est-ce à dire que la science qui doit nous aider à organiser la vie en société reste à édifier ?

Les lois qui règlent l'évolution de la matière et de la vie organique devraient trouver des applications dans les sciences de la gestion. Le mode sociocratique de gouvernance suggère que « le mieux-vivre et le mieux-travailler ensemble » passent par une organisation scientifique de la vie sociale. Comprendre les lois qui régissent la nature et en déduire des principes applicables à la vie organisationnelle me semblent la plus grande tâche de ce siècle. Le problème de la pollution et les autres misères humaines ne sont que le reflet du désordre social et de nos difficultés à nous inscrire dans l'ordre écologique des choses.

L'observation de la nature dans l'infiniment grand comme dans l'infiniment petit nous rend béat d'admiration. L'ordre, la flexibilité et la détermination de la vie sont pures merveilles. La biologie, l'astrologie, la physique et la chimie nous révèlent l'intense coopération des différents éléments constituant notre environnement. Partout où nous regardons, tout est vivant. L'organisation de cette vie devrait nous montrer le chemin.

Les problèmes de nos organisations et de nos communautés sont moins liés au manque de dialogue entre les partenaires sociaux qu'à la structure qui régit ce dialogue. L'intensité des débats, les menaces de la rue, les dénonciations des médias et les dictats des autorités ne règlent rien. Il faut en venir à l'évidence, la concertation nécessite une nouvelle dynamique sociale, une autre façon de gouverner.

Les processus que nous venons de décrire soutiennent les trois grandes fonctions de tout groupe organisé en système dynamique :

- La fonction d'orientation ou législative ;
- La fonction opérationnelle ou exécutive ;
- La fonction d'évaluation ou de contrôle.

Pour chacune de ces fonctions, nous avons identifié un lieu de communication spécifique :

- Le cercle sociocratique pour décider des orientations à prendre ;
- Le comité de coordination pour gérer les opérations au quotidien ;
- Le groupe d'amélioration pour évaluer la situation et proposer des changements.

Ces trois fonctions sont l'extension au niveau de l'organisation des grandes facultés humaines[1] : Amour, Volonté, Conscience. C'est donc dire qu'une organisation, comme l'individu, est un organisme capable d'apprendre.

Selon l'approche sociocratique, le cercle comme lieu de concertation est la structure de départ de tout groupe organisé. C'est le lieu d'émergence et d'expression de l'intention ou du but commun, autour duquel se rassemblent les personnes qui forment le cercle.

Le cercle

Pour survivre et se développer un cercle doit s'organiser et se réorganiser sans cesse afin de s'adapter aux changements constants et imprévisibles de l'environnement.

D'abord, pour exécuter son intention, il devra organiser la production des biens ou des services qu'il souhaite offrir à des clients s'il veut vivre et prospérer. La cellule originelle se scinde alors en deux : l'une demeure la gardienne de l'orientation du groupe, appelons-là la fonction législative (1), et l'autre va assumer l'exécution de cette orientation, c'est la fonction exécutive (2).

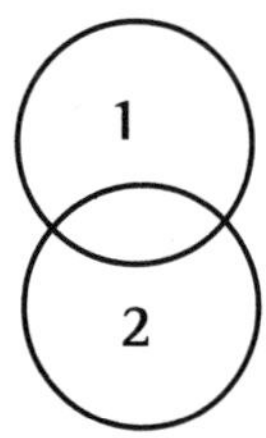

Le législatif et l'exécutif

Dans le feu de l'action, dû aux changements imprévisibles de l'environnement, un écart entre l'intention de départ et les résultats concrets va nécessairement se creuser. Cet écart va bâtir une tension que le cercle devra tenter de résorber s'il veut survivre. L'évaluation et l'analyse de cette tension ne peuvent être assumées ni par la fonction exécutive ni par la fonction législative,

---

1 Sociogest a fait l'inventaire et catalogué les talents humains à partir de ces trois dimensions de la personne. Ces travaux ont fait l'objet d'un précédent ouvrage intitulé : *La roue des talents*.

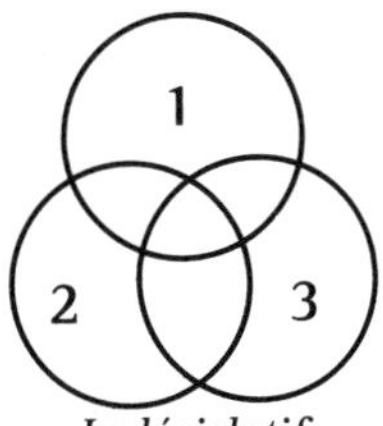

Le législatif, l'exécutif et le contrôle

mais par une troisième fonction indépendante des deux autres qu'on appellera la fonction d'évaluation ou de contrôle (3).

Cette nouvelle fonction va permettre d'évaluer les résultats du groupe et de suggérer des changements aux orientations ou aux opérations pour rétablir entre le donner et le recevoir l'équilibre nécessaire à la santé du système.

Les informations et suggestions de la fonction « contrôle » vont permettre au groupe de se réorganiser pour poursuivre la réalisation de son projet en tenant compte des nouvelles réalités de l'environnement. La fonction organisation ou réorganisation est l'aboutissement des trois autres. Elle vise à redéfinir le projet du groupe et le faire accéder à un autre stade de son évolution (4). Ainsi, un nouveau cycle peut démarrer.

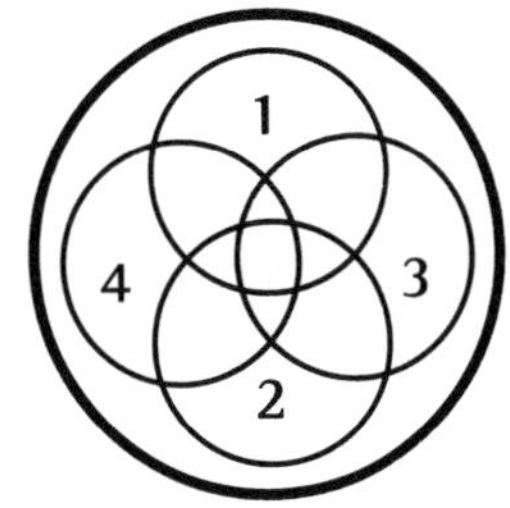

Diriger c'est : orienter, organiser, exécuter et contrôler

Il va sans dire que ces fonctions sont très liées comme le suggèrent les intersections entre les différents cercles. L'une ne peut dominer les autres si l'on veut que le groupe demeure en équilibre et prospère. L'art de diriger n'est donc rien d'autre que d'orchestrer ces quatre fonctions : Orientation (1), Organisation (2), Exécution (3) et Évaluation (4), dans le seul dessein de maintenir la santé de l'organisation.

Je situe intentionnellement le cercle 1 et 2 sur l'axe vertical et le 3 et 4 sur l'axe horizontal pour indiquer que les décisions d'orientation et d'organisation relèvent du cercle de prise de décisions et que l'exécution et l'évaluation sont des fonctions déléguées par le cercle. Ensemble, ils forment la croix à branches égales, un symbole d'équilibre.

Résumé et commentaires du chef des MoaZoa

Je retiens de ce chapitre deux éléments simples : le premier est à l'effet que la vie est un processus perpétuel de résolution de problèmes et le second que pour solutionner nos problèmes nous devons mettre à contribution tous nos talents.

Ces talents font appel à trois grandes compétences humaines : notre capacité d'être utile ou d'aimer, notre capacité d'analyser ou de prendre conscience du bien-fondé des choses et, finalement, notre capacité de décider et de prendre action.

La vie des cercles sociocratiques s'organisera donc autour de trois processus importants :

1. *Trouver des solutions à nos problèmes ;*
2. *Décider de mettre en pratique ces solutions ;*
3. *Évaluer la pertinence et l'efficacité de nos actions.*

Et ce, dans un cycle sans fin.

Chapitre 7
Rôles et responsabilités des officiers des cercles

La constitution d'une unité de travail en cercle sociocratique est normalement une décision mûrement réfléchie. Le contraire irait à l'encontre des principes mêmes de ce modèle de gouvernance qui met à profit l'énergie emprisonnée dans les résistances des gens pour élever le niveau de conscience des individus et des groupes et permettre des choix plus libres et plus responsables.

Les membres d'un cercle sont donc sensibilisés aux tenants et aux aboutissants de ce mode de gouvernance avant d'y adhérer. On leur donne aussi l'occasion d'exprimer ouvertement leurs inquiétudes, leurs doutes et leurs enthousiasmes face au modèle et on les invite à préciser les conditions qui faciliteraient leur implication dans l'aventure.

Puisque l'implantation du mode sociocratique de gouvernance présuppose une évolution des pratiques de gestion, il faut s'attendre à ce que les membres d'un cercle demandent de la formation et du soutien dans la période d'apprentissage de ces nouvelles pratiques.

Pour bien saisir la portée de cette évolution, il faut rappeler que le mode sociocratique de gouvernance est un projet d'éducation à la liberté. S'il offre les conditions de cette liberté, il ne la donne pas gratuitement. L'apprentissage réel sur ce chemin ne s'acquiert que par l'expérience vécue.

Voici donc pour ceux et celles qui veulent aller de l'avant pour implanter le mode de gouvernance sociocratique une explication des rôles et responsabilités au sein d'un cercle. Les éclaircissements qui vont suivre vont faciliter l'apprentissage de ces rôles. Ils ne remplacent cependant pas l'assistance d'un conseiller qualifié qui saura soutenir l'expérimentation et permettre l'intégration de notions qui autrement pourront rester purement théoriques.

Le chef hiérarchique : le chef des exécutants

Le rôle du chef hiérarchique est de première importance dans un cercle sociocratique. Rappelons que le mandat d'implanter et d'entretenir ce mode de gouvernance est confié en premier lieu au chef hiérarchique. Il ne saurait se soustraire aux responsabilités qui découlent de ce mandat.

La principale difficulté que rencontre le chef hiérarchique traditionnel au moment de l'implantation du mode sociocratique de gouvernance est liée à son ego. Il doit renoncer au rôle prestigieux de chef des décideurs et adopter celui, plus humble mais plus efficace, de chef des exécutants.

Admettons-le, partager son pouvoir décisionnel avec ses collaborateurs requiert un réel apprentissage. Nous avons été éduqués, pour la plupart d'entre nous, dans des systèmes sociaux à forte connotation autocratique. Nous avons donc tous de la graine d'autocrate.

Il ne faut pas voir les autocrates seulement sous les traits de tyrans comme Néron, Hitler ou Sadam Hussein. Il existe de nombreux autocrates bienveillants. C'est le style à la mode. Il est prôné par les grandes écoles de management. Les chefs qui y adhèrent défendent l'autocratie en argumentant que si on les tient responsables de l'atteinte des résultats, il est tout à fait logique qu'ils aient le dernier mot lors de la prise de décisions. « *S'il est utile de consulter les collaborateurs, par souci d'efficacité, il faut se garder le pouvoir de trancher. D'ailleurs, disent-ils, ce sont les collaborateurs eux-mêmes qui le demandent.* ». Sur ce dernier point, ils ont bien souvent raison. Un autocrate ne peut maintenir son pouvoir qu'avec la complicité de ceux qu'ils dirigent.

Pourtant, s'il est vrai qu'une bonne décision respecte les limites de ceux et celles qui vont vivre les conséquences de cette décision, il devient évident que le chef hiérarchique ne peut pas être le seul à décider quand il s'agit des orientations qui vont affecter l'ensemble d'un groupe. D'ailleurs, les chefs sages savent intuitivement cela et, même sans les règles de la sociocratie, ils tiennent toujours compte des résistances de leur environnement pour prendre leurs décisions. Cela ne signifie pas qu'ils s'empêchent d'émettre leurs opinions et de partager leurs visions, mais ils ne l'imposent pas. Au contraire, ils respectent la sagesse du groupe pour guider leur organisation.

Il y a une grande différence entre abdiquer le pouvoir et le partager, mais cette subtilité n'est pas évidente pour le chef traditionnel qui voit le cercle comme une menace à ses désirs, pas toujours conscients, d'exercer un pouvoir absolu.

La difficulté pour le chef d'une unité de travail qui se constitue en cercle sociocratique découle de sa capacité à passer du rôle de décideur unique à celui de chef des exécutants.

Ce rôle de chef des exécutants demande de vraies compétences. Prendre collectivement une décision est relativement facile, la mettre en pratique exige des efforts et une qualité de présence et de vigilance capable de maintenir vivantes, dans la conscience du groupe, les intentions qui ont motivé cette décision. C'est là qu'on reconnaît les grands chefs.

Il faut rappeler que le chef a le mandat d'implanter le mode de gouvernance sociocratique et, conséquemment, de développer son cercle. Gérer une organisation qui permet à ses membres d'agir comme des personnes libres et responsables requiert de la part du chef des habiletés qui ne sauraient se passer d'un développement personnel conséquent. Sachant que les êtres humains ne coopèrent véritablement que s'ils comprennent et acceptent intérieurement les décisions qu'ils doivent mettre en action, régner, même avec la plus grande rigueur, ne peut être autre chose qu'aider les autres à reconnaître par eux-mêmes le chemin à suivre.

Lorsque nous laissons les gens prendre eux-mêmes les décisions qui les concernent, il faut s'attendre à ce que, dans les cercles, surgissent des tensions. Savoir utiliser l'énergie qu'expriment ces tensions fait partie des compétences de base d'un chef authentique. C'est pour cela que le mode sociocratique de gouvernance oblige les responsables hiérarchiques à devenir de vrais chefs.

Un cercle sociocratique n'a pas seulement pour but de réaliser la mission de l'unité et d'améliorer son efficacité opérationnelle, il a aussi pour but de maintenir sa pérennité par l'éducation permanente de son équipe. Or, le développement d'un groupe n'est possible que par la réflexion sur les résultats du travail en commun et l'intégration des leçons que le cercle en tire sous forme de règles de fonctionnement et de politiques. C'est essentiellement le rôle du chef de garder vivante cette réflexion et de veiller à l'application des politiques du cercle. Pour gérer une organisation dynamique, c'est-à-dire une organisation apprenante, l'éducation permanente des membres du cercle devient donc un élément clé et le rôle de chef exige donc des talents de pédagogue.

Voici, en résumé, les comportements attendus des chefs dans les organisations sociocratiques en comparaison de ceux qui sont encouragés dans les organisations conventionnelles.

Le chef sociocratique	Le chef conventionnel
Il se veut surtout un expert de la vie de groupe et se préoccupe de la santé organisationnelle à long terme	Il se veut surtout un expert technique axé sur la tâche et le rendement à court terme
Il agit en éducateur et valorise l'autonomie	Il agit en sauveur (autocrate) et encourage la dépendance
Il encourage la discussion en groupe et la recherche du consentement général	Il minimise les discussions en groupe, impose ses solutions et tolère mal l'opposition
Il met son énergie à préciser la vision commune et les buts à atteindre	Il met son énergie à défendre son rôle et ses décisions
Il décide dans les limites établies par son cercle	Il décide pour son équipe et s'intéresse accessoirement aux objections de ses collaborateurs
Il s'implique personnellement dans la formation de ses collaborateurs et le développement de son équipe	Il délègue la formation de ses collaborateurs à d'autres et s'intéresse peu au développement de son équipe

Les études le disent : les attentes des organisations face au chef de demain réclament les qualités que nous attribuons au chef sociocratique. Cependant, pour accueillir ces chefs et leur permettre de s'exprimer, les organisations devront adopter un mode de gouvernance qui leur convient.

Quel est le rôle du chef hiérarchique avant, pendant et après la rencontre de son cercle ?

Avant la rencontre de cercle

Avant la rencontre, le chef hiérarchique, qui supervise le travail des groupes d'amélioration de son unité, s'assurera que ces derniers ont les moyens et le temps nécessaires pour développer des propositions de qualité sur les problématiques qui leur ont été confiées.

Il soutiendra l'animateur et le secrétaire dans la préparation des rencontres de cercle.

Il soumettra au secrétaire les propositions qu'il souhaite voir adopter par le cercle, comme n'importe lequel autre membre du cercle est invité à le faire.

Pendant la rencontre de cercle

Pendant la rencontre, le chef hiérarchique participe aux discussions en respectant les règles de communication établies par le cercle.

Il soutient, par sa présence et ses interventions, l'animateur et le secrétaire du cercle. Ce soutien est particulièrement nécessaire dans un cercle débutant car l'autorité des officiers de cercle reste à établir. Même lorsque cette autorité semble bien établie, il survient des situations où elle peut être contestée. Dans ce cas, le soutien bienveillant du chef hiérarchique va permettre au cercle de régler ces différends dans le respect des règles du cercle.

Même s'il intervient peu, la présence psychologique du chef dans le cercle est de première importance. Elle contribue à maintenir la conscience du groupe en éveil.

Après la rencontre de cercle

Après la rencontre de cercle, le chef hiérarchique s'assure que le secrétaire communique le compte rendu de la réunion à qui de droit. Il prend alors le relais pour faire les suivis requis afin que les décisions du cercle soient mises en application.

En dehors des rencontres du cercle sociocratique, le chef va donc tenir des rencontres de coordination pour suivre l'évolution de son unité et prendre les mesures correctrices avec ses collaborateurs pour s'assurer que les politiques adoptées par le cercle seront mises en application.

L'animateur du cercle : le président d'assemblée

L'animateur du cercle agit comme président d'assemblée. Il a obtenu du cercle l'autorité de conduire la discussion et de faciliter par son animation la prise de décisions.

L'animateur soutient activement la conscience du cercle. Son rôle est double. Il doit, d'une part, conduire la discussion en respectant le processus établi par le cercle et, d'autre part, il doit aider le cercle à gérer la tension produite par le contact ou les résistances au contact entre les membres du cercle.

La première partie de son rôle est assez facile à remplir. Il s'agit d'approfondir les protocoles de discussion utiles à chacune des étapes du processus de prise de décisions[2]. La seconde partie de son rôle est plus subtile et nécessite des connaissances minimales des groupes pour manœuvrer l'énergie engendrée par la dynamique de groupe[3].

Quel est le rôle de l'animateur avant, pendant et après la rencontre de son cercle ?

Avant la rencontre de cercle

Avant la rencontre, l'animateur participe, avec le secrétaire et le chef de l'unité, à la préparation de l'ordre du jour. Il est primordial qu'il comprenne les objectifs à atteindre pour chaque point à l'ordre du jour.

C'est l'occasion pour l'animateur de faire un retour sur l'animation de la dernière réunion et d'imaginer avec le secrétaire des façons plus efficaces de procéder.

Pendant la rencontre de cercle

Pendant la rencontre, l'animateur conduit la discussion en respectant les règles de communication établies par le cercle.

Il portera une attention toute spéciale à la ronde d'ouverture qui permet à chaque membre d'établir un contact productif avec le groupe et à la ronde de clôture qui permet à chacun d'apprécier le chemin fait ensemble et de se séparer consciemment du cercle en récupérant son énergie pour la suite de ses activités.

---

2 Voir le chapitre intitulé : Résoudre ses problèmes en trois temps, trois mouvements

3 Voir le chapitre intitulé : La discipline de la liberté

Durant la discussion de chaque point à l'ordre du jour, il tiendra compte à la fois des objectifs à atteindre et du climat de la discussion tout en gardant l'attention des membres sur le respect des étapes du processus de discussion admis par le cercle.

L'animateur participe à la discussion comme les autres membres du cercle. Il donne donc son opinion et son consentement aux décisions prises. Si dans le cours de la discussion, l'animateur s'implique activement dans la discussion, le secrétaire prend alors le relais de l'animation avec le consentement de l'animateur.

Après la rencontre de cercle

Après la rencontre de cercle, l'animateur participe avec le secrétaire et le chef d'unité à une courte discussion sur l'efficacité de la rencontre. Ils dépouillent ensemble les résultats de l'évaluation écrite, s'il y en a eu une, et échangent sur les appréciations des membres en vue de mieux préparer la prochaine rencontre. Ils décident également ensemble du moment de la préparation de la prochaine réunion.

Le secrétaire : le gardien des règles et la mémoire du cercle

Le rôle de secrétaire du cercle est stratégique. Contrairement au préjugé populaire, ce rôle n'est pas un simple rôle d'exécutant. Il est indispensable à la conduite du cercle sociocratique. La personne qui joue le rôle de secrétaire n'est pas seulement la mémoire du cercle, elle est surtout la gardienne des règles de fonctionnement et conséquemment un soutien indispensable pour l'animateur du cercle.

La qualité du lien qui unit l'animateur et le secrétaire est de première importance. Si l'un est le pilote de la discussion, l'autre est le navigateur. Pendant que l'animateur est attentif à l'expression d'un participant, le secrétaire observe l'impact de cette communication sur l'énergie du cercle. Il note la vitesse de croisière du groupe et reste sensible à toutes les manifestations de résistance exprimant l'état de satisfaction des besoins du cercle et de chaque individu.

Le secrétaire intervient quand il sent que l'animateur a besoin de soutien dans son rôle. Il peut alors l'informer de ses observations sur le fonctionnement du groupe, lui rappeler l'étape à franchir dans le processus de travail, lui souligner les règles de discussion à faire respecter ainsi que le temps alloué aux échanges.

Comme la personne qui joue le rôle de secrétaire a une fonction associée au contrôle, la qualité de la communication entre l'animateur et le secrétaire est capitale. Si l'animateur accepte facilement la régulation du secrétaire, le groupe tout entier va se sentir en sécurité et plus enclin à la coopération. C'est la dynamique de la figure d'autorité masculine et celle de la figure d'autorité féminine qui se profile derrière ces rôles. Les participants auront donc tendance à réagir comme les enfants d'une famille quand les parents coopèrent ou s'affrontent.

Voici le rôle du secrétaire avant, pendant et après la rencontre.

PROCESSUS D'UNE RENCONTRE DE CERCLE
(Le rôle de secrétaire)

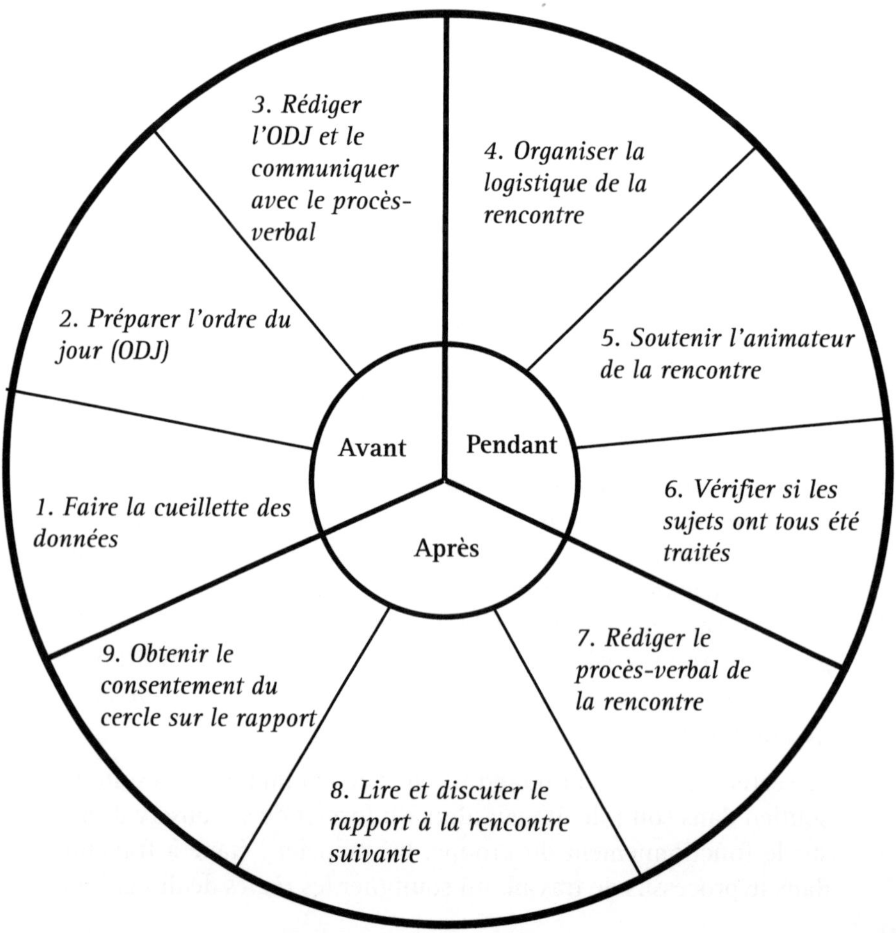

Avant la rencontre de cercle

Voici les principales activités du secrétaire avant la rencontre.

1. **Cueillette des données**

   Le secrétaire s'assure que chaque membre du cercle a eu l'occasion de mettre à l'ordre du jour les sujets qu'il juge importants de traiter en cercle. En relisant le compte rendu de la rencontre précédente, il se rappelle les sujets qui n'ont pas été traités la dernière fois et s'assure qu'ils apparaîtront à l'ordre jour.

2. **Préparation de l'ordre du jour**

   Chaque point à l'ordre du jour est discuté avec le chef d'unité et l'animateur pour en apprécier l'importance et évaluer le temps de discussion requis pour ce sujet. C'est à cette étape que la qualité des propositions présentées pour décision est appréciée.

   Compte tenu de cette appréciation, le chef d'unité pourra intervenir pour aider l'auteur desdites propositions à les bonifier avant que le secrétaire les fasse parvenir à tous les membres du cercle.[4]

3. **Rédiger et communiquer l'ordre du jour**

   L'ordre du jour rédigé[5], le secrétaire le fait parvenir aux membres du cercle avec tous les autres documents nécessaires à la tenue de la prochaine réunion du cercle. Il communique également le compte rendu de la dernière réunion pour que le cercle l'approuve lors de la prochaine rencontre.

Pendant la rencontre de cercle

4. **Organiser la logistique de la rencontre**

   Le secrétaire s'assure que la salle est réservée et préparée en conséquence pour la tenue de la rencontre. Il s'assure de la présence de tous les membres à la rencontre et se présente sur place avant les membres pour faciliter l'accueil de chacun.

5. **Soutenir l'animateur de la rencontre**

4 Voir les critères de qualité d'une proposition dans le chapitre sur les outils du cercle sociocratique

5 Voir le format de l'ordre du jour type dans le chapitre sur les outils du cercle

Durant la rencontre, le secrétaire participe aux discussions comme l'animateur. Cependant, il doit se rappeler qu'il seconde l'animateur dans son rôle.

Il rédige sur tableau géant ou autres supports visuels les informations qui proviennent des membres et qui ont besoin d'être pris en compte par le cercle dans le processus de prise de décisions.[6]

Il remplace l'animateur quand celui-ci est trop impliqué dans la discussion pour rester présent à son rôle d'animateur.

Il rappelle à l'animateur les limites de temps à respecter et, le cas échéant, il soutient l'animateur en lui faisant part de ses observations sur le fonctionnement du cercle et en rappelant, si nécessaire, les règles de fonctionnement du cercle.

6. S'assurer que le cercle a traité tous les points à l'ordre du jour

Durant la rencontre, pour s'assurer de traiter tous les points à l'ordre du jour, le secrétaire discute avec l'animateur des points en suspends et du temps disponible pour les traiter. Il suggère à l'animateur de prendre avec le cercle les décisions qui s'imposent : accélération de la discussion, report du sujet à la prochaine réunion ou délégation de mandats pour en disposer autrement.

Après la rencontre de cercle

7. Rédiger le compte rendu de la rencontre

Après la rencontre, le secrétaire finalise la rédaction du compte rendu de la rencontre. Ce compte rendu est simple. Il comprend l'énoncé des sujets de discussion et la rédaction des décisions relatives à ces sujets. Sont inscrits à ce compte rendu, les mandats décernés par le cercle avec le nom des mandataires et les dates d'échéance de leurs mandats de façon à en faciliter le suivi.

8. Lire et discuter le compte rendu à la rencontre suivante

Au début de la rencontre suivante, avant la discussion des points à l'ordre du jour, le secrétaire lit le compte rendu de la réunion précédente. Il répond aux questions de clarification des membres du cercle et prend note des amendements suggé-

---

6 Voir les outils « métaplan » dans le chapitre sur les outils du cercle sociocratique.

rés au compte rendu.

9. **Faire adopter le compte rendu à la rencontre suivante**

   Une fois le compte rendu lu, discuté et amendé, l'animateur demande au cercle l'adoption par consentement du compte rendu du secrétaire.

Le double lien : témoin de l'esprit de son cercle

En tant qu'acteur représentatif de son cercle, le double lien est un décideur de plein droit dans le cercle qui chapeaute le sien. Il accompagne le chef hiérarchique lors des rencontres du cercle supérieur et y participe avec les mêmes droits que tous les autres membres présents.

Traditionnellement, le représentant est vu comme un porte-parole avec plus ou moins de liberté d'expression. Il doit nécessairement rendre des comptes à ceux qui l'ont mandaté pour les représenter.

Dans le cas du double lien, le cercle n'a pas cette exigence. La personne qui joue le rôle de double lien est complètement libre de ses décisions dans le cercle supérieur. Elle a été élue moins pour représenter les membres de son cercle que pour refléter dans le cercle supérieur les talents et capacité de son cercle. C'est généralement une personne qui a une forte crédibilité dans son unité de travail et de ce fait même une grande crédibilité dans le cercle supérieur.

Sa contribution lors des décisions du cercle supérieur ouvre une fenêtre additionnelle sur ce qui se passe dans le cercle inférieur, ce qui va permettre à celui-ci de prendre des décisions mieux adaptées aux conditions d'exécution.

Voici le rôle du double lien avant, pendant et après la rencontre du cercle supérieur au sien.

Avant la rencontre de cercle

Avant la rencontre du cercle supérieur, le double lien reçoit l'ordre du jour et en discute avec le chef hiérarchique le cas échéant pour réfléchir aux arguments à soulever lors de la prise de décisions.

Comme l'ordre du jour du cercle supérieur est connu des membres des cercles inférieurs, certains collègues du double lien vont sans doute lui poser des questions ou lui faire des commentaires. Il en prend note tout en protégeant son indépendance face aux discussions à venir.

Pendant la rencontre de cercle

Pendant la rencontre, le double lien participe aux décisions comme les autres membres du cercle.

Après la rencontre de cercle

Après la rencontre, l'information concernant les décisions du cercle supérieur sont communiquées aux membres de son cercle par le chef hiérarchique. Si le double lien est questionné par ses collègues de travail sur les décisions du cercle supérieur, il acceptera de répondre aux questions en communiquant les raisons qui ont motivé son consentement aux décisions prises.

L'expérience démontre que les gens sont généralement friands des histoires personnelles qui ne manquent pas de pimenter les rencontres de cercle. Un double lien d'expérience fera la part des choses et ne livrera à ses collègues que les informations qui sont utiles à leur compréhension des décisions prises. Il respectera donc la confidentialité nécessaire à la sécurité personnelle des membres du cercle supérieur.

Les membres

Le rôle des membres d'un cercle, lors des rencontres de cercle, est essentiellement de faire valoir leurs opinions et de discuter de leurs objections concernant les propositions à l'ordre du jour.

La participation à un cercle va plus loin que la simple participation aux réunions.

Être membre d'un cercle exige une participation active à la vie du cercle. Chacun est responsable d'entretenir avec les autres les liens significatifs nécessaires non seulement à la réalisation efficace de la tâche mais aussi au développement de chacun des membres au sein du cercle.

Le cercle n'est pas seulement un lieu de travail, c'est un milieu de vie et d'éducation permanente. Les membres d'un cercle ne sont pas seulement des travailleurs, ce sont des personnes à part entière qui vivent des expériences susceptibles de les faire évoluer. Ils peuvent tour à tour être étudiants ou professeurs, aidants ou aidés, chefs ou collaborateurs, etc.

L'expérience vécue de chacun et de chacune est donc un bien précieux pour l'ensemble du cercle car ce qu'un membre du cercle est en train d'apprendre fera tôt ou tard partie du patrimoine collectif. Nos difficultés comme nos compétences affectent le fonctionnement de notre cercle et, de ce fait, peuvent devenir l'objet de discussion et de prise de décisions en cercle.

C'est ainsi que le cercle devient le lieu de développement personnel et professionnel par excellence.

Résumé et commentaires du chef des MoaZoa

La vie en société est en soi un projet d'apprentissage de la liberté. Ma liberté s'arrête où celle des autres commence. Cela ne peut s'apprendre que dans un contact authentique avec tes frères et sœurs. Les enseignements de Bison Blanc sont éloquents à ce propos : « Respecte ta mère la Terre, elle ne t'appartient pas. Tu la partages avec tous les autres êtres vivants. Seul ce que tu lui donnes t'appartient. ».

Le rôle du chef hiérarchique

Chez les MoaZoa, le rôle du chef devait être avant tout celui d'un enseignant, d'un aidant. Bison Blanc avait dit : « Diriger, même avec la plus grande rigueur, c'est aider. Obéir c'est d'abord comprendre. ».

Le rôle de l'animateur

Lors de nos grands conseils, le rôle d'animateur était partagé entre plusieurs membres du conseil. Il est vrai que nous avions l'habitude plus que vous des discussions en groupe. Le peuple des MoaZoa, comme tous les peuples amérindiens, était un peuple de diplomates. Pour faciliter l'animation de nos rencontres, nous avions élaboré avec le temps des rituels de discussion simples, mais efficaces.

Si les discussions devenaient trop animées, nous utilisions, pour réguler les échanges, le bâton de parole. Personne ne pouvait parler sans avoir préalablement obtenu de l'interlocuteur précédant le bâton de parole.

Les débats n'étaient pas permis en cercle. Chacun s'exprimait en parlant au groupe. Nous considérions le groupe comme un être vivant doté d'intelligence. Chacun était donc invité à observer dans le feu, autour duquel nous nous réunissions, l'effet de ses propres paroles. Un moment de silence était prévu entre chaque intervention pour cela. Ces techniques nous obligeaient à rester conscients de l'impact de nos propos sur le groupe et à garder intérieurement l'ouverture pour ressentir dans nos échanges le souffle du Grand Esprit ou les chuchotements des esprits malicieux.

Essayez ces techniques, elles devraient encore produire leurs effets.

Le rôle du secrétaire

Chez les MoaZoa, le rôle de secrétaire n'a jamais existé sous la forme que vous l'entendez. Il faut se souvenir que nous notre peuple était avant l'arrivée des Blancs de tradition orale. Le shaman de chaque clan, présent au Grand Conseil, avait le rôle de transmettre aux siens la voix du Grand Conseil. Ces événements étaient courus à l'époque. Nous aimions entendre parler nos shamans. Ils étaient de merveilleux conteurs.

Leurs comptes rendus de réunion seraient considérés aujourd'hui comme un spectacle et non comme un rapport. Ils étaient cependant plus efficaces que les vôtres parce qu'ils informaient notre peuple non seulement des décisions du Conseil, mais parlaient aussi de l'esprit qui les avait guidés.

Je crois comprendre que le secrétaire tel que vous le voyez dans vos cercles sociocratiques a le rôle de soutenir la communication telle que nous la concevions chez les MoaZoa : une énergie subtile qui unit et nourrit tous les membres du cercle. C'est un rôle noble !

Le rôle du double lien

Chez les MoaZoa, le double lien a toujours fait partie de notre façon d'organiser la vie sociale. Tout ce qui existe entretient de nombreux liens avec son environnement. Ce n'est pas un hasard si tous les êtres vivants, y compris nos enfants, ont un père et une mère. Il faut deux parents pour relier les enfants au reste du monde.

Dans notre langue, le mot monde se dit « Zoa ». Ce terme signifie aussi « NOUS ». Le nom de notre peuple « MoaZoa » signifie, comme vous le savez maintenant, « JE-NOUS », car « Moa » veut aussi dire « JE » dans notre langue.

Chez les MoaZoa, la famille formait le premier NOUS, le premier cercle. Un ensemble de cercles formait un clan et la réunion de tous les clans formait le cercle de la nation, le grand NOUS. C'est ainsi que nous vivions et le lien qui unissait chaque cercle n'était jamais représenté par une seule personne.

La raison profonde de cette multiple représentation c'est que pour former un NOUS, il faut au moins deux personnes. Or, la rencontre de plusieurs cercles, c'est la rencontre de plusieurs NOUS et non une rencontre d'egos.

Le rôle des membres

Le devoir de chaque MoaZoa a toujours été de maintenir vivants les liens qu'il tisse avec le reste du monde. S'il faisait partie d'un cercle, les liens tissés avec les autres formaient dans l'invisible une coupe dont la fonction était de puiser dans l'invisible l'énergie vitale nécessaire à l'alimentation de toute la communauté. Quand par mon inconscience, j'ai brisé les liens du Grand Conseil, j'ai aussi brisé des canaux d'énergie qui irriguaient le corps de mon peuple. Il en est tombé malade.

Chapitre 8
Vision systémique et sociocratie

Un mode de gouvernance écologique

Le mode sociocratique de gouvernance veut inscrire nos organisations dans la marche évolutive du vivant. Aujourd'hui la question de l'environnement est en train de transformer notre vision du monde et conséquemment notre relation au grand Tout.

La vision mécanique de l'univers, soutenue par la science du XIXe siècle et d'une grande partie du XXe, nous a appris à ne voir que l'extérieur des choses et à ignorer les liens subtils que nous entretenons avec elles.

Cette vision du monde nous a confortés dans l'illusion de notre indépendance face à la nature. L'idée d'un ordre cosmique à respecter, d'une autorité immanente qui régule tout, a été remplacée par le mythe de la toute puissance de l'intellect humain qui définit la liberté comme le pouvoir d'agir à sa guise.

La sanction écologique nous oblige aujourd'hui à reconsidérer cette définition. La liberté des uns s'arrête en fait où celle des autres êtres vivants commence.

Le choc est brutal et il change beaucoup de choses ! Nous sommes un maillon intégré dans la chaîne du vivant ! Nous ne voulions pas y croire, mais nous sommes confrontés à la réalité : nos faits et gestes ont un effet boomerang ! L'univers est un système dynamique que des lois autoactives régulent.

« *Nous récoltons toujours ce que nous semons* » disait la sagesse traditionnelle. Et bien nous y voilà, nous expérimentons actuellement l'intransigeance de cette loi que nous avons préféré ignorer, éblouis que nous étions par notre propre grandeur.

L'homme pourra-t-il, à temps, s'intégrer harmonieusement dans la marche évolutive du vivant ? Pourquoi pas, s'il prend conscience de sa responsabilité et accepte les lois qui régissent le vivant. Évidemment, on ne peut s'imaginer que cela va survenir sans qu'il ait à peiner pour cela.

Les conditions de l'autorégulation des systèmes vivants

Durant la deuxième moitié du XXe siècle, la cybernétique nous a aidés à comprendre les conditions qui permettent aux systèmes vivants de s'autoréguler. La découverte de ces conditions est un pas dans la direction d'une meilleure compréhension des lois qui régissent l'univers.

Nous savons maintenant que pour qu'un système s'autorégule, il faut trois conditions :

1. Le système doit bénéficier d'une source d'énergie extérieure qui l'oriente ;
2. Les éléments du système ne doivent pas se contrôler mutuellement ;
3. Le système doit être en mesure de recevoir du feedback de son environnement.

Cette connaissance appliquée à la conduite humaine n'est rien d'autre que la réédition d'enseignements traditionnels selon lesquels pour trouver le bonheur il faut :

1. Chercher en toute circonstance le bien commun (l'énergie extérieure) ;
2. Traiter les autres comme on aimerait être traité soi-même (pas de contrôle mutuel des uns sur les autres) ;
3. Rester ouvert aux feedbacks de l'environnement, considérant ceux-ci comme la récolte de ce qu'on a semé (ouverture aux feedbacks).

Le mode sociocratique de gouvernance se fonde sur cette logique. Il considère l'organisation comme un système, c'est-à-dire un ensemble d'individus :

1. Organisés autour d'un but commun, lui-même pouvant se décliner en une cascade de sous-buts ;
2. Entretenant des relations significatives entre eux sans do-

mination des uns sur les autres ;

3. Ayant la possibilité de communiquer entre eux et avec leur environnement pour récolter et répartir le fruit de leur coopération.

La sociocratie commande donc une ingénierie appropriée des structures de communication et de prise de décisions qui s'articule autour de trois règles visant à préserver le caractère dynamique des systèmes :

1. Le cercle de prise de décisions complète la structure de commandement d'une unité regroupant des individus engagés dans la réalisation d'un but commun ;
2. Le mode de prise de décisions par consentement garanti aux membres un poids équivalent dans le processus de prise de décisions ;
3. Le double lien favorise la communication dans tous les sens.

Ces règles rétablissent l'équilibre de l'organisation avec son environnement. Elles l'orientent verticalement par une hiérarchie de buts clairs, la stabilisent horizontalement en y intégrant le cercle de prise de décisions et la dynamisent en instituant un double lien entre les cercles, histoire d'optimiser la communication interne et externe.

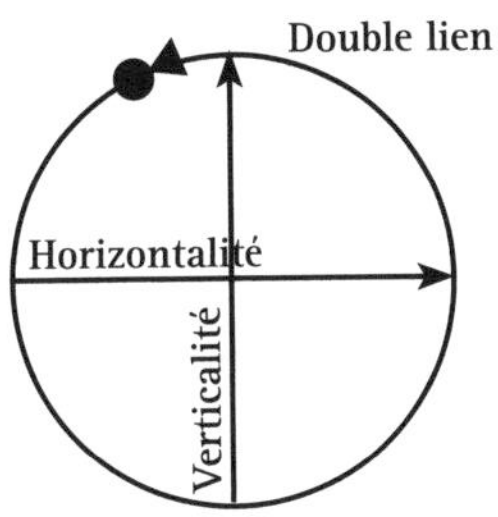

Se voulant les ingénieurs d'une vie organisationnelle plus saine et plus efficace, nous avons tout intérêt à utiliser pour y arriver les outils que nous propose la théorie des systèmes. C'est ce que le modèle sociocratique de gouvernance propose.

L'organisation, un système dynamique

Un système dynamique est constitué d'un ensemble d'éléments organisés selon un processus d'activités logiques et hiérarchisées. Il reçoit, de l'environnement, des éléments qu'il transforme et retourne à l'environnement sous forme d'un produit à valeur ajoutée.

Les éléments d'un ensemble exécutent trois fonctions spécifiques : l'une d'orientation, l'autre d'opération et la troisième de mesure pour permettre au système de s'ajuster à son environnement fournisseur et de produire le résultat attendu de l'environnement client.

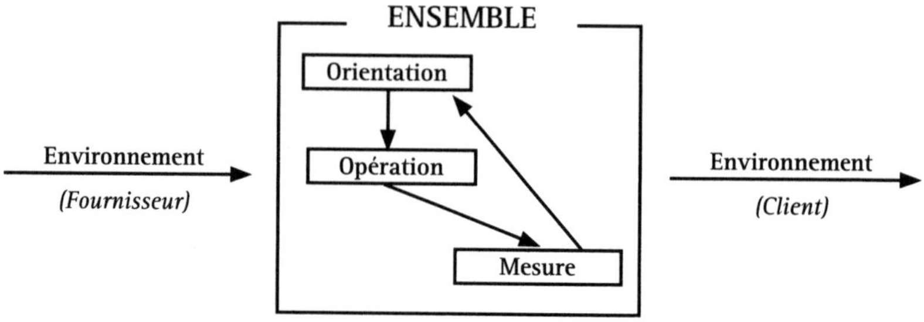

Chaque ensemble peut être décomposé en sous-ensembles regroupant des activités d'entrée dans le système (INPUT), des activités de transformation (TRANSFORMATION) et des activités de sortie du système (OUTPUT).

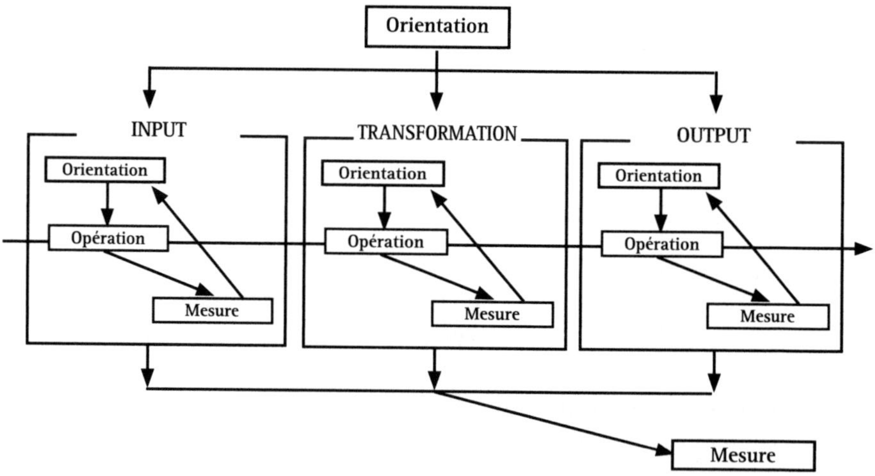

La vision systémique a fait évoluer les concepts et des pratiques en management et nous a apporté une kyrielle d'outils pour améliorer l'efficacité des organisations. La plupart de ces outils sont développés sous le label des approches dites « Qualité ».

Le principe est simple, il s'agit d'organiser les unités d'une entreprise comme des sous-systèmes relativement autonomes. Si chaque sous-système prend la responsabilité d'optimiser sa performance en tenant compte des impacts de ses gestes sur les autres sous-systèmes, c'est l'ensemble du système (l'entreprise) qui optimise la sienne.

L'amélioration de la performance d'une organisation est le résultat d'une intervention systématique à trois niveaux : le niveau des grandes fonctions de l'entreprise, le niveau des processus de travail et finalement le niveau des tâches.

La grille des 27 cases

Que l'on choisisse d'intervenir au niveau de l'organisation globale, d'optimiser un processus de travail ou une tâche, la méthode reste la même. Le modèle systémique nous suggère de définir une architecture d'opérations, d'orientations et de mesures pour chaque niveau de système et de déléguer aux membres du cercle concerné l'exécution de chacune de ces fonctions.

Voici les étapes à franchir pour y arriver :

1. Établir le niveau et le but du système ;
2. Établir l'architecture des *opérations* du système en 9 étapes. Nous croyons que 9 étapes permettent une analyse assez fine de l'organisation sans se perdre dans les détails.

   Les trois premières étapes balisent les activités d'entrée dans le système (INPUT), les trois suivantes définissent les activités de transformation (TRANSFORMATION) et les trois autres décrivent les activités de sortie du système (OUTPUT). Chaque sous-activité d'une étape est décrite selon la logique INPUT - TRANSFORMATION - OUTPUT.

3. Indiquer pour la séquence des 9 opérations du système les *orientations* et les *mesures* appropriées.
4. Déléguer aux personnes de l'unité toutes les tâches susceptibles de maintenir l'intégrité du système.

Vous trouverez en page suivante une grille à 27 entrées pour vous aider dans cette tâche.

Niveau du système				Le but du système			
	Opérations			Orientations		Mesures	Qui
	I						
Input	T						
	O						
	I						
	T						
	O						
	I						
Output	T						
	O						

I = Input, T = Transformation, O = Output

Une fois la grille des 27 cases établies pour l'analyse systémique soit de l'organisation, d'un processus ou d'une tâche, nous pouvons nous poser certaines questions qui vont mettre en lumière les problèmes qui font obstacle à la performance du système en cause.

Questions reliées à la performance d'un système

Niveau	Opérations	Orientations	Mesures
DE L'ORGANISATION	• Les fonctions majeures sont-elles toutes en place ? • Y a-t-il des fonctions inutiles ? • Le cheminement des inputs et outputs entre les fonctions est-il approprié ? • Est-ce que la structure formelle de l'entreprise répond aux besoins de l'organisation ?	• Le plan stratégique de l'organisation a-t-il été articulé et communiqué ? • Le plan met-il en valeur la force motrice de l'organisation ? • Les résultats attendus à long terme de l'organisation ont-ils été déterminés dans le plan stratégique et communiqués au personnel ?	• Les indicateurs de performance organisationnelle sont-ils suivis ? • La performance de l'organisation est-elle connue ? • Les ressources sont-elles proprement allouées ?
DES PROCESSUS	• Chaque processus est-il approprié pour accomplir les buts visés ? • Les étapes de chaque processus sont-elles logiques, claires et pertinentes ?	• Les buts des processus majeurs sont-ils cohérents avec les résultats attendus de l'organisation ?	• Les indicateurs de performance liés aux processus sont-ils suivis ? • La performance des processus est-elle connue ? • Y a-t-il suffisamment de ressources allouées à chaque processus ?
DES TÂCHES	• Les tâches sont-elles appropriées pour atteindre les buts des processus ? • Les étapes des tâches sont-elles dans un ordre logique ? • Des encadrements et des procédures de travail ont-ils été élaborée ? • L'environnement de travail est-il ergonomiquement sain ?	• Les buts des tâches sont-ils liés aux buts des processus qui à leur tour sont liés aux résultats attendus de l'organisation ?	• Le collaborateur sait-il ce qu'on attend de lui spécifiquement ? (La tâche est claire et logique) • Le collaborateur a-t-il les informations et les ressources nécessaires pour remplir la tâche ? • Le système de rémunération est-il en harmonie avec les buts de sa tâche ? • Le collaborateur a-t-il une appréciation verbale de son rendement ? • Le collaborateur a-t-il les connaissances et les habiletés nécessaires pour atteindre les buts de sa tâche ? • Le collaborateur a-t-il la capacité physique, mentale et émotionnelle d'atteindre les buts de sa tâche ?

Le contrôle d'un système n'est possible que par un processus circulaire connu sous le nom de rétroaction (feedback loop).

Même si nous connaissons passablement de choses sur le contrôle, c'est une notion difficile à mettre en oeuvre dans nos systèmes sociaux parce que les gens réagissent au contrôle externe. Ils veulent s'autocontrôler. Ce besoin est tout à fait naturel chez l'être humain car, par essence, il demeure un être libre et responsable.

Tant et aussi longtemps que nous ne comprendrons pas que c'est le système et non les personnes que nous devons mettre sous contrôle, il y aura résistance.

Nous pouvons, par exemple, mesurer l'efficacité d'un poste de travail. Cependant, les facteurs qui conditionnent cette efficacité sont de plusieurs ordres comme l'illustre le schéma qui suit. Selon une vision systémique des choses, les compétences de l'individu lui-même sont rarement le facteur déterminant de la performance du système.

De fait, le potentiel ou l'intelligence d'une personne sont rarement la cause de sa non-performance.

Il faut se poser un certain nombre de questions avant de mettre la faute sur l'individu qui accomplit une tâche :

1. Le collaborateur a-t-il ce qu'il faut pour faire le travail ?
2. Le collaborateur connaît-il les résultats attendus de son travail ?
3. Les conséquences (récompenses) sont-elles en lien avec les résultats attendus ?
4. Le collaborateur reçoit-il régulièrement une appréciation pour son travail ?

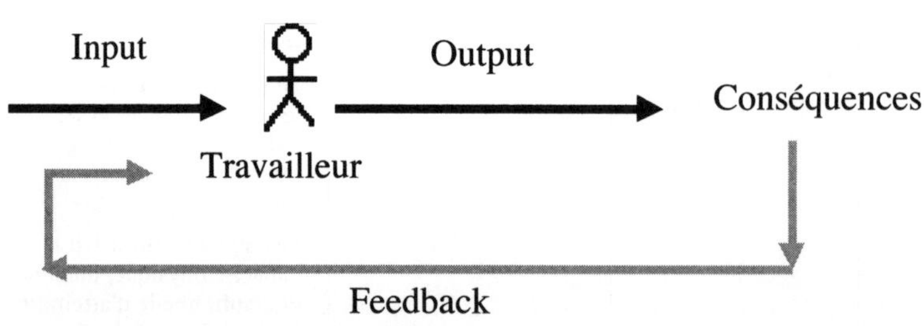

Pour permettre à l'organisation de s'autocontrôler efficacement, nous allons demander à chaque collaborateur non seulement d'accomplir la tâche qui lui est assignée mais également de devenir un ingénieur social.7 Il s'agit de permettre à chacun de s'abstraire de son poste de travail pour s'identifier à l'unité. Le cercle sociocratique sert, entre autres, à cette fin. Ce qui doit être mesuré et la façon de le faire dépend de plusieurs facteurs. Ce problème doit donc être résolu dans le cercle sociocratique.

Le cercle est le lieu où les membres discutent des mesures et des orientations à prendre pour réaliser les opérations de façon optimale. Le cercle devient alors l'endroit où l'on questionne les façons de faire dans un contexte de respect des individus.

Dans le cercle, chacun peut établir, par le pouvoir que lui confère le mode de prise de décisions par consentement, l'espace qui lui est nécessaire pour exprimer son unicité (marge de manœuvre) et mettre son potentiel au service de la communauté et ce, dans les limites établies par le groupe. C'est le lieu de réconciliation des libertés individuelles et du bien commun.

Nous pouvons jouir de notre liberté dans la mesure où nous avons un bon système d'autocontrôle. Sans contrôle, une société sombre dans la dictature. C'est d'ailleurs la stratégie de base de tous les groupes révolutionnaires de s'attaquer au système de contrôle pour déstabiliser le gouvernement. Ils suscitent ainsi chez le peuple le besoin du retour à l'ordre même si, pour obtenir cet ordre, il doit donner le pouvoir aux révolutionnaires eux-mêmes qui souvent se comportent de façon plus autoritaire que leurs prédécesseurs.

L'intérêt de la vision systémique

La pensée systémique est révolutionnaire dans la mesure où elle suggère de toujours s'opposer à l'oppression de l'égoïsme individuel ou collectif. L'ego n'aime pas l'idée selon laquelle il n'est qu'un élément dans un grand ensemble. Il se veut le centre de l'univers et cherche à imposer sa loi. Il est forcément autocratique.

La pensée systémique suggère donc de prendre en compte dans nos choix l'intérêt de ceux que nos décisions affectent. On com-

7 L'ingénieur social aide à construire, entretenir et réparer le réseau des interactions (le tissu relationnel) nécessaire au bon fonctionnement des organisations humaines.

prendra pourquoi, même si ce modèle est populaire dans le monde technique, il remet bien des choses en question dans la vie politique et sociale.

Les avantages de cette façon de voir le monde et la vie sociale sont pourtant évidents.

La distance salutaire

La posture psychologique que suggère l'analyse systémique prédispose les personnes à s'identifier non pas à ce qu'elles font, mais à leur raison d'être, au but qu'elles poursuivent au-delà des cibles qu'elles visent.

N'est-ce pas là l'essence des enseignements traditionnels qui exhortent à chercher le bonheur non pas dans ce que l'on fait, mais dans ce que l'on est ?

La métavision que confère l'analyse systémique facilite l'acceptation de l'évolution et encourage l'adaptation aux changements. Elle confère un détachement qui donne aux individus l'accès à une plus grande liberté et à une plus grande créativité dans la résolution de leurs problèmes.

L'importance du bien commun

Un système dynamique est constitué d'un ensemble d'éléments ne se contrôlant pas mutuellement, mis en mouvement par une source d'énergie extérieure à lui-même.

Appliquée à la vie sociale, cette définition implique que pour s'épanouir et prospérer l'individu doit s'intégrer dans une communauté vivante, c'est-à-dire dans un ensemble de personnes entretenant entre elles des liens significatifs et tendant vers un idéal qui les fédère. L'homme est un être social.

Cet idéal commun ne saurait brimer la liberté individuelle puisque les décisions de ladite communauté pour concrétiser cet idéal doivent, dans le monde des systèmes dynamiques en santé, se prendre sur la base du consentement des membres.

Les fanatiques de tout acabit renoncent à leur liberté pour se soumettre à une vision figée de leur idéal : celui de la doctrine à laquelle ils se soumettent sans aucun esprit critique. Ces communautés ne sont pas en santé, elles se coupent de la vie, elles deviennent au sens littéral du mot « des sectes » (du latin secare = couper).

Le modèle systémique questionne notre façon de vivre ensemble. Par exemple, est-ce qu'un quartier de nos grandes cités forme une réelle communauté ? Les gens qui y vivent partagent-ils un idéal commun et prennent-ils ensemble des décisions pour concrétiser cet idéal dans la vie en commun ? Pas vraiment. Un grand travail d'ingénierie sociale reste donc à faire pour faire de nos milieux de vie des systèmes dynamiques.

L'intelligence collective au service de l'évolution

La vision systémique invite à tenir compte des liens entre les choses et les êtres. Ce respect, cette attention donne accès à l'intelligence derrière la forme des choses et des événements.

Grâce au recul de l'analyse systémique, l'enchaînement des causes et des effets nous apparaît plus net. Les valeurs, les besoins et les désirs qui motivent chaque résultat peuvent être observés objectivement et il devient dès lors possible d'agir de façon à s'adapter plus efficacement aux situations changeantes de l'environnement.

La coopération au service de la Vie

La vision systémique encourage la coopération. Elle met l'accent sur l'interdépendance des éléments du système et sur l'importance d'une communication qui tient compte du point de vue de l'autre tant à l'intérieur du système qu'à l'extérieur.

La sociocratie et les approches dites « Qualité »

Qu'est-ce qui distingue la sociocratie des démarches dites de qualité totale ou intégrale ? Elles aussi s'inspirent de la vision systémique.

Plus de 80 % des programmes d'amélioration de la qualité qui ont démarré en Europe et en Amérique depuis 1980 ne donnent pas les résultats escomptés. Pourquoi ? Ce n'est sûrement pas à cause d'un manque d'intérêt pour la qualité ou d'un manque d'outils techniques pour réaliser ces programmes.

À notre avis, deux raisons expliquent ces échecs.

Premièrement, ces programmes ne font pas réellement partie de la stratégie d'affaires de l'entreprise. Ils sont vus comme un moyen de se sortir d'une situation difficile telle qu'un marché qui s'effrite, des rendements qui s'amenuisent. La direction ne comprend pas, qu'avant d'être une technique, la *Qualité* est d'abord un état d'esprit. Elle se laisse alors séduire par l'outil et oublie, dans le feu de l'action, que cet outil exige un changement fondamental au niveau du mode de gouvernance.

Deuxièmement, la structure de communication des entreprises conventionnelles ne donne pas un réel pouvoir aux individus d'améliorer les choses. La mise en place de cercles de qualité et de groupes d'amélioration de toutes sortes représente des tentatives maladroites pour remédier à ce problème. On aura beau créer toutes sortes de structures parallèles pour s'opposer au pouvoir légitime de la ligne hiérarchique, tant qu'on n'aura pas compris qu'il faut changer le mode de gouvernance, cette structure reprendra, à brève échéance, ses droits et annulera les effets temporaires de tout programme d'amélioration de la performance.

Pour contrer la démobilisation naturelle autour des programmes qualité, les théoriciens de ces méthodes proposent de faire relever le programme du plus haut dirigeant de l'organisation. Le non-respect de la ligne de commandement n'est pas sain et ne peut pas se maintenir à long terme.

Une fois de plus, rappelons-le, la structure traditionnelle, utile lorsqu'il s'agit de diriger l'entreprise, est inappropriée pour prendre des décisions qui impliquent tous les employés. Aucun des prétendus programmes d'amélioration continue de la performance ne donnera les fruits escomptés si les règles de gouvernance qui soutiennent les valeurs à la base de ces systèmes de gestion ne sont pas modifiées.

Le comportement des employés est très peu affecté par les valeurs affichées de la Qualité Totale. Il l'est toujours par les règles souvent inconscientes qui conditionnent l'exercice du pouvoir.

On oublie trop souvent que derrière la Qualité à la Japonaise, il y a le Kaisen, une philosophie de gestion qui donne du pouvoir à l'employé. Cette même philosophie garantit généralement au travailleur la sécurité d'emploi et permet que ce dernier s'identifie totalement à l'entreprise.

Cela n'est culturellement pas possible ni souhaitable chez-nous !

La sociocratie : condition à la réussite des programmes qualité

Le mode sociocratique de gouvernance donne aux employés le pouvoir de s'auto-organiser en vue de prendre leur destinée en main. Dès qu'un groupe acquiert le pouvoir que possède tout organisme vivant, c'est-à-dire celui de se développer en s'adaptant aux conditions de son environnement, il va faire preuve d'une créativité surprenante pour concrétiser son rêve d'auto-organisation. Tout se passe comme si, en s'inscrivant dans la nature du vivant, le cercle sociocratique en empruntait les vertus. Il devient possédé par la fureur de se dépasser et de faire mieux.

C'est dans cet esprit qu'il convient, en Occident, de considérer le cercle sociocratique comme un prérequis culturel à l'implantation de la Gestion Intégrale de la Qualité. Le principe est simple : <u>les employés vont s'impliquer dans une démarche d'amélioration continue si on leur garantit un pouvoir équivalent à celui des cadres et des actionnaires dans le processus décisionnel</u>.

La Qualité Intégrale, telle que vécue dans plusieurs organisations, part du principe suivant : les gens vont s'impliquer dans une démarche d'amélioration continue si on les forme en ce sens. La formation est utile, mais ne suffit pas. La connaissance intellectuelle n'est pas le facteur déterminant pour changer un comportement. Le facteur déterminant c'est le partage réel du pouvoir.

Voici une comparaison qui, bien que caricaturale des deux approches, souligne les points forts de la Sociocratie.

LA QUALITÉ TOTALE	LA SOCIOCRATIE
Mobilise l'intérêt sur les processus internes.	Mobilise l'intérêt sur les résultats externes.
Met l'accent sur les techniques d'analyse de résolution de problèmes.	Met l'accent sur le développement des habiletés de communication.
Recherche l'excellence de façon obsessive.	Cherche à s'améliorer d'une fois à l'autre.
Exige une structure parallèle de gestion de la Qualité.	Intègre la Qualité aux opérations de l'unité de travail.
Développe une bureaucratie lourde et coûteuse.	Encourage la simplicité et la souplesse.
Se préoccupe surtout des standards, des spécifications du client.	S'intéresse aux besoins globaux du client.
Délègue la qualité à des groupes d'amélioration et à des experts.	Délègue la responsabilité de la Qualité au cercle sociocratique.
Ne demande pas de changements dans le mode de gouvernance.	Exige un changement dans le mode de gouvernance.
Ne requiert pas de changements dans le système d'évaluation et de rémunération.	Requiert un changement significatif dans le système d'évaluation et encourage le partage des profits.
Encourage la pensée magique, le recours aux recettes miracles et aux solutions rapides.	Valorise l'engagement, le courage, la confiance et l'amour du travail.
Fait appel à la raison avant tout.	Fait appel aussi à l'intuition.

Résumé et commentaires du chef des MoaZoa

Un mode de gouvernance écologique

« La nature a toujours été notre plus grand maître. Je me réjouis qu'aujourd'hui enfin vous consentiez à entendre son enseignement. »

> L'homme pourra-t-il, à temps, s'intégrer harmonieusement dans la marche évolutive du vivant ?

« La réponse à cette question va de soi. Si vous avez détruit votre environnement en ne respectant pas les enseignements de la nature, vous pouvez reconstruire en changeant votre attitude, car dans les deux cas vous mettez en action les forces de la Vie même. »

L'organisation un système dynamique

« Vous avez développé des outils intellectuels très intéressants pour comprendre la dynamique des systèmes vivants. Toutes ces grilles d'analyse sont formidables. Souvenez-vous cependant de ceci : si l'intellect est utile pour construire un pont sur la rivière, il n'est d'aucune utilité pour comprendre la Vie.

Ce qui demeure le plus important dans votre théorie des systèmes c'est ce que vous appelez le but du système.

Les buts que vous poursuivez dans vos organisations ne peuvent pas être établis uniquement par l'intellect. Ils doivent être des cibles qui s'inspirent d'un idéal. Or les idéaux ne sont pas des concepts saisissables par le seul intellect, mais des notions qui recèlent des forces en mouvement auxquelles vous pouvez vous relier intuitivement. Débattez-en continuellement au sein de vos cercles pour qu'ils demeurent vivants dans le cœur de ceux qui tendent vers ces idéaux. Ils inspireront aujourd'hui des actions différentes de celles de demain car ils sont connectés à la source même du vivant.

Les problèmes surviennent quand l'idéal qu'une communauté poursuit n'est perçu qu'intellectuellement et que ses chefs en font des dogmes pour asseoir leur pouvoir. Ce fut mon erreur. Tirez-en des enseignements pour vous aussi ! »

L'intérêt de la vision systémique

« L'intérêt de la vision systémique est qu'elle vous offre un modèle pour comprendre la Vie. Ce modèle n'est pas la Vie en soi, mais une image suggérant ou évoquant certains principes qui soutiennent le vivant. Seule l'expérience directe peut vous enseigner la Vie. »

La sociocratie et les approches dites « Qualité »

« Je retiens ici deux phrases :

> Le comportement des employés est très peu affecté par les valeurs affichées de la Qualité Totale. Il l'est toujours par les règles souvent inconscientes qui conditionnent l'exercice du pouvoir.
>
> Les employés vont s'impliquer dans une démarche d'amélioration continue si on leur garantit un pouvoir équivalent à celui des cadres et des actionnaires dans le processus décisionnel.

Chaque être humain porte en lui la faculté d'exercer une volonté consciente d'elle-même. Chercher à contrôler, dominer, subordonner les autres par la force n'est pas un comportement dicté par la Vie, mais par la peur.

La peur est la grande maladie que les hommes devront éradiquer de leurs organisations s'ils veulent apprendre à vivre heureux ensemble. Je comprends que le mode sociocratique de gouvernance se veut une aide en ce sens. »

Chapitre 9
La sociocratie, l'intelligence collective au pouvoir

L'exhortation au changement de la part de nos chefs de file actuels n'est pas originale. Tout au long de l'histoire de l'humanité, à des tournants décisifs, des personnages illustres ont exhorté leurs contemporains à changer leur façon d'être et de faire s'ils voulaient être heureux et sortir de la folie qui les menait tout droit à la misère.

Qu'il s'agisse des plus illustres comme Krisna, Zoroastre, Bouddha, Lao-Tseu, Jésus, Mahomet ou des moins connus, le message de ces sages, bien qu'adapté au contexte de son époque, est essentiellement le même : « *Il existe des lois auxquelles nous devons nous conformer si nous voulons vivre en harmonie avec la nature et prospérer. La reconnaissance de ces lois exige un éveil intérieur.* ».

Les conditions qui ont favorisé la reconnaissance de ces messagers ont toujours été les mêmes : une grande détresse résultant de la *peur* qui engendre la cupidité, la soif de domination et toutes les formes de violence. Ces conditions se résument à un mot : la crise.

Aujourd'hui encore, la motivation principale à changer au plan personnel et organisationnel reste la crise. Or, si la souffrance est une puissante incitation au changement, elle n'en offre que l'occasion. Il faut que l'individu ou l'organisation concernée utilise cette occasion et s'éveille à un autre niveau de conscience. La peur de souffrir n'est donc pas une motivation suffisante à un changement réel. Le passant qui entre dans un magasin pour éviter un orage n'est pas forcément un client.

De la même façon, parmi ceux qui joignent les rangs d'une nouvelle école de pensée très peu utilisent les enseignements qu'ils reçoivent pour s'éveiller. La grande majorité adopte intellectuellement la nouvelle doctrine, mais n'en fait jamais la base d'une nouvelle façon d'être. Ces personnes changent de croyances ou de rituels sans réellement changer de comportements.

Du « petit moi » à l'intelligence collective

Tous les grands sages nous l'ont répété, la cause de notre souffrance est l'identification à notre mental, à l'intellect, à l'ego qui nous fait croire que notre véritable identité réside dans *l'avoir plutôt que l'être.*

S'identifier à des croyances, un rôle, une famille, une communauté, aux conditions sociales ou économiques du moment et à toutes les formes d'organisations auxquelles nous appartenons par ailleurs nous coupe les uns des autres et entrave notre recherche consciente du bonheur individuel et collectif.

Cela ne signifie aucunement qu'il faut renoncer à tout ce que nous possédons ou s'exclure des groupes auxquels nous appartenons pour vivre en ermite. Au contraire, cet éveil pousse à mordre dans la Vie et à s'engager dans nos projets avec la claire conscience de ne pas être *nos conditions* de vie du moment.

Pour cela, nous devons apprendre à transcender notre intellect. Il y a, au-dessus de ce que nous appelons l'Ego, une autre dimension de notre être qui nous rend capable de prendre conscience de nos pensées, de nos sentiments et de nos sensations physiques. Ce n'est qu'à partir de cette position métacognitive que nous pouvons décoder nos besoins réels, les distinguer des désirs personnels de notre « petit moi » et agir pour les satisfaire en harmonie avec notre environnement au sens large du terme.

Notre qualité de présence à notre expérience du moment nous met en relation avec l'intelligence collective et nous offre la possibilité de nous allier les forces créatives de la Vie même.

La société de consommation dans laquelle nous vivons est fondée sur cette illusion que nous sommes ce que nous possédons, pensons ou ressentons. Elle prêche la primauté de l'*avoir* sur l'*être* et encourage forcément la compétition, soit la défense des intérêts personnels au détriment de l'intérêt collectif.

Cette illusion mentale forme ce que nous appelons notre Ego. Et cet Ego, notre « petit moi » issu de nos croyances, se sent menacé chaque fois que ce que nous croyons être risque de disparaître. La *peur* du « petit moi » engendre à son tour toutes les calamités : cupidité, méfiance, esprit de domination et violence.

Or, ces formes auxquelles nous nous identifions sont toujours changeantes. Ce que nous possédons aujourd'hui, nous risquons de le perdre demain. Que ce soit les biens matériels, un compte en banque, la jeunesse, la santé, la notoriété, l'amitié de certaines personnes, etc. Toutes ces conditions de vie sont transitoires. Nous identifier à ces aspects changeants équivaut à confondre l'*avoir* avec l'*être* que nous sommes, ce qui conduit à la misère psychologique et matérielle. Seule l'inversion des lumières peut mettre un terme aux sentiments d'abandon, d'indignité et de peur qui ne manquent pas de nous habiter quand nous nous identifions à notre ego plutôt qu'à l'être vivant que nous sommes ici et maintenant.

Ce que nous cherchons véritablement par l'implantation du mode de gouvernance sociocratique c'est de favoriser le passage de la conscience du « petit moi » individuel à l'intelligence collective.

Le danger des changements cosmétiques

Au plan social ou organisationnel, tout changement qui n'implique pas l'émergence d'une nouvelle conscience est illusoire et risque de causer plus de problèmes qu'il n'en résout.

Malgré le fait que la collaboration ait une valeur incontestable par rapport à la compétition, l'état d'esprit dominant de nos sociétés et de nos organisations est encore la peur, la cupidité et la soif de pouvoir.

Ce que nous cherchons, ce n'est pas un changement cosmétique, mais carrément un éveil.

Il est fréquent de voir des réformes faire plus de victimes que le régime qu'elles voulaient corriger. Ces initiatives partent généralement d'une bonne intention et dégénèrent en cours de route. C'est ainsi que l'idéologie communiste a tué plus de 20 millions de soi-disant ennemis de la classe ouvrière. La démocratie qu'on veut imposer à des Peuples qui n'en veulent pas tue chaque jour des centaines de civils innocents. Les religions, elles aussi, ont conduit les hommes aux pires folies meurtrières avec le nom de

Dieu à la bouche.

Conscient de ce danger, le mode sociocratique de gouvernance n'a d'intérêt que dans la mesure où il favorise l'émergence de cette nouvelle conscience tant souhaitée.

Il facilite cet éveil en reconnaissant d'abord la source du problème : la propension de l'homme à la domination pathologique et en proposant, pour contrer ce penchant destructeur, non pas tant d'adopter une nouvelle idéologie, mais de modifier la mécanique décisionnelle de nos organisations.

On peut se poser la question : est-il vraiment possible de convaincre des dirigeants à l'esprit pragmatique d'adopter un nouveau mode de gouvernance en leur expliquant qu'il favorise l'élévation du niveau de conscience ?

Il est certes important d'ajouter que le mode sociocratique de gouvernance a prouvé qu'il augmente la productivité. Quand on peut libérer l'intelligence collective, la capacité d'adaptation du groupe concerné augmente et du coup sa productivité augmente elle aussi.

Par ailleurs, les fraudes et autres délits économiques perpétrés ces dernières années par de grandes sociétés au-dessus de tout soupçon ont révélé que le manque de transparence de ces administrations était largement dû au mode de gouvernance qui les régissait. Ce sont là des arguments qui invitent à la recherche de nouvelles façons de prendre nos décisions.

De plus, depuis les années 80, une nouvelle génération de citoyens est en émergence. On les appelle : les créatifs culturels ! Ce groupe est composé majoritairement de femmes et ne répond plus aux conditionnements des idées dominantes. Ce sont des personnes plus éveillées et bien informées qui, à tous les niveaux de la société, contestent silencieusement le système et s'impliquent dans divers mouvements pour changer les choses. On les retrouve tant en politique que dans les affaires, les milieux sociaux, scientifiques ou littéraires. Ils cherchent à établir, partout où ils oeuvrent, une société plus écologique et forcément plus juste.

Le phénomène inquiète entre autres les télédiffuseurs qui voient une partie de leur auditoire fuir la télévision pour s'investir dans des démarches de développement personnel, investiguer d'autres façons de vivre ensemble et poursuivre en dehors des sentiers battus leurs recherches psychospirituelles.

Ce groupe est en croissance et forme la base sur laquelle peut aujourd'hui s'appuyer un mouvement pour une réforme en profondeur de nos organisations et de nos sociétés. L'éveil au pouvoir de l'intelligence collective n'est pas une nouvelle mystique réservée à un petit groupe d'initiés. C'est la base d'un véritable changement social.

Voici quelques pistes qui démontrent jusqu'où peut aller ce changement.

Séparer le pouvoir de propriété du pouvoir décisionnel

Les lois qui régulent la constitution et le fonctionnement de nos organisations reposent sur les règles du mode démocratie de gouvernance. Or dans nos sociétés, c'est la propriété privée qui fonde le pouvoir de sorte qu'au conseil d'administration de nos sociétés, les actionnaires majoritaires peuvent imposer leur volonté en toute légalité.

S'il est tout à fait légitime de posséder des biens matériels et de protéger ce patrimoine, est-ce juste de posséder des êtres humains ? S'il est légitime de rémunérer le capital, est-il juste que le rendement à court terme sur le capital investi soit le seul critère de décision de nos organisations ? Pouvons-nous encore longtemps rester indifférents aux coûts sociaux et environnementaux que notre conception du pouvoir engendre ?

Pour changer cet état de fait, il convient de revoir nos règles de droit pour permettre que soient pris en compte dans les décisions d'une société non seulement les intérêts économiques de ses membres, mais également les besoins sociaux et culturels de ceux-ci.

Tant et aussi longtemps que la société n'est pas constituée juridiquement pour préserver les principes du mode de gouvernance sociocratique, les membres de l'organisation seront dominés par les intérêts économiques des actionnaires même si ceux-ci ont les meilleures intentions du monde.

Ce n'est que lorsque les principes sociocratiques de gouvernance sont enchâssés dans la constitution même de l'organisation et dans les règlements qui définissent son mode de fonctionnement que le changement souhaité repose sur des bases juridiques saines.

L'astuce légale

Pour permettre de légaliser le mode sociocratique de gouvernance d'une entreprise, nous suggérons de séparer les actions de la corporation à but lucratif en deux catégories :

1. Les actions votantes mais non participantes au profit ;
2. Les actions non votantes mais participantes au profit.

Nous proposons aux actionnaires de vendre leurs actions votantes non participantes à une société sans but lucratif ou à une fondation dont le but est de s'assurer du respect des principes du mode de gouvernance sociocratique.

Les membres de la société sans but lucratif ou de la fondation sont uniquement les membres du conseil d'administration de la société à but lucratif. Ce truc légal, qu'il faut adapter à la loi de chaque pays, permet que les actionnaires n'aient pas en main les actions votantes de l'entreprise, ce qui ne leur enlève pas de pouvoir puisque, comme les autres membres du conseil, ils peuvent s'objecter.

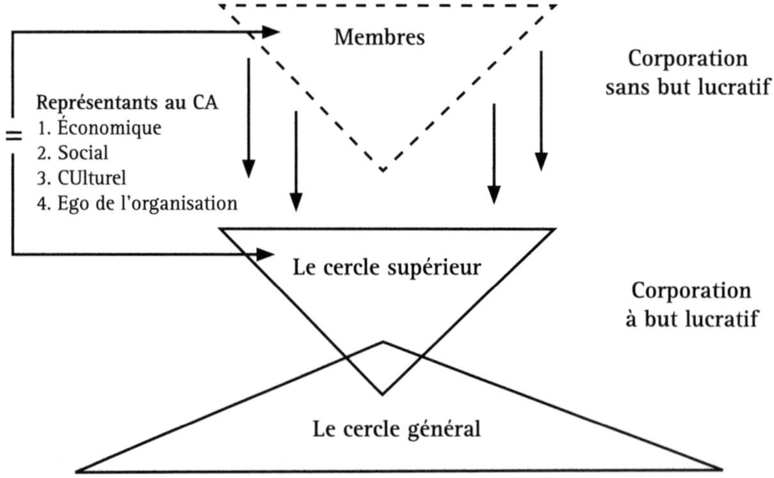

Pour refléter les grandes composantes de la société, la sociocratie recommande que le conseil d'administration d'une société sociocratique soit constitué des représentants des mondes suivants :

- Le monde économique, représenté par les actionnaires ;
- Le monde social, représenté par des personnes venant du monde socio-juridique ;
- Le monde culturel, représenté par des personnes venant du monde culturel ;
- L'ego de l'organisation, représenté par des personnes venant du même secteur d'affaires que celui de l'entreprise.

D'autres formes juridiques restent à inventer pour respecter l'esprit de la sociocratie. Avec l'élargissement du libre-échange, les lois sur les corporations évoluent et permettent des accommodements dont il faut profiter. La consultation d'un expert légal est recommandée pour cette étape importante dans l'implantation du mode sociocratique de gouvernance.

La rémunération de la main-d'œuvre et du capital

Pour être congruent avec le modèle de gouvernance sociocratique, il faut envisager, tôt ou tard, un système de rémunération qui permet la participation aux profits.

Il n'y pas de raisons valables à ce que, dans une organisation sociocratique, les travailleurs reçoivent qu'une rémunération fixe (salaire) et que le capital ne reçoive qu'une rémunération variable (dividende). Les deux participent à la création de la richesse de l'entreprise, ils recevront donc tous les deux une rémunération fixe et une rémunération variable.

La rémunération fixe pour les actionnaires enlève la pression indue pour le versement de dividendes exorbitants qui brise l'harmonie entre les travailleurs et les bailleurs de fonds.

Les profits indiqués aux états des résultats adoptés par le cercle supérieur de l'organisation pourront, par exemple, être distribués de la façon suivante :

- Sur la recommandation du cercle général de l'organisation, une part du profit sera réservée à l'entreprise elle-même, pour accroître sa valeur nette en fonction des obligations qu'elle prévoit rencontrer ;
- Le cercle supérieur (CA) distribuera alors la part de rémunération fixe que doit recevoir le capital. Cette rémunéra-

tion sera fixée à partir du taux d'escompte de la banque centrale plus un pourcentage (%) spécifié par le cercle supérieur lui-même ;

- Le profit restant est alors disponible pour les participants qui ont fourni le travail et le capital sous forme de rémunération variable. Le cercle supérieur est responsable de prendre la décision de verser cette rémunération ;
- La rémunération variable est établie sur la base d'un facteur établi par le salaire de chaque employé sur la masse salariale ou le nombre de parts de chaque actionnaire sur le chiffre d'affaires de la compagnie ;
- Si, pour une année donnée, l'entreprise montre des pertes qui ne peuvent pas être épongées par une réserve quelconque, alors aucune rémunération variable ne sera distribuée durant les années subséquentes tant que les pertes n'auront pas été effacées ;
- Si la rémunération fixe due aux actionnaires ne peut pas être versée dans une année donnée, les sommes dues le seront à même les profits des années subséquentes avant toute rémunération variable.

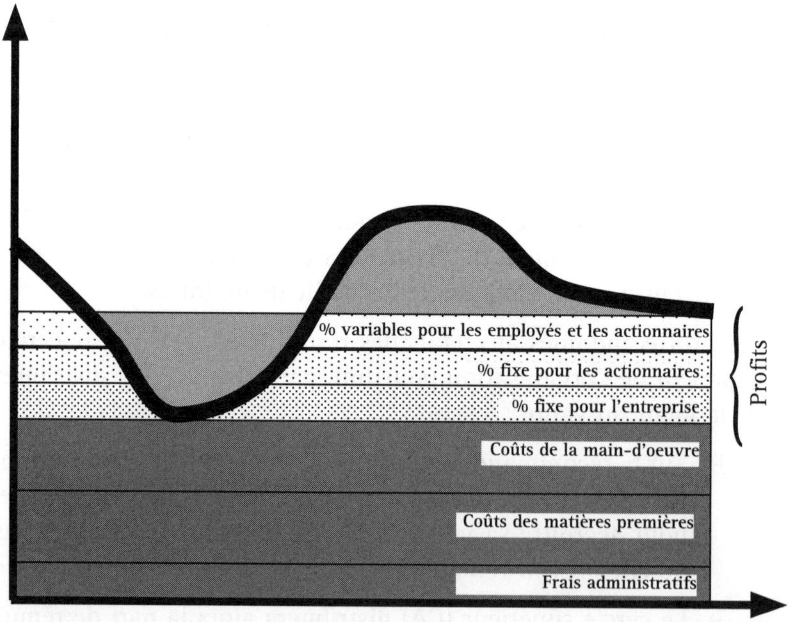

LA BASE DE PARTAGE DES PROFITS

Pour les actionnaires

Ratio = Le nombre d'actions / le chiffre d'affaires de l'année précédente

Pour les travailleurs

Ratio = Le salaire / le chiffre d'affaires de l'année précédente

Un exemple

Imaginons, pour les fins de l'exemple que la rémunération variable soit de 50 % pour le capital et 50 % pour la main-d'œuvre.

Valeur du projet	110.000
Profit projeté (L.T.= 10 %)	10.000
Coûts estimés	100.000
Coûts réels	80.000
Profit sur le projet (C.T.= 10 %)	20.000
Chiffre d'affaires de l'année précédente de ce groupe	500.000

Travailleurs responsables du projet

NOMS	POSTE	SALAIRE $	FACTEUR	BONUS $
Lucien Moreau	Contremaître	40 000	.08	2.409,64
Serge Dussault	Ouvrier	32 000	.07	2.108,44
Réjean Parré	Ouvrier	28 000	.056	1.686,75
Isabelle Drouin	Commis comptable	25 000	.05	1.506,02
Marcel Vézina	Agent de personnel	38 000	.076	2.289,15
			.332	10.000,00

Résultats

- Exemple de Lucien Moreau

40.000 / 500.000 / .322 x 10.000 = 2.409,64

- Rémunération du capital = 10.000 $

La sociocratie et l'organisation de l'État

L'État est aussi une organisation. Elle gère la société dans son ensemble. Comment organiser l'État pour vivre en sociocratie ?

Il existe plusieurs niveaux de gestion publique. Il y a dans la plupart des pays au moins trois niveaux de gouvernement : le niveau local (la municipalité), le niveau régional et le niveau national. Dans certains pays, les régions sont parfois découpées en sous-régions et les communes locales sont regroupées en communes de communes.

Les activités d'un gouvernement peuvent, quant à elles, être regroupées en trois grands pôles d'activités : le pôle économique, le pôle social et le pôle culturel.

Sur la base des niveaux de gouvernement et des pôles d'activités, nous pouvons structurer l'État et organiser une réelle décentralisation des pouvoirs à chaque niveau de gouvernement et ce, jusqu'au niveau des quartiers.

Actuellement, le mode démocratique de gouvernance de l'État ne permet pas la décentralisation réelle des pouvoirs du niveau national au niveau régional et local. Plusieurs États s'engagent dans ce qu'il convient d'appeler une déconcentration administrative, mais aucun ne réussit, faute d'une mécanique décisionnelle appropriée, à mettre en œuvre une réelle décentralisation des pouvoirs.

Grâce à la méthode sociocratique, nous pouvons donc maintenant rêver d'organiser notre vie en société pour permettre aux citoyens à la base de participer de façon responsable à la gestion de son pays.

Nous pouvons entrevoir que l'adoption de ce mode de gouvernance au niveau de l'État va changer radicalement le rôle des partis politiques qui se verront dans ce système ramener au rôle de groupe de propositions ou de groupe d'aide à la prise de décisions dans les cercles sociocratiques.

Un autre avantage du modèle sociocratique sera de dynamiser l'appareil gouvernemental en intégrant les fonctionnaires de chaque palier de gouvernement dans la structure décisionnelle des cercles plutôt que de conférer, comme c'est le cas actuellement, à ces mandataires de l'État un pouvoir autocratique sur la destinée du peuple.

Voici donc une représentation graphique de l'organisation de trois niveaux de gouvernement selon le mode sociocratique de gouvernance.

VISION DE TROIS NIVEAUX DE GESTION DE L'ÉTAT

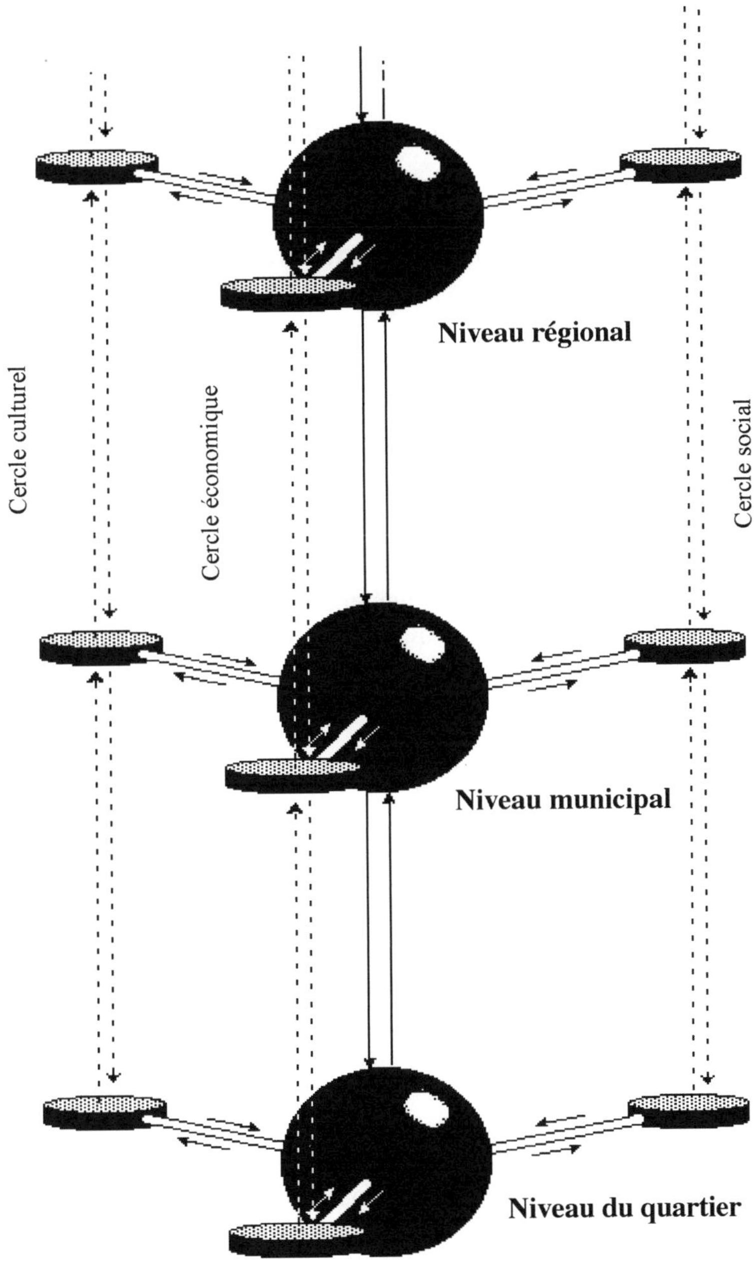

Au plan du quartier, nous retrouvons :

- ⊕ Le cercle du conseil de quartier, représenté par la sphère centrale dans le graphique ;
- ⊕ Les trois cercles spécialisés du quartier : le cercle économique qui regroupe les agents économiques, le cercle sociojuridique qui regroupe les agents sociaux et le cercle culturel qui regroupe les agents culturels.

Au plan municipal et régional, nous retrouvons :

- ⊕ Le cercle du conseil de ville et de région ;
- ⊕ Les trois cercles spécialisés de la municipalité et de la région : le cercle économique qui regroupe les agents économiques, le cercle sociojuridique qui regroupe les agents sociaux et le cercle culturel qui regroupe les agents culturels.

En ajoutant aux liens hiérarchiques entre tous les paliers de la gestion de l'État un second lien, nous permettons une libre circulation des informations de haut en bas de la structure. En recréant les liens organiques entre les unités nous permettons que la Vie souffle à nouveau à l'intérieur de nos structures sociales et institue l'autorégulation de nos gouvernements.

Ceux et celles qui sont actuellement impliqués dans la gestion de l'État peuvent s'inspirer du modèle présenté plus haut pour l'améliorer et l'adapter aux réalités de leur région.

L'implication du syndicat

L'implication du syndicat mériterait une plus grande place dans ce chapitre. Nous en discuterons d'une façon plus élaborée dans des ouvrages ultérieurs. Pour l'instant, affirmons tout de suite notre position. Nous ne croyons pas qu'à moyen et à long terme on puisse changer la culture d'une organisation sans que le syndicat soit impliqué dans la démarche. L'institution syndicale est déjà une première forme de participation des travailleurs aux décisions de l'entreprise. Ne l'oublions pas. Il faut cependant constater que la convention collective n'offre pas toute la souplesse voulue pour gérer un environnement de travail turbulent. Il faut donc imaginer des façons nouvelles de procéder.

Idéalement, le syndicat doit être impliqué au début du processus. De plus en plus de centrales syndicales comprennent l'importance de la gestion participative pour augmenter la productivité et protéger l'emploi à long terme. Elles sont donc d'accord, en principe, avec ce mode de gestion. Cependant, elles réclament droit au chapitre dans la mise en place de ces modèles de gestion. Ce qu'elles ne veulent pas, c'est perdre, par ce stratagème, leur pouvoir de représenter les travailleurs et de négocier pour eux des conditions de travail. Le modèle des cercles sociocratiques ne nie en aucune façon le rôle du syndicat à ce chapitre.

Il y a dans l'entreprise deux types de conflits. Ceux qui sont reliés au partage de la richesse et à la sécurité d'emploi, et ceux qui sont reliés à l'organisation efficace du travail. Nous concevons facilement que les conflits qui sont reliés au partage de la richesse et de la sécurité d'emploi soient réglés dans un contrat collectif. C'est plus pratique pour tout le monde.

L'organisation du travail, pour sa part, est mieux gérée par les personnes qui vivent les problèmes sur le terrain. Le cercle est donc un lieu naturel de prise de décisions à cet égard.

Pour impliquer le syndicat dans la démarche d'introduction de la sociocratie, il convient de discuter des impacts du mode de gouvernance sociocratique sur les pratiques syndicales. Il est entendu que les décisions qui relèvent de la convention collective de travail ne peuvent pas être prises dans un cercle, sans une entente préalable avec l'instance syndicale.

Il est plus que souhaitable que les principes qui président au modèle de gestion participative soient discutés avec le syndicat. Si c'est possible, au moment de l'introduction du modèle, nous encourageons les parties à formaliser une entente de collaboration qui ne les entrave pas dans leur rôle respectif.

La collaboration du syndicat dans cette opération s'inscrira dans la recherche d'un nouveau contrat social unissant les travailleurs, le management et les investisseurs. Ce nouveau contrat reconnaîtra, dès le point de départ, l'importance à la fois de satisfaire les besoins légitimes des clients, des employés et des actionnaires. En inscrivant ces principes dans la convention collective, le syndicat lui-même peut devenir un acteur positif pour l'implantation et l'entretien du mode de gouvernance sociocratique.

La structure sociocratique permet aux actionnaires, aux employés et aux clients de l'entreprise de coopérer dans la recherche de la satisfaction mutuelle de leurs besoins respectifs. C'est là sa garantie de prospérité à long terme.

L'implication des clients et des fournisseurs

Les clients et les fournisseurs d'une entreprise font également partie de la communauté d'affaires de cette dernière. Dès lors que cette communauté est reconnue, il convient donc d'imaginer une structure dans laquelle tous les membres puissent discuter de leurs besoins mutuels dans un climat de sécurité et de respect.

Aujourd'hui, la mentalité d'affaires veut que nous mettions les fournisseurs en compétition sous prétexte d'obtenir ainsi de meilleurs services à meilleurs coûts. Cette pratique est fondée sur une croyance qui n'a jamais été démontrée scientifiquement.

Au contraire, pour assurer la richesse d'une communauté, le modèle coopératif est bien supérieur au modèle de la concurrence des partisans d'Adam Smith. Cela a été démontré par John Nash, prix Nobel de mathématiques en 1994.

De toute évidence, le modèle de la concurrence enrichit certains membres d'une communauté, mais il appauvrit nécessairement la communauté dans son ensemble puisqu'il permet que dominent les intérêts du plus fort. C'est ainsi, pour ne donner qu'un exemple, que, dans le mode de la libre concurrence, les dommages causés à l'environnement physique et social ne sont pas comptés comme coût. Tôt ou tard, la collectivité devra pourtant les assumer.

Le modèle sociocratique de gouvernance s'il reconnaît l'importance des intérêts individuels force la prise en compte des intérêts collectifs. En mettant les clients et les fournisseurs dans un cercle sociocratique, on leur donne un cadre pour collaborer au plus grand bien de tous.

Une implantation réussie

Une implantation réussie du modèle sociocratique de gouvernance comprendra donc plusieurs éléments dont voici les plus importants :

1. *Tous les membres de l'organisation appartiennent à un cercle. Ce cercle est un centre décisionnel où les décisions sont prises sur la base du consentement des membres ;*

2. *Chaque cercle poursuit une mission qui lui est déléguée par le cercle qui lui est immédiatement supérieur. Il est représenté sur ce cercle supérieur par son chef hiérarchique et un second lien élu par les membres du cercle ;*

3. *Tous les cercles sont engagés dans une démarche d'amélioration continue et leurs membres se réunissent régulièrement pour prendre les décisions d'orientation susceptibles d'améliorer la performance du cercle ;*

4. *L'organisation accueille ses fournisseurs et ses clients dans un cercle où les besoins de chacun peuvent être discutés ouvertement et les décisions d'affaires prises sur la base du consentement des participants ;*

5. *Tous les cercles sont engagés dans une démarche d'éducation permanente qui vise la pérennité du cercle ;*

6. *Les chefs et aspirants chefs d'une organisation sociocratique bénéficient d'un programme de développement personnel et professionnel pour les aider à assumer leur rôle ;*

7. *La rémunération et la bonification du travail et du capital tiennent compte des principes sociocratiques ;*

8. *Les statuts juridiques sont révisés de façon à séparer le pouvoir de propriété du pouvoir décisionnel ;*

9. *De façon périodique, l'organisation est soumise à une vérification externe pour mesurer la conformité de la gestion aux principes du mode de gouvernance.*

Résumé et commentaires du chef des MoaZoa

L'éveil

Je constate que de tous temps c'est la nécessité plus qu'une sage prévoyance qui a motivé les êtres humains à évoluer. Nos shamans avaient une phrase-choc pour nous rappeler cela : « La souffrance réveille les volontés assoupies ».

La motivation pour adopter la sociocratie passe donc par la reconnaissance des problèmes que vit l'organisation et du danger que représente le statu quo.

Du « petit moi » à l'intelligence collective

Passer de la conscience rabougrie du « petit moi » à la reconnaissance de l'intelligence collective n'est pas facile pour les hommes d'aujourd'hui. C'était déjà pas facile à notre époque. Pourtant, nous vivions plus prêts de la nature que vous aujourd'hui et nous étions conscients d'une intelligence supérieure régissant le Grand Tout. Malgré cela nous n'avons pas toujours été vigilants et nous nous sommes égarés pendant un certain temps.

Quant à vous, vous êtes pris aujourd'hui dans vos pensées. Vous êtes moins disponibles pour une communion véritable entre vous et avec la nature. La représentation symbolique des choses a plus d'importance pour vous que la réalité. Cette attitude est dangereuse. On peut facilement imaginer que pour vous éveiller à la vie véritable, à l'intelligence du Grand Tout, il faudra au niveau collectif un grand choc.

Par ailleurs, le mouvement d'éveil est amorcé et il existe déjà dans vos organisations aujourd'hui une volonté de changement sur laquelle vous pouvez construire. L'évolution de l'incapacité individuelle à « L'intelligence collective » est en marche.

La sociocratie un art de vivre

Je retiens des propos sur la sociocratie comme « art de vivre » la phrase suivante :

> ... la sociocratie ne saurait s'implanter comme on installe une nouvelle procédure administrative. Il faut voir ce projet comme un programme d'éducation permanente à la liberté et à la responsabilité.

La sociocratie et la loi

Notre peuple n'a pas connu la propriété comme fondement du pouvoir. Avec le système de l'actionnariat, vous achetez le droit de décider pour les autres. Nous n'aurions pas pu nous accommoder de ce système puisque chez nous le bien collectif était une notion sacrée. Je comprends qu'en instaurant le mode de gouvernance sociocratique vous voulez redonner à la communauté le pouvoir et la responsabilité de sa propre destinée. Cette façon de faire est dans la droite ligne des enseignements de Bison Blanc, notre plus illustre shaman.

La sociocratie et la rémunération

Je comprends que si nous partageons la responsabilité des décisions de la collectivité, nous partageons aussi les conséquences de ces décisions. Si les conséquences sont un accroissement de la richesse, cette richesse se doit d'être partagée elle aussi. Le système de rémunération que propose la sociocratie respecte ce principe. Notre peuple n'avait pas inventé l'argent. Nous n'étions pas comme vous prisonniers de la richesse virtuelle que confère l'argent. Nous étions toujours confrontés à la richesse réelle : celle que nous pouvions nous procurer par notre travail au service de la collectivité.

L'implication des syndicats

Vos syndicats ne sont qu'une étape dans la marche évolutive pour permettre une saine collaboration des membres d'une organisation. Je comprends que le mode sociocratique de gouvernance n'abolit pas l'institution syndicale mais l'oblige à des transformations salutaires pour le bien de tous.

L'implication des fournisseurs et des clients

Notre peuple était plus conscient que vous de l'importance de respecter tous les êtres vivants et de prendre en compte leurs intérêts dans nos processus de prise de décisions. La nature est un exemple d'intense collaboration. Un système économique qui repose uniquement sur la loi de libre concurrence est source de misère. Prendre sans compensation conduit nécessairement à la destruction de la communauté. Les fournisseurs de vos entreprises font partie de votre communauté d'affaires.

Chapitre 10

Implanter le mode sociocratique de gouvernance

Une stratégie pour chasser la peur de nos organisations

Au plan formel, une organisation vit en sociocratie quand elle a adopté les quatre règles de communication et de prise de décisions décrites dans les chapitres précédents.

Comme l'artiste qui veut se maintenir au faîte de son art cherche constamment à transcender la dimension technique de son travail, l'organisation qui cherche à vivre en sociocratie s'efforce constamment, au-delà de la mécanique décisionnelle en place, d'approfondir l'esprit que ce mode de gouvernance met de l'avant.

La création de lieux de parole où chacun peut poser ses propres limites, dire ses besoins et établir en toute sécurité une communication authentique avec les autres n'élimine pas les tensions normales qui résultent de la recherche constante d'un nouvel équilibre dans un environnement toujours en évolution. Au contraire, les cercles sociocratiques vont devenir les lieux de reconnaissance et d'expression de ces tensions. Ce n'est assurément pas toujours confortable mais oh combien nécessaire pour reconnaître derrière ces tensions la direction subtile de la Vie elle-même.

Évidemment la sociocratie ne saurait s'implanter comme on installe une nouvelle procédure administrative. Il faut voir ce projet comme un programme d'éducation permanente à la liberté et à la responsabilité.

Si la sociocratie ne se veut surtout pas une nouvelle religion, elle propose toutefois un mode de fonctionnement qui crée les conditions bienveillantes pour un éveil des consciences. C'est pour cette raison qu'il convient d'aborder l'implantation du mode sociocratique de gouvernance comme un art de vivre faisant l'objet d'un processus d'éducation permanente.

Cette perspective redonne au rôle de chef son sens véritable : celui de pédagogue de la liberté et de la responsabilité. Quand le véritable chef est aux commandes, régner, même avec la plus grande rigueur, ne signifie rien d'autre qu'*aider* et obéir devient synonyme de *comprendre*.

Vivre en sociocratie, c'est faire confiance à l'intelligence collective pour trouver des solutions à nos difficultés du moment, ce qui suppose de renoncer à imposer son point de vue ou de chercher à avoir raison à tout prix. Ce renoncement exige de la maturité : une grande capacité d'accueil et d'ouverture non seulement aux autres individus, mais également à tous les facteurs environnementaux et aux considérations éthiques qui entrent en jeu quand on cherche à prendre la meilleure décision.

Ce n'est d'ailleurs que dans un contexte de *liberté, d'équivalence et de fraternité* que peut s'établir au niveau collectif un ensemble de valeurs vivantes capables de guider l'action efficacement tout en protégeant l'harmonie et la paix.

La sociocratie propose donc un idéal et sur le chemin de cet idéal, il y aura toujours place à l'amélioration. Aucune personne ou organisation ne peut prétendre avoir atteint la perfection en ce domaine.

Un processus à quatre temps

Pour progresser vers l'idéal sociocratique, la mise en place d'un processus clair d'implantation et d'entretien de ce mode de gouvernance est très utile.

Pour simplifier la vie organisationnelle et ne pas ajouter de charge de travail additionnelle aux unités de travail, ce processus doit s'intégrer naturellement au cycle de gestion annuel.

L'expérience nous a permis de formaliser quatre temps forts dans le processus d'implantation et d'entretien du mode sociocratique de gouvernance.

PROCESSUS D'IMPLANTATION ET D'ENTRETIEN DU MODE SOCIOCRATIQUE DE GOUVERNANCE

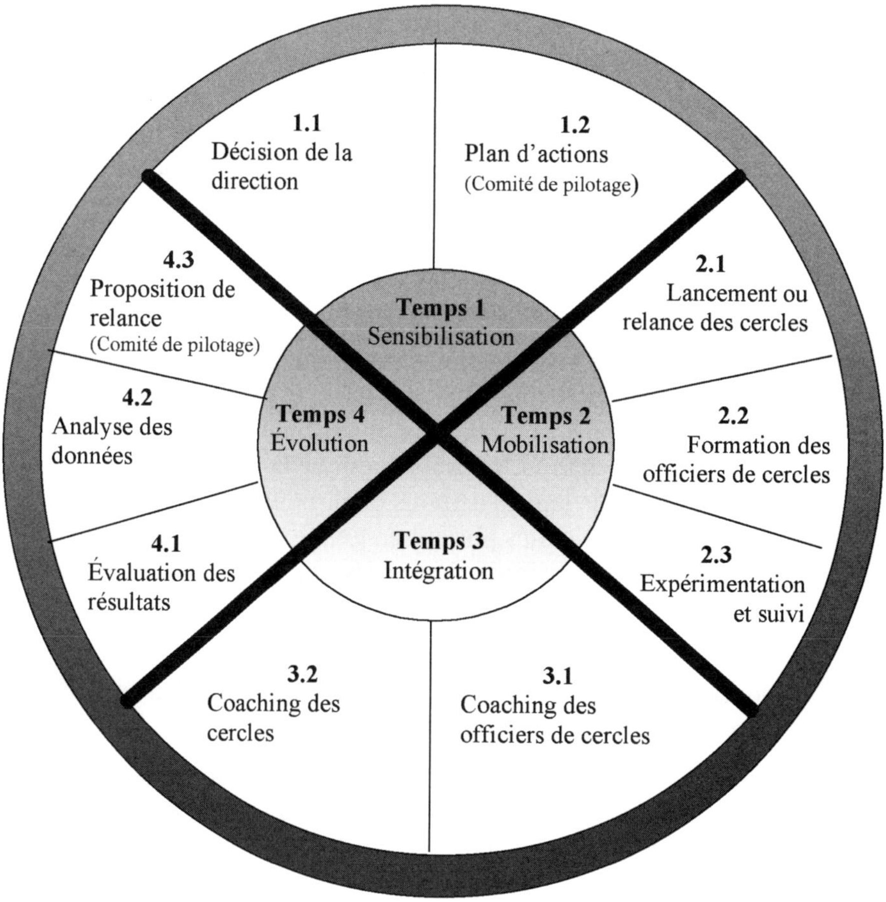

© Sociogest / révisé 2007

Le temps 1 : la sensibilisation

Le temps de la *sensibilisation* consiste à aider le client à reconnaître dans sa façon actuelle de fonctionner les causes de ses difficultés et à soutenir sa motivation pour changer les choses. C'est un moment crucial où le client creusera les causes de sa situation, précisera ce qu'il veut à long terme et se sensibilisera aux outils de la sociocratie comme moyens pour résoudre ses problèmes. Ce moment se termine par la prise de décision d'aller de l'avant et d'élaborer un plan d'actions pour la mise en place des cercles sociocratiques dans l'organisation.

1,1 Prise de conscience et analyse de la situation

Pour chaque entreprise, l'élément déclencheur de l'introduction de la sociocratie se présente différemment. Cependant, peu d'organisations s'engagent dans un changement pareil avec une motivation chancelante. Un petit nombre sont motivés par le besoin de faire mieux. Plusieurs sont à la recherche de moyens d'éviter le pire. Soudain, pour ces derniers, l'environnement a changé, les conditions du marché se sont modifiées, les pressions sociales et politiques se sont intensifiées. L'entreprise se retrouve tout à coup en danger. C'est le moment des prises de conscience, parfois douloureuses, de l'insuffisance des solutions actuelles.

Les exercices de planification stratégique produisent généralement ce genre de prises de conscience d'où jaillissent des intuitions fort justes quant aux changements à faire. Il faut donc exploiter à fond les problèmes que la vie organisationnelle ne manque jamais de nous offrir pour motiver le changement. Ces difficultés portent en germe une force nouvelle, un pouvoir de transformation nécessaire à l'évolution.

Le penchant pathologique de nos organisations pour les solutions miracles, les raccommodages rapides, les résultats à court terme, restera toujours l'obstacle majeur à leur survie et à leur développement.

Quand l'entreprise s'éveille à la nécessité pour assurer sa pérennité de mieux utiliser le capital humain, c'est le moment pour sensibiliser la direction aux possibilités qu'offre la sociocratie.

Cette sensibilisation peut se faire directement par des présentations formelles ou par un séminaire de formation sur le sujet.

Elle peut aussi se faire indirectement à travers une expérience concrète, reliée à la vie même de l'équipe de direction. Il nous arrive d'accompagner l'équipe de direction lors de moments clés où des décisions importantes s'imposent. Ces rencontres qui sont également des exercices de cohésion d'équipe permettent aux membres du comité de direction d'expérimenter concrètement la puissance du mode sociocratique de gouvernance.

1,2 Plan d'actions

La décision d'aller de l'avant avec l'introduction de la sociocratie se prend par la direction. Nous recommandons que cette décision soit motivée par le diagnostic de la situation de l'entreprise, élaborée à l'étape 1,1 et inscrite dans le plan stratégique de l'entreprise comme un moyen de concrétiser la vision du futur de l'organisation.

À cette étape, nous conseillons qu'une proposition invitant chaque unité de travail à se constituer en cercle sociocratique soit élaborée par la direction. Par la suite, cette proposition est discutée dans chaque unité de travail visée par la stratégie d'introduction. On ne saurait implanter la sociocratie de façon autocratique. Voulons-nous introduire systématiquement le mode de gouvernance sociocratique dans toutes les unités de travail de l'entreprise ? Voulons-nous d'abord expérimenter dans certaines unités ? Voulons-nous commencer par le comité de direction ? C'est ce que la stratégie d'introduction va préciser.

Les critères pour donner priorité à une équipe de travail plutôt qu'à une autre dans la séquence d'introduction du modèle sont les suivants : a) l'effet d'entraînement, b) la qualité de chef du responsable de l'unité, c) l'importance de la concertation pour ce secteur d'activité, d) l'historique de fonctionnement de l'unité en question.

Le comité de pilotage de la démarche ou groupe-conseil au chef

L'expérience nous a appris qu'il était utile pour introduire la sociocratie dans une organisation de constituer un groupe-conseil au chef. Comme la décision d'implanter la sociocratie est d'importance, nous prétendons que cette tâche ne doit pas être déléguée et que le chef de l'organisation soit mandaté par le conseil d'administration pour l'assumer lui-même. Par contre, le chef va choisir dans l'entreprise des personnes susceptibles de le conseiller. Ces personnes vont constituer le groupe de pilotage de la démarche.

Feront partie de ce comité : le conseiller externe, qui agira comme expert externe, le responsable interne du développement de l'organisation et autant de représentants des différents niveaux hiérarchiques qu'il est nécessaire. Ce groupe peut varier dans le temps selon les besoins et l'évolution de la démarche.

Nous recommandons que les personnes choisies soient volontaires pour expérimenter le modèle dans leur propre unité de travail. Leur exemple doit inspirer les autres dans la démarche.

Le rôle du groupe-conseil au chef est d'informer le chef du progrès et des obstacles rencontrés dans l'implantation du modèle. Ce groupe est consultatif au cercle général (la direction générale) et pourra lui faire les propositions qu'il juge les plus utiles pour faire avancer l'introduction du modèle de gestion.

Le groupe-conseil au chef est aussi un lieu d'apprentissage. On y approfondira les concepts reliés à la sociocratie. On y analysera les expériences en cours dans les différentes unités de travail. On y discutera des meilleurs moyens pour faciliter l'implantation et le maintient du mode de gouvernance sociocratique dans l'entreprise. Mais, par-dessus tout, ce groupe doit devenir le moteur du développement de l'organisation, le ferment dans la pâte. Chaque membre du groupe se fera donc le champion du modèle dans son milieu.

Les facilitateurs internes

En parallèle avec la mise en place du comité de pilotage, il est important de former à l'interne des membres de l'organisation qui serviront de formateurs et de conseillers auprès des unités de travail. Ces facilitateurs internes, formés au mode sociocratique de gouvernance, travailleront sous la supervision du conseiller externe pendant la période d'implantation. Cette supervision est un élément important du processus de certification des formateurs et conseillers internes.

Le temps 2 : la mobilisation

Le temps de la *mobilisation*, c'est le moment de démarrage des cercles sociocratiques, de la mise en place du programme de formation des officiers de cercles et du soutien technique approprié à l'expérimentation dans chaque unité de travail. C'est un moment d'espoir et de doute, de curiosité et de peur. Mais c'est surtout un moment d'engagement, de confiance et de découverte de ses propres possibilités.

2,1 La constitution des cercles sociocratiques

Une fois la décision prise au niveau de la direction d'aller de l'avant avec le projet, nous abordons l'étape de la constitution des cercles sociocratiques. La mise en place des cercles sociocratiques nécessite, dans certains cas, une révision de la structure d'opération. En effet, pour être viable, un cercle de concertation doit regrouper des personnes qui ont une mission commune. Il est donc important de s'assurer de cela au point de départ. Ce travail est généralement fait à l'étape précédente avec le comité de pilotage.

Pour constituer un cercle de concertation dans une unité de travail, on procèdera donc en quatre étapes, à l'intérieur de deux rencontres d'une durée variant de 90 minutes à 180 minutes. Les étapes I et II seront franchies à la première rencontre. Les étapes III et IV à la seconde.

Étape I : Informer l'unité de travail de la proposition de la direction

Il s'agit de prendre connaissance de la proposition de la direction et de comprendre les arguments qui la motivent. Cette étape est importante, car elle vise à mettre en lumière ce que les personnes vivent de significatif au sein de l'unité de travail et de faire le lien entre ce vécu et la proposition de la direction. On encourage donc ici l'unité de travail à documenter, à l'aide d'exemples personnels, le diagnostic qui appuie la proposition de la direction. De cette façon, chaque unité s'approprie le diagnostic.

Étape II : Informer l'unité de travail des règles de base de la sociocratie

Pour mieux comprendre la portée de la proposition de la direction, il convient de présenter les fondements de la sociocratie et surtout les règles de fonctionnement de ce mode de gestion participative.

Étape III : Établir les conditions d'expérimentation

Après avoir été informé de la proposition de la direction et en avoir compris la portée, on décide sur la base du consentement des membres (zéro objection) des conditions à se donner pour se constituer en cercle de concertation. Ceci, évidemment, après discussion des arguments favorables et des objections. La question à débattre à cette étape est la suivante : à quelles conditions allons-nous nous engager à expérimenter, dans notre unité de travail, le cercle sociocratique ? Cette question met en lumière les limites, les craintes, les objections cachées et permet une discussion plus ouverte entre les membres du groupe.

Étape IV : Procéder aux élections des officiers du cercle

Une fois la décision prise, on procède aux élections des officiers du cercle. Cette expérience est déterminante pour tous les membres du cercle. En effet, la procédure d'élection veut que chaque membre signe son bulletin de vote et dévoile, lors du dépouillement du scrutin, les raisons de ses choix. Comme cette procédure force les membres du cercle à faire l'éloge de leur candidat plutôt que de dénigrer les autres candidats, elle crée une atmosphère tout à fait positive. Pour certains employés, c'est la première fois qu'ils reçoivent un feedback positif de la part de collègues de travail. C'est une expérience touchante pour tout le monde et qui donne de la crédibilité à l'approche, parce qu'elle démontre que l'on peut communiquer en groupe sur des sujets difficiles dans un climat de respect mutuel.

Ces rencontres seront, bien sûr, préparées et dirigées par le chef hiérarchique de l'unité de travail qui doit se faire le porte-parole de la direction dans cette opération.

2,2 La formation des officiers de cercles

Le fonctionnement en cercle de concertation questionne des habitudes de travail et nécessite l'acquisition de nouvelles habiletés, surtout au niveau des relations interpersonnelles, du leadership et de l'animation des réunions de prise de décisions.

Un premier bloc de formation consiste à se familiariser avec les outils de base du cercle de concertation et à permettre aux officiers de cercle, soit le chef hiérarchique, le président, le secrétaire et le double lien, de comprendre leur rôle.

L'expérience nous a montré qu'il était plus efficace de former le président avec le secrétaire et le chef hiérarchique avec le double lien. Pourquoi ? Parce que la préoccupation de ces deux couples est bien différente. Le premier s'intéresse aux communications horizontales dans le cercle. Le deuxième est préoccupé par les communications verticales et l'exercice de l'influence de l'unité de travail au sein de l'organisation. Les uns sont préoccupés par la communication interne, les autres par la communication externe. Pour développer la complicité nécessaire à un exercice efficace de ces rôles, les deux membres de chacun de ces couples ont besoin de travailler plus étroitement ensemble. Des formations séparées, quand c'est possible, favorisent cela.

Dans certains cas, la formation peut être dispensée directement dans le cercle. Cette formule permet de moduler la formation théorique avec la pratique.

Dans l'introduction d'un nouveau mode de gouvernance comme la sociocratie, il est souhaitable que les cadres supérieurs de l'organisation aient une longueur d'avance sur le reste du personnel dans la compréhension du modèle et de ses impacts. La formation à l'externe est toute désignée pour cela. Sortir de son organisation, rencontrer d'autres cadres, partager ses expériences créent une ouverture et une disponibilité propices à une compréhension en profondeur des fondements du modèle.

2,3 L'assistance à la mise en route des cercles

Une fois les cercles en place, l'apprentissage commence. À cette étape, les officiers de cercles doivent établir leur autorité en démontrant leur compétence. C'est aussi l'occasion pour eux de négocier avec leur cercle les limites de leur rôle et de faire les ententes qui vont faciliter leur travail dans le cercle. Pour réaliser ce projet, nous les assisterons dans tout le processus de préparation, d'animation et d'évaluation des premières rencontres de cercles. On en profitera pour parfaire leur formation et les superviser dans l'action. Cette étape se termine avec l'adoption, dans le cercle, de la constitution du cercle. Ce document officiel identifie les règles générales de fonctionnement des cercles qui ne peuvent être amendées que par le cercle supérieur de l'organisation et certaines autres règles spécifiques à chaque cercle. On y retrouvera par exemple : le calendrier des réunions, le quorum, les dates d'entrée des propositions, les délais de réception de l'ordre du jour et du procès-verbal des réunions, les règles d'évaluation, de congédiement, d'embauche et d'affectation dans les postes, le mode de rémunération et de partage des profits, etc.

La constitution du cercle fait partie du cahier de bord du cercle qui est l'outil d'information de gestion du cercle. Il peut être informatisé pour un accès plus facile de tous les membres de l'organisation. Ce cahier de bord comprendra : le plan stratégique de l'entreprise, la constitution générale des cercles, la mission du cercle en question, sa délégation de pouvoir, l'ingénierie des tâches et fonctions, et une section pour gérer les ordres du jour et tenir un registre des mandats en cours et des décisions du cercle.

Le temps 3 : l'intégration

L'*intégration* c'est la phase d'élaboration et d'implantation par le cercle des politiques qui étaient traditionnellement réservées exclusivement au chef hiérarchique. On doit abandonner ses vieux réflexes, pour en créer de nouveaux. L'assistance de conseillers (coachs) d'expérience durant cette période vise à consolider le fonctionnement des cercles et à les équiper pour faire face aux difficultés, qui ne manquent jamais de survenir à cette étape. C'est le moment le plus important de l'apprentissage. On intègre les valeurs derrière la théorie. On teste les limites du système. On ose exhumer de vieux conflits jusqu'alors étouffés. On résout des problèmes que l'on aurait jamais pensé résoudre auparavant. Et même si parfois la tension monte, la communication s'améliore parce qu'on peut maintenant en discuter ouvertement. Cette étape se termine quand le cercle s'engage tout naturellement dans un processus d'amélioration continue.

Les systèmes de recrutement, de promotion et d'évaluation de la performance sont revus à cette étape et l'autorité du cercle dans ces processus est clairement établie. Le rôle des organismes de contrôle, ressources humaines, finances, contrôle de la qualité et autres est lui aussi revu pour décentraliser le plus possible les décisions au niveau où se passe l'action : le cercle.

3,1 L'assistance-conseil aux officiers de cercles

Durant la période d'intégration, nous suggérons d'offrir aux officiers de cercles les services d'un conseiller interne ou externe. Cette aide est fort utile pour permettre aux officiers de développer leurs habiletés et leur confiance en eux. Elle fait même partie du processus de certification de ces officiers.

3,2 L'assistance-conseil au chef et aux cercles sociocratiques

Le chef de l'unité de travail va, quant à lui, s'investir dans le développement de son cercle. Il lui faut développer de nouveaux réflexes et s'habituer à soumettre au cercle les modifications qu'il souhaite apporter au fonctionnement de son unité de travail. De plus, son soutien aux officiers de cercle, sa disponibilité pour aider certains membres à formuler des propositions au cercle de concertation vont maintenant être requis. Pour plusieurs chefs, passer du rôle traditionnel de donneur d'ordres à celui de leader médiateur exige un dépassement important. Ce passage sera facilité par le soutien d'un conseiller compétent. Pour mieux saisir le rôle du leader dans un cercle de concertation, lisez la description qui en est faite en annexe à ce chapitre.

Le cercle vivra des émotions contradictoires en phase d'intégration. Le chef doit le savoir et soutenir son cercle dans sa démarche vers la maturité. Au tout début, c'est l'euphorie de la prise du pouvoir. Les employés croient qu'ils vont pouvoir forcer les autorités à leur donner tout ce qu'ils désirent. Puis, vient la déprime. On découvre que ce n'est pas tout à fait ça. D'abord, c'est difficile de se comprendre, de s'écouter et de se respecter. Ensuite, revendiquer n'est plus suffisant, il faut documenter nos propositions, il faut avoir des arguments valables. On découvre, tout à coup, que le prix de la liberté est celui de la responsabilité. Mais, si le cercle persévère, il va découvrir avec les premières décisions importantes, le plaisir de la prise en charge. Un nouveau sentiment d'appartenance va se développer. Ainsi, fiers de leurs résultats, les membres du cercle auront commencé à comprendre qu'au-delà de la recette, il y a l'apprentissage de la collaboration. Cela exige toujours le courage de ses opinions, la confiance dans les autres et une compréhension poussée des problèmes à résoudre. Avec l'implication des membres du cercle, ces valeurs s'enracineront graduellement dans la vie du groupe.

Il est également utile de savoir que la nature des sujets de discussion du cercle évoluera avec le temps. Il ne faut pas se surprendre si les premiers sujets à l'ordre du jour du cercle concernent les irritants de la vie du groupe. Les vieilles insatisfactions non traitées font surface. Le ton, au tout début, est souvent revanchard et accusateur. Pour la direction, ce passage est difficile. Elle croyait que les cercles sociocratiques allaient permettre aux employés de se responsabiliser et les voilà qu'ils utilisent ce moyen pour revendiquer de façon traditionnelle.

C'est une étape tout à fait normale dans un processus de prise en charge. Lorsqu'on retrouve le droit de parole après en avoir été privé depuis longtemps, c'est rarement pour dire des gentillesses. Il est important de ne pas réprimer la rancœur qui s'exprime. C'est l'indice d'une énergie nouvelle, qu'il convient plutôt de canaliser en faisant travailler le groupe à des propositions concrètes de solution à ses problèmes.

Je me souviens de ce cercle qui avait décidé en début de parcours de s'attaquer aux horaires de travail. Quand on sait la complexité que peut prendre un horaire flexible de travail pour un groupe qui doit travailler sur les quarts, on comprendra pourquoi ce fut une école éprouvante pour ce cercle. Toutefois, si on avait voulu orienter le cercle sur un autre sujet plus facile on aurait ébranlé la confiance des membres dans la méthode. C'était pour eux le sujet test et ils y tenaient. Finalement, au bout de quatre mois, le groupe aboutissait à un consentement sur un nouvel horaire. Quand on sait que ce groupe était braqué depuis des années contre la gestion, l'expérience fut des plus salutaires. Bien sûr, ils apprirent, non sans peine, les dures réalités de la gestion, mais le plus beau, c'est que dans le processus, se construisit un nouveau pont entre le management et les employés.

Après quelques mois, des sujets reliés à la qualité de vie au travail, le cercle passe habituellement à des sujets reliés à la performance de l'unité de travail. De ses besoins personnels, il passe aux besoins de ses clients. Alors, tout naturellement, il commence à questionner son organisation du travail pour donner un meilleur service. Il découvre naturellement que ses intérêts passent par la satisfaction du client à court et à long terme. Le cercle est alors lancé dans la bonne direction.

Beaucoup de démarches d'amélioration de la performance

échouent parce que la direction ne fait pas confiance au bon sens des employés pour se mobiliser d'eux-mêmes autour des problèmes significatifs de l'entreprise. Elle met alors en place un cadre bureaucratique, qui brime la liberté des groupes et tue tout élan spontané d'amélioration.

Le cercle est une structure organique simple, facile à comprendre et à utiliser. Il prend forme à l'usage. Au moment opportun, on peut l'aider en lui fournissant des outils, mais il est toujours préférable, dans ce domaine, de l'accompagner dans son développement que de le précéder. On n'accélère pas la pousse des fleurs en tirant sur les tiges.

Le temps 4 : l'évolution

Cette étape s'appelle l'évolution pour indiquer qu'il y a toujours de la place pour améliorer notre façon de vivre et de travailler ensemble. Cette étape comprend : l'audit annuel, l'analyse des données et la proposition pour la relance de la démarche. C'est une étape qui s'intègre naturellement au processus de révision du plan stratégique et de l'élaboration des objectifs annuels.

4,1 L'audit social

Nos organisations sont soumises à la vérification comptable annuelle. Il existe des organismes qui accréditent les entreprises qui ont atteint certains standards de qualité. Il n'existe pas dans nos organisations d'évaluation systématique de la qualité de la gouvernance. Pourtant, nous savons maintenant que c'est la condition première à la mise en place de toutes les autres méthodes d'amélioration de la rentabilité et de la qualité. La santé d'une organisation est le résultat d'un équilibre entre la santé économique, la santé commerciale et la santé sociale de celle-ci.

Nous croyons, pour notre part, qu'un audit social s'impose au même titre que la vérification financière annuelle. Nous proposons donc d'instituer une démarche d'évaluation annuelle du mode de gouvernance sociocratique pour être en mesure de soutenir de façon efficace l'évolution de l'entreprise dans sa globalité.

4,2 L'analyse des données

L'analyse des données recueillies par l'audit annuel va permettre d'élaborer une proposition pour la maintenance du mode de gouvernance sociocratique. Cette analyse devra s'inscrire dans le cycle normal de gestion au même titre que les états financiers et autres diagnostics utiles à la révision du plan stratégique et à l'élaboration du plan annuel de l'entreprise.

4,3 La proposition de relance

Les résultats de l'exercice d'audit vont permettre au comité de pilotage de la démarche de cibler les interventions à faire pour soutenir l'implantation et le maintien du mode de gouvernance sociocratique.

Résumé et commentaires du chef des MoaZoa

« Ici, c'est comme ailleurs ! » Notre grand shaman Bison Blanc nous rappelait par cet adage l'importance de vivre le moment présent.

Je comprends que pour sensibiliser un groupe à l'importance d'un mode de gouvernance qui favorise l'expression même de la Vie, il est nécessaire de les aider à reconnaître ce qu'ils vivent.

La sociocratie n'est pas une recette miracle. Bison Blanc nous disait qu'un groupe qui est désireux d'adopter rapidement une nouvelle façon de vivre veut, en fait, s'extirper de sa souffrance du moment sans en comprendre le sens.

Quand on fuit sa vie, on ne va nulle part !

Je comprends que le processus d'implantation de la sociocratie est un processus d'éducation permanente et que les premiers pédagogues de cet art de vivre sont les chefs eux-mêmes.

Le processus d'implantation et d'entretien du mode sociocratique de gouvernance ne peut donc être autre chose que le processus qui préside au développement même de la vie et que nous pouvons observer dans le mouvement des quatre saisons.

Le temps de sensibilisation correspond à l'hiver. C'était chez notre peuple le temps de la réflexion et de la planification de la nouvelle année.

Ensuite, vient le printemps. La semence est mise en terre. On lance l'expérience.

Le temps d'intégration correspond à l'été. Il s'agit d'entretenir le jardin et d'enlever les mauvaises herbes pour que les nouvelles poussent bénéficient des meilleures conditions.

Puis, vient l'automne. C'est le temps de la récolte, de l'évaluation, du bilan avant le retour de l'hiver, moment propice pour imaginer comment améliorer les choses.

Chapitre 11
Le coffre d'outils du cercle sociocratique

L'élection sociocratique sans candidat

L'élection sociocratique, contrairement à l'élection démocratique, n'exige pas l'établissement préalable d'une liste de candidatures. Nous l'appelons pour cette raison l'élection sans candidats. Elle est utilisée non seulement pour élire un membre du cercle à un poste ou pour confier un mandat particulier à quelqu'un, elle sert aussi lorsque le groupe a besoin de faire un choix parmi une liste d'options possibles.

Le déroulement de la procédure

1. Clarification

   S'il s'agit d'élire une personne à un poste ou de confier un mandat à quelqu'un, il est indiqué au préalable de clarifier cette fonction ou ce mandat et d'énumérer les qualités requises pour le remplir.

La fonction ou le mandat	Les qualités requises

S'il s'agissait de faire un choix parmi plusieurs options possibles, les membres du groupe auront eu l'occasion de clarifier au préalable leur compréhension de chaque option.

2. Remplir un bulletin de vote

   L'animateur donne à chacun un bulletin de vote et invite les participants à le remplir en inscrivant leur choix ainsi que leur nom. L'élection sociocratique est une élection ouverte où le choix de chacun sera connu de tous.

Bulletin de vote
Mon choix : ______________________
Mon nom : ______________________

3. Remettre le bulletin de vote à l'animateur

   L'animateur d'élection circule pour ramasser les bulletins de vote et demande au groupe de garder silence tant et aussi longtemps que tous les membres n'ont pas fini de voter.

4. Dévoiler le choix de chacun

   L'animateur dévoile le choix de chacun en prononçant le nom du votant et en révélant son choix. Il pose le bulletin de vote sur la table, à la vue de tous, en prenant soin de l'ajouter à la liste des autres votes pour ce même choix.

5. Entendre les arguments en faveur du choix de chacun sans discussion

   À chaque fois que l'animateur dévoile le choix d'un participant, il lui demande de donner ses arguments sans que les autres membres du groupe puissent discuter ces arguments. Il invite chacun à écouter et à peser intérieurement les arguments avancés en faveur de l'un ou l'autre des choix.

6. Changer ou non son choix à la lumière des arguments entendus

   Une fois tous les votes dépouillés, l'animateur explique aux participants qu'ils peuvent maintenant changer leur vote sur la base des arguments entendus. Il fait un tour de table systématique pour offrir à chacun cette possibilité en demandant un oui ou un non explicite. Si un membre change son vote, il l'invite à dire ce qui le motive à le faire.

7. Avoir la possibilité d'apporter des arguments additionnels en faveur du candidat de son choix

   Après avoir fait un décompte des votes en faveur de chaque choix, l'animateur offre aux participants l'occasion d'apporter d'autres arguments en faveur de leur choix. Il fait un tour de table systématique pour offrir à chacun cette possibilité. Il demande une réponse explicite de chacun : oui ou non. Si le participant répond oui, il lui laisse la parole et invite les autres à écouter ses arguments sans les discuter.

8. Obtenir une proposition d'un des membres du groupe en faveur d'un candidat

   Quand les membres du groupe ont épuisé leurs arguments en faveur de leur choix, l'animateur fait un nouveau décompte des voix et demande au groupe si un des membres peut faire au groupe une proposition de choix. Il n'autorise qu'une proposition à la fois. Il garde silence en s'interdisant de faire une proposition au nom du groupe.

9. Obtenir le consentement pour la proposition

   Une fois qu'un membre du groupe a fait une proposition, l'animateur fait un tour de table systématique en demandant à chacun s'il consent ou s'objecte à la proposition.

   Il offrira à la personne mise en candidature de donner son consentement ou non uniquement après que tous les autres membres se seront exprimés. L'exercice est utile même si le candidat refuse le poste offert.

   Si une personne s'objecte, l'animateur compte l'objection sans pour l'instant donner l'occasion à l'objecteur d'exprimer son point de vue. Il complète le tour de table pour que le groupe puisse évaluer combien d'objections la proposition a fait lever.

   Une fois le nombre d'objections identifiées, l'animateur peut demander à chacun d'expliciter les raisons de son objection sans que le groupe puisse en discuter sur le champ.

Devant le nombre d'objections, l'animateur offrira au groupe d'entendre ces objections et d'en discuter ou tout simplement de lui faire une nouvelle proposition susceptible de rencontrer moins d'objections et il procèdera de la même façon avec cette nouvelle proposition.

Questions et réponses

1. *Le cercle a-t-il la liberté d'amender le déroulement du vote ?*

   Oui, s'il respecte la règle du consentement de tous les membres du cercle. Il faut ajouter que cette procédure a été testée et qu'elle a donné jusqu'ici des résultats très satisfaisants. Nous suggérons d'en faire l'expérience pendant un certain temps avant qu'un membre du groupe puisse proposer des amendements.

2. *Les animateurs d'une élection sociocratique ont-ils besoin d'une formation spécial ? Les membres du cercle doivent-ils avoir eux aussi une formation ou tout au moins de l'information sur la méthode ?*

   Il est utile que l'animateur ait eu l'occasion de vivre une élection sociocratique avant d'en animer une. Il est aussi recommandé d'expliquer aux membres du cercle le déroulement du vote avant de procéder. Chacun peut alors poser les questions d'éclaircissement nécessaires à sa compréhension.

3. *Qu'arrive-t-il si le candidat choisi refuse ? Doit-on revoter ?*

   Pas nécessairement. L'animateur peut demander au groupe de lui faire une nouvelle proposition. Il aura préalablement demandé au groupe s'il accepte les objections du candidat à son élection. Si le groupe s'objecte à ce refus, l'animateur autorisera l'objecteur à dire pourquoi. Si les arguments avancés ne lèvent pas le refus du candidat, l'animateur demandera au groupe de ne pas insister outre mesure. Il suggèrera alors qu'on fasse une autre proposition.

Pour faciliter la formulation d'une nouvelle proposition, l'animateur peut demander à ceux qui ont voté en faveur du candidat qui a refusé de changer leur vote en faveur d'un autre candidat.

4. *Après le point 7, quand les membres du groupe ont apporté d'autres arguments pour soutenir leur choix, ne devrait-on pas revenir au point 6 et permettre aux membres de changer leur vote sur la base de ces arguments ?*

   C'est tout à fait possible et parfois très utile. Ce n'est pas obligatoire parce que ce qui compte ce n'est pas le nombre de votes en faveur d'un candidat, mais les arguments qui motivent un choix.

5. *Au point 8 est-ce que l'animateur peut faire la proposition ?*

   Ce n'est pas interdit. Cependant, nous suggérons à l'animateur d'éviter de faire lui-même des propositions. Sa posture d'autorité lui impose un devoir de réserve. Il est plus productif de laisser au groupe la responsabilité de s'autoréguler. Quand il y a des tensions non exprimées dans un groupe, l'animateur qui fait une proposition peut facilement servir d'exutoire à cette tension. Les membres du cercle vont spontanément s'opposer à l'animateur pour cacher leurs profondes divisions internes. S'unir contre un ennemi extérieur pour se conforter dans une fausse solidarité est une stratégie des groupes immatures. S'unir parce qu'on reconnaît consciemment chez l'autre des valeurs dignes de respect, cela demande une ouverture du cœur. C'est une voie plus authentique, plus efficace, mais elle oblige le dépassement de l'ego.

   Il est plus prudent de demander au groupe de faire des propositions. Cela oblige les membres du groupe à se parler entre eux. C'est bien le but de la méthode sociocratique.

6. *Après qu'une personne du groupe ait fait une proposition en faveur d'un candidat, ne devrions-nous pas demander à cette personne son consentement avant toutes les autres ? Cela nous ferait gagner du temps dans le cas où elle refuserait.*

   L'élection sociocratique a pour fonction non seulement de

faire des choix, mais de reconnaître les talents présents dans le cercle. Cet objectif est des plus importants. Une équipe est en santé quand l'idéal qu'elle poursuit vit dans ses membres et que les talents de chacun sont reconnus et utilisés pour atteindre cet idéal.

Si vous demandez à la personne mise en candidature son consentement avant les autres, vous la privez du feedback précieux de ses pairs et ne lui donnez pas la chance d'entendre les arguments des autres en sa faveur. Dans les arguments de chacun en faveur de son candidat, il y a une demande que ce dernier doit entendre pour soutenir son élan à servir le groupe.

7. *Le dépouillement du vote va nécessairement révéler celui ou celle qui, dans le cercle, obtient le plus de voies. N'est-ce pas là une autre façon de se fier au poids du nombre plutôt qu'à celui des arguments ?*

   Le décompte des voies va indiquer une tendance. À la limite, les membres d'un cercle pourraient recourir au vote démocratique dans la mesure où cette façon de procéder ne rencontre pas d'objections. La tendance qui se dégage du décompte des voies est indicative. Elle n'oblige pas le groupe à retenir ce choix, mais elle indique une tendance qu'il est sage de soumettre au consentement du groupe. Au final, c'est le consentement de tous qui fait loi dans un cercle sociocratique.

8. *Si, au moment de l'acceptation, le candidat retenu pose des conditions qui me semblent inacceptables, est-ce que je peux lui retirer mon consentement ?*

   Certainement. Vous êtes tout à fait légitime de lui demander des explications sur ces conditions. Vous devez vous assurer que vous donnez votre consentement en connaissance de cause. C'est l'engagement que chaque membre du cercle a pris lorsqu'il a accepté le mode de gouvernance sociocratique.

9. *La méthode sociocratique repose sur l'importance du NOUS. Quand il y a de fortes tensions dans un groupe, le déroulement des élections est plus difficile. Certains essaient de manipuler le vote ou encore attaquent la méthode. Que faire ?*

La procédure d'élection sociocratique révèle nécessairement les tensions qui existent dans un cercle. Elle ne les résout pas pour autant. La personne responsable de gérer les tensions, voire de résoudre les conflits ou différends présents dans un cercle, n'est pas l'animateur du cercle mais le chef hiérarchique.

L'animateur peut faire prendre conscience au groupe de la tension qu'il vit et lui demander ce qu'il entend faire pour la réduire. Si le groupe reconnaît ses difficultés, l'animateur devrait suggérer au cercle de mandater quelqu'un pour étudier le problème et faire des recommandations au cercle.

L'animateur ne doit pas prendre sur ses épaules les difficultés du cercle. Il doit l'aider à prendre ses responsabilités par rapport à celles-ci et demander ouvertement l'aide dont il a besoin pour continuer à évoluer.

10. *L'animateur vote-t-il ?*

Oui. Il fait partie du cercle et à ce titre, il doit donner, comme les autres membres du cercle, son consentement pour qu'une décision soit acceptée.

11. *Que doit faire l'animateur s'il s'aperçoit qu'un membre cherche à manipuler le groupe en se précipitant pour faire une proposition qui n'obtient pas le nombre le plus élevé de votes ?*

C'est une tactique répandue dans les jeunes cercles. C'est une stratégie utilisée pour tester le système. Cette tactique va susciter de la frustration et le groupe sera amené à établir à ce sujet des règles plus explicites. L'animateur peut demander au groupe ce qu'il entend faire quand cela se produit. Le cercle peut décider sans objection de systématiquement valider en premier la proposition qui obtient le plus de voies. Cette règle élimine le problème.

Le mode de gouvernance sociocratique n'interdit pas aux membres d'un cercle d'essayer d'influencer les choses dans le sens de leurs intérêts personnels, elle balise la liberté des uns en permettant aux autres de faire valoir la leur. Petit à petit, elle oblige les membres à adopter des comportements plus civiques.

Définir un problème, l'analyser et proposer une solution

Qu'est-ce qu'un problème ? Un problème c'est tout simplement l'écart qui existe entre la situation que nous vivons actuellement et la situation que nous souhaitons vivre. La tension que génère la perception de cet écart s'appelle aussi « le problème ». Définir un problème c'est d'abord préciser la situation actuelle et la situation recherchée puis documenter l'écart perçu entre ces deux situations (la tension) en distinguant les faits de nos interprétations, les émotions de nos jugements pour finalement mieux cerner les besoins insatisfaits que cette tension révèle et qu'en définitive nous appelons « le problème ».

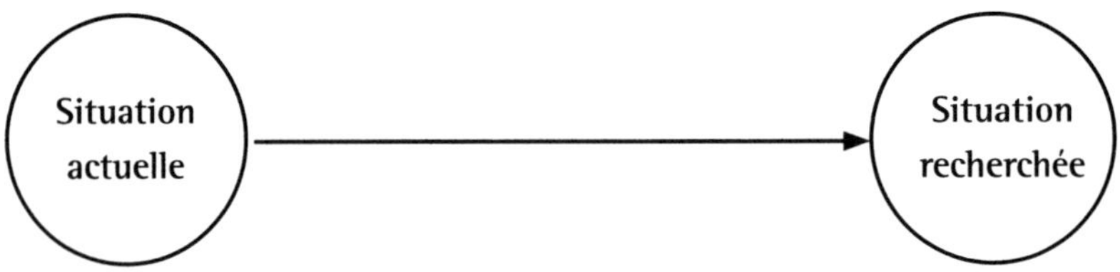

FAITS	ÉMOTIONS	BESOINS

ANALYSE DES CHAMPS DE FORCES

Quand le mouvement naturel de satisfaction de nos besoins est entravé, la tension créée par l'écart entre la situation actuelle et la situation recherchée grandit. On peut visualiser cette tension comme le jeu de forces qui s'opposent. Des forces positives poussent pour combler l'écart et d'autres négatives freinent cet élan. Analyser un problème revient à définir les forces en présence pour être en mesure de les influencer. En identifiant les freins et les moteurs qui empêchent ou favorisent la réduction de l'écart entre la situation actuelle et la situation recherchée, on peut mesurer l'importance de ces forces et identifier celles sur lesquelles nous avons le pouvoir d'agir.

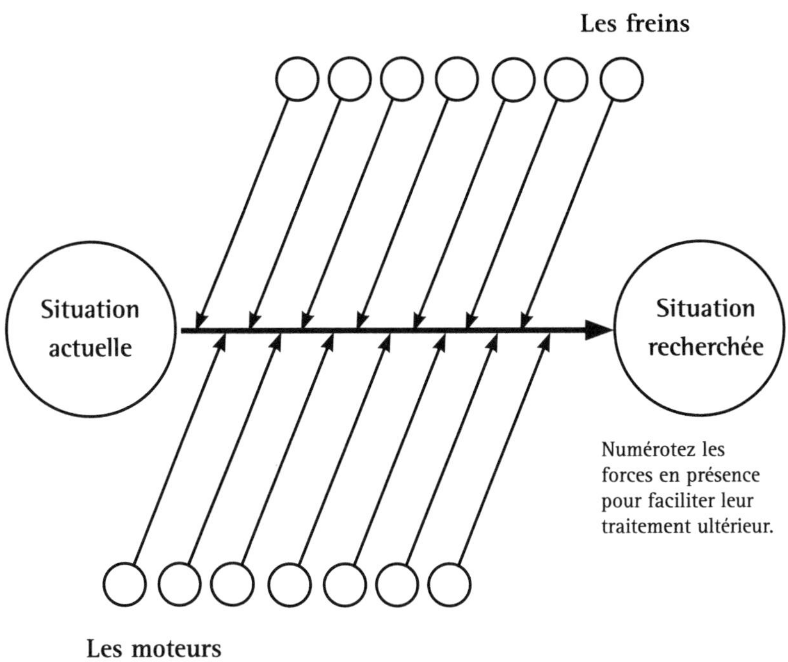

LE CHOIX DES MOTEURS ET DES FORCES

Une fois les freins et les moteurs identifiés, nous pouvons choisir ceux sur lesquels nous allons agir pour faciliter la satisfaction des besoins en cause, réduire la tension ou encore pour solutionner le problème.

Pour changer l'équilibre des forces en présence, il n'est pas nécessaire d'agir sur tous les freins et moteurs. Nous allons préférer ceux sur lesquels nous avons le **pouvoir** d'agir en tenant compte de leur **importance**.

Nous pouvons faire ce choix en utilisant le vote sociocratique. Voir à cet effet la procédure du vote sociocratique.

Nous pouvons aussi procéder en demandant aux membres du groupe les trois forces sur lesquelles ils recommandent au cercle d'agir en priorité. On leur demande alors d'attribuer 3 points à la force qu'ils identifient comme la priorité à travailler, 2 points à leur second choix et 1 point à leur troisième choix. Dans l'exemple illustré ci-après les forces à travailler en priorité seraient : la 3, la 4 et la 6.

L'animateur prendra soin de demander le consentement de tous les participants pour cet ordonnancement. Il se peut qu'après discussion, d'autres arguments influencent l'ordonnancement spontané issu du vote pondéré.

	FORCES EN PRÉSENCE									
NOMS	1	2	3	4	5	6	7	8	9	10
Aline			3		2				1	
Anne-Marie			3	2		1				
Ulrich			3	2		1				
Renato				3		2			1	
Sandra			3	2		1				
Total des points			12	9	2	5			2	
Ordonnancement			1	2		3				

IDENTIFICATION DE SOLUTIONS POSSIBLES

Dans le dessein de formuler une proposition pour résoudre le problème identifié, le groupe d'amélioration va suggérer des gestes à poser, des actions à prendre en regard des moteurs ou des freins identifiés en priorité.

C'est une phase de créativité préalable à la formulation d'une proposition concrète.

Moteurs à travailler	Actions à prendre
Freins à travailler	**Actions à prendre**

Formuler une proposition

Voici les éléments importants pour formuler une proposition à soumettre à un cercle sociocratique :

1. Identifiez d'abord le titre de votre proposition afin que les décideurs sachent en peu de mots de quoi il s'agit ;

2. Rappelez la problématique en décrivant brièvement la situation actuelle et la situation recherchée et en indiquant les forces sur lesquelles vous jugez important d'intervenir. Vous pouvez mettre en annexe le champ de forces que vous avez identifié lors de l'analyse du problème ;

3. Présentez la proposition en termes de plan d'actions : quoi, qui, quand, combien ;
4. Identifiez les arguments en faveur de votre proposition. Vos arguments sont le rationnel qui justifie votre plan d'actions. Si vous fournissez des données utiles à la prise de décisions, ajoutez-les en annexe à votre proposition (rendement escompté, étude d'impacts, enquêtes informatives, etc.) ;
5. Datez et indiquez le nom de la personne susceptible de présenter votre proposition au cercle sociocratique concerné ;
6. Remettez votre proposition au secrétaire du cercle qui l'inscrira à l'ordre du jour de la prochaine rencontre de cercle ;

PROPOSITION

<table>
<tr><td>TITRE</td><td colspan="3"></td></tr>
<tr><td>PROBLÉMATIQUE</td><td colspan="3"></td></tr>
<tr><td>PROPOSITION</td><td colspan="3"></td></tr>
<tr><td>ARGUMENTS</td><td colspan="3"></td></tr>
<tr><td>Date</td><td></td><td>Nom du présentateur</td><td></td></tr>
</table>

Outils visuels pour animer un groupe d'amélioration

Voici quelques outils visuels pour faciliter l'animation des groupes d'amélioration !

La fiche de type post-it pour générer des idées

Pour permettre à un groupe de générer des idées il faut d'abord identifier la question importante à leur poser. Par exemple :

Quels sont les trois forces de notre organisation et les trois faiblesses ?

Vous distribuez aux participants des fiches autocollantes (post-it) en leur demandant de mettre en haut de chaque fiche qu'ils vont produire un signe + ou un signe - selon que c'est une force ou une faiblesse qu'ils y inscriront. Il est important d'indiquer le maximum et le minimum de fiches que les participants devront produire individuellement.

D'autres questions pourront surgir tout au long du travail du groupe d'amélioration et chaque fois les participants seront invités à utiliser les fiches pour y répondre. Par exemple :

- Énumérer les causes de la situation X ;
- Lister les freins à l'atteinte de la situation recherchée ;
- Lister les moteurs qui favorisent l'atteinte de la situation recherchée.

LES RÈGLES D'ÉCRITURE DES FICHES :

1. Une idée par fiche ;
2. Pas plus de 7 mots par fiche ;
3. Écrire lisiblement ;
4. Respecter l'orientation de la fiche.

POUR ANIMER LA DISCUSSION

Pour animer la discussion, le groupe aura pris soin d'élire un animateur qui se fera assister par un lecteur de fiches et un afficheur. Le lecteur lit à haute voix chaque fiche qu'il donne à l'afficheur. Ce dernier les regroupe pour en faire des catégories.

POUR INDIQUER DES PRÉFÉRENCES

Pour permettre au groupe d'indiquer une préférence en regard des idées émises, on leur donne des pastilles autocollantes qu'ils utiliseront pour marquer visuellement leurs choix. Par exemple : mettre 3 pastilles sur l'idée qu'ils préfèrent, 2 pastilles sur leur second choix et 1 pastille sur leur 3e choix.

POUR GÉRER LE DROIT DE PAROLE

Pour permettre au groupe d'autogérer le droit de parole, l'animateur suggère aux participants de se fabriquer deux outils. Un carton sur lequel ils dessinent un éclair et un autre sur lequel ils indiquent 30 secondes. Si un participant lève le carton qui montre un éclair, l'animateur lui donne le prochain droit de parole. Quand un membre du groupe montre son carton indiquant 30 secondes, il indique à celui qui parle qu'il lui reste 30 secondes avant de céder son droit de parole à une autre personne. L'animateur fait respecter la consigne.

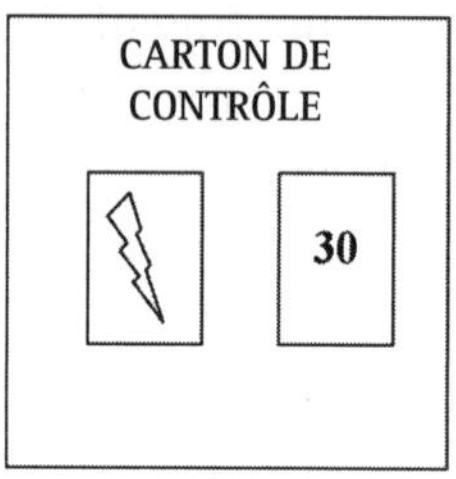

FICHE (POST-IT)
Les règles

1. Une idée par fiche.
2. Pas plus de 7 mots par fiche.
3. Écrire lisiblement.
4. Respecter l'orientation de la fiche.

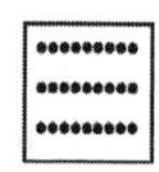

PASTILLES
pour marquer vos préférences

AFFICHEUR

LECTEUR

ANIMATEUR

L'ordre du jour d'un cercle

L'établissement de l'ordre du jour du cercle est un outil très important pour le bon fonctionnement du cercle sociocratique.

Il comprend 3 temps d'égale importance : l'ouverture du cercle, la discussion des points à l'ordre du jour et la clôture du cercle.

L'ouverture du cercle

L'ouverture du cercle comprend 4 éléments.

1. *La ronde d'ouverture*

La ronde d'ouverture est un moment de connexion pour permettre à chacun de s'harmoniser aux autres membres et à l'intention générale de la rencontre. L'image qui décrit le mieux ce moment est celle des membres d'un orchestre qui accordent leur instrument avant le concert.

Lors de la ronde d'ouverture, chaque participant est invité à faire part au groupe de ce qui est vivant en lui : préoccupations du moment, émotions, attentes, etc. Ces informations sont utiles à deux fins :

(a) Elles vont permettre au cercle de tenir compte durant les échanges de la réalité globale de chaque participant.

(b) Elles vont dévoiler des préoccupations susceptibles d'enrichir l'ordre du jour.

Ce tour de parole est fait sans discussion et sans réaction de la part des autres participants. C'est un moment d'accueil de chacun dans le cercle qui doit être préparé par l'animateur et le secrétaire en fonction de ce qui se vit dans l'organisation à ce moment précis.

Voici, pour l'animateur du cercle quelques exemples de questions susceptibles d'amorcer la ronde d'ouverture :

- Comment arrivez-vous à cette réunion ?
- De quel endroit physique ou psychique venez-vous ? Quelles sont les préoccupations que vous devez mettre de côté pour être pleinement présents à cette réunion ?
- Qu'avez-vous besoin de partager avec le

groupe pour vous sentir en lien avec l'équipe que nous formons ?

- Avez-vous des attentes à formuler avant d'amorcer cette rencontre ?

2. *La lecture du procès-verbal de la dernière réunion*

Après la ronde d'ouverture, le secrétaire du cercle fait la lecture du procès-verbal de la dernière réunion et demande aux membres du cercle d'en approuver le contenu.

S'il y a des propositions de modification à apporter au procès-verbal, le secrétaire les prend en note avant de demander le consentement des membres pour faire ces modifications.

Quand il n'y a plus de demandes de modification, le secrétaire demande à chacun, à tour de rôle, de lui donner son consentement pour l'adoption du procès-verbal.

3. *L'adoption de l'ordre du jour*

L'animateur présente les points à l'ordre du jour en spécifiant le temps prévu pour la discussion de chaque point.

Il demande ensuite aux membres du cercle de lui indiquer les points qu'ils souhaitent ajouter à l'ordre du jour.

Il prend avec le groupe la décision de traiter ces points lors de la présente réunion ou d'en disposer dans une autre réunion.

Il propose au cercle de traiter les points à l'ordre du jour dans un certain ordre pour faire un bon usage du temps disponible.

Quand les membres du cercle ne requièrent plus d'ajouts à l'ordre du jour, l'animateur demande à chaque membre, à tour de rôle, de donner son consentement pour traiter l'ordre du jour établi.

4. *Précisions logistiques*

Une fois l'ordre du jour établi, l'animateur précise les

éléments logistiques nécessaires à la tenue de la réunion. Il renseigne les membres du cercle sur les horaires de pause et l'heure de la fin de la réunion.

Ce moment peut aussi être utilisé pour communiquer des informations administratives utiles à l'ensemble des membres du cercle.

L'animateur du cercle verra à limiter les échanges sur ces points qui devraient être de nature purement informative.

Les points de discussion

Les différents points à l'ordre du jour sont listés avec la dénomination (D, I, C) qui signifie : D, pour décision ; I, pour information ; C, pour consultation.

Le cercle sociocratique est une instance décisionnelle qui vise à établir les orientations ou politiques de l'organisation. Il arrive qu'un groupe d'amélioration ou une personne mandatée de faire une proposition au cercle sociocratique veuille informer le cercle de l'avancement de ses travaux ou ait besoin de consulter brièvement les membres du cercle afin d'orienter son travail sur la bonne voie.

Dans le cas où le sujet à l'ordre du jour se veut informatif (I) ou consultatif (C), l'animateur s'assurera que la discussion ne dégénère pas. Le cercle est avant tout un lieu de prise de décisions et non un groupe d'amélioration. Il fonctionne de façon optimale quand il traite une proposition.

Avant d'amorcer la discussion des points à l'ordre du jour, l'animateur rappelle aux membres le processus de prise de décisions du cercle sociocratique et les invite à l'aider à réguler la discussion selon ce processus.

Si le cercle décidait de traiter un sujet qui n'a pas fait l'objet d'une proposition préalable, l'animateur se reportera au processus d'élaboration d'une proposition avant d'engager les membres du cercle dans le processus de prise de décisions. Il pourra également proposer au cercle de mandater quelqu'un pour étudier le problème et faire une proposition au cercle à la prochaine réunion de façon à faire l'économie du temps de discussion pour les propositions déjà élaborées.

La clôture du cercle

La clôture du cercle est très importante. Elle a pour fonction de célébrer le travail accompli ensemble. Cette célébration est une nécessité vitale pour un cercle. Elle ne doit pas être bâclée. Il vaut mieux reporter un point à l'ordre du jour plutôt que d'escamoter cette étape.

1. *La ronde de clôture*

La ronde de clôture se fait sans discussion. Chaque membre aura donc un espace suffisant pour dire ce qu'il a apprécié de la rencontre comme ce qu'il n'a pas apprécié.

Les partages qui vont avoir lieu lors de cette ronde de clôture serviront de :

a) Stimulants pour améliorer le fonctionnement du cercle ;

b) Renforcements tant pour les personnes qui participent au cercle que pour le cercle lui-même.

2. *La prochaine rencontre*

Pour faciliter la coordination des agendas de chacun, il est important d'établir la date de la prochaine rencontre avant la levée de la réunion du cercle.

Utilisation des courriels et forums de discussion

Principes

⊕ Aucune décision ne sera prise par courriel ou forum électronique de discussion à moins que les membres du cercle y consentent formellement. Les étapes préparatoires à la prise de décisions peuvent être facilitées en utilisant un mode électronique de communication ;

⊕ Dans le cas où il y a consentement des membres pour utiliser ce média, il faut suivre une procédure stricte adoptée par le cercle pour éviter les dangers de dérives qu'engendre cette forme de communication ;

- ⊕ Seuls participent aux discussions ceux et celles qui font partie du cercle concerné par la prise de décisions ;

- ⊕ L'animateur du cercle ou tout autre personne désignée par le cercle doit jouer le rôle de modérateur dans le processus d'échange électronique ;

- ⊕ L'animateur est autorisé à ne pas rendre publiques les communications des membres du cercle qui ne respectent pas les règles de discussion sociocratiques à chaque étape du processus ;

- ⊕ Une proposition formelle, élaborée dans les règles de l'art par un groupe de personnes clairement identifiées, est préparée et envoyée à l'animateur du cercle avant de procéder aux échanges par courriel ;

- ⊕ Tous les échanges par courriel ou forum électronique transiteront par l'animateur du cercle qui joue le rôle de modérateur. Les membres du cercle sont invités à ne pas échanger directement entre eux pour éviter les polarisations inutiles.

La procédure

Étape 1 : Clarification de la proposition

- ⊕ L'animateur envoie la proposition aux membres du cercle en leur rappelant la procédure de discussion. Il spécifie le temps d'accueil des questions de clarification.

Noms	Questions de clarification

- ⊕ Le ou les personnes responsables de la proposition répondent aux questions de clarification et envoient leurs réponses à l'animateur qui communique avec les membres.

Étape 2 : Réactions et opinions

- ⊕ L'animateur ouvre une période de réactions à la proposition et de formulation d'opinions. Les réactions et les opinions sont colligées par l'animateur. À la fin de la période, elles sont envoyées à l'ensemble des membres du cercle sans que ceux-ci aient l'occasion de réagir aux opinions et aux réactions des autres.

Noms	Réactions ou opinions

Étape 3 : Amendement à la proposition

- ⊕ L'animateur donne un temps déterminé aux personnes qui ont soumis au cercle la proposition en discussion pour leur permettre, à la lumière des réactions des membres du cercle, de l'amender.

Étape 4 : Collecte des objections

- ⊕ L'animateur du cercle soumet la proposition amendée aux membres du cercle en leur demandant de formuler les arguments qui soutiennent leurs objections. Voici la forme proposée pour cet exercice.

Nom	Je m'objecte à...	Parce que...

⊕ L'animateur collige les objections et en dresse la liste. Il soumet cette liste aux membres du cercle pour qu'ils indiquent l'ordre de priorité dans lequel la discussion des objections doit se faire selon eux. L'ordre établi par le vote pondéré fera l'objet du consentement du cercle lors de la discussion des objections.

Objections	Nom	Nom	Nom	Nom	Nom	Nom	Nom	Nom	Nom	Nom	Nom	Nom	Nom	Ordre pondéré

Les étapes 5 à 9 du processus de prise de décisions se dérouleront en face à face ou par conférence téléphonique.

Le cahier de bord du cercle

Chaque cercle sociocratique doit tenir un cahier de bord. Ce cahier de bord est la mémoire du cercle. Il comprend entre autres choses :

1. *Le plan stratégique de l'entreprise*
2. *Le but du cercle et ses processus de travail*
3. *Le plan annuel du cercle*
4. *L'organigramme fonctionnel*
5. *L'organigramme des cercles*
6. *Les procès-verbaux des rencontres de cercles*
7. *Le suivi des décisions du cercle*
8. *La liste des propositions à traiter lors des prochaines rencontres*
9. *Les résultats financiers du cercle*

Le cahier de bord du cercle est accessible à tous les membres du cercle. La tenue impeccable de ce cahier est prise en compte dans l'audit annuel du fonctionnement des cercles d'une organisation.
Les systèmes d'information de gestion des entreprises peuvent prendre en compte ce cahier de bord qui pourra alors être sur un support informatisé accessible à tous.

Chapitre 12
Les lois qui nous gouvernent

Grâce aux sciences, le monde technique s'enrichit continuellement d'applications qui, dans tous les domaines de l'activité humaine, prétendent améliorer nos conditions de vie.

Comment se fait-il que la découverte des lois qui régissent la physique, la chimie et la biologie n'ont pas trouvé d'applications universellement reconnues pour notre gouvernance personnelle, celle des familles, des organisations, des communes, des États et de la planète entière ? En d'autres termes, comment se fait-il que la science n'ait pas mis un terme à la violence, aux guerres, aux famines et à l'exploitation sous toutes ses formes ? Pourquoi n'a-t-elle pas encore fait de nous des administrateurs responsables de notre environnement ?

Le fossé qui existe entre les sciences sociales et les sciences naturelles existerait-il toujours si nous prenions la peine d'étudier les grandes lois qui régissent le monde minéral, végétal et animal et d'en tirer des applications dans le domaine de la gouvernance de nos organisations ?

Albert Einstein a dit : « La science n'est simplement que le raffinement de la pensée ordinaire... En science, les idées fondamentales sont simples et peuvent être traduites dans un langage que tout le monde peut comprendre. ».

De fait, si l'univers dans lequel nous vivons est intelligible, la science authentique devrait nous expliquer les lois qui le gèrent et ces explications ne devraient pas non plus s'écarter du sens commun.

Logiquement, la compréhension des grandes lois universelles ou lois naturelles ne saurait être le privilège d'une élite scientifique. Si c'était le cas, il faudrait conclure à l'impossibilité pour la majorité des humains de gérer leur vie selon ces lois et d'améliorer leur sort. Ce serait vraiment injuste ! En réalité, le bonheur est à la portée de tous les humains pourvu que chacun fasse l'effort de distinguer ses désirs de ses besoins et de respecter, ce faisant, les lois de la Vie.

Ce but est accessible à quiconque admet que les joies et les souffrances de la vie ne sont pas le fruit du hasard mais un indice de son alignement par rapport à ces lois. Les respecter garantit une évolution joyeuse et sans fin.

Par ailleurs, tirer de ces lois des règles de gouvernance exige une démarche scientifique qui se fonde sur une observation minutieuse et l'expérimentation. En science de la gestion, comme dans les autres sciences, ce que l'intuition reconnaît, la raison doit le démontrer.

Ce n'est qu'en approfondissant les lois naturelles que les sciences sociales pourront assembler un corps de connaissances qui, à terme, permettra la mise en place d'un mode de gouvernance respectueux de la vie. Cette recherche devrait logiquement voir l'apparition d'une nouvelle profession : l'ingénierie sociale.

Parce que le mode sociocratique de gouvernance prétend s'appuyer sur une telle recherche, le présent chapitre discutera donc des lois naturelles en lien avec les règles de base de la sociocratie.

Voici l'énumération de cinq lois que les enseignements traditionnels nous présentent comme des lois naturelles et que les sciences naturelles reconnaissent également comme principes organisateurs du monde physique tel que nous le connaissons :

1. La loi de la pesanteur ;
2. La loi de l'attraction des affinités ;
3. La loi de la réciprocité des effets ;
4. La loi de la compensation ;
5. La loi du mouvement.

Les enseignements traditionnels affirment, à propos de ces lois, que plus nous saisissons leur portée, moins nous les percevons comme des règles contraignantes et plus elles nous apparaissent comme des forces vivantes qui gèrent l'avènement et le devenir des choses. La psychologie moderne reconnaît l'expression de ces forces vivantes quand elle propose aux individus de respecter ses besoins.

Voyons comment ces lois peuvent servir de fondements aux règles de gouvernance sociocratique !

La loi de la pesanteur

$$\text{Masse} = \frac{\text{Poids}}{\text{Vitesse/sec.}^2}$$

On admet facilement, depuis les travaux d'Isaac Newton (1642-1727), que la pesanteur est le résultat de la force avec laquelle un objet est attiré par elle. Le fait que nous ayons pu fixer mathématiquement les effets de cette force dans la présente formule n'explique pas pour autant l'origine de cette force.

Il est raisonnable de penser que la force à l'origine de la pesanteur était présente dans le cosmos avant même la constitution de la terre. Donc, si nous cherchons à approfondir l'origine de la pesanteur il faut la chercher plus haut.

Posons comme hypothèse que toutes les forces et tous les champs de forces qui apparaissent et se régénèrent constamment dans la matière tirent leur origine d'une Force unique : la Force originelle neutre. Cette hypothèse qui ne pourra vraisemblablement jamais être démontrée dans le cadre de la méthode scientifique autrement que par ses effets est loin d'être dépourvue d'intérêt. Admise par la plupart des scientifiques, elle fournit, dans tous les domaines, des explications et des solutions pratiques à bien des problèmes.

Le centre énergétique des choses et des êtres

Dans notre recherche sur l'origine de la pesanteur, acceptons de changer notre perspective pour inclure des domaines se trouvant en dehors de la perception de nos cinq sens. D'ailleurs, avons-nous bien compris tout ce que nous enseignent nos cinq sens ? Par exemple, nous savons aujourd'hui que nous percevons avec notre *ouïe* une bande bien limitée du spectre des *ondes sonores*. Par le *toucher,* nous pouvons également percevoir une bande limitée du spectre des *ondes électriques* vibrant à des niveaux plus élevés que les ondes sonores. Avec la *vue,* nous percevons une autre bande partielle *d'ondes magnétiques.* Les couleurs vibrent à un degré encore plus élevé que les ondes électriques. Si avec l'ouïe, le toucher et la vue nous percevons des vibrations toujours

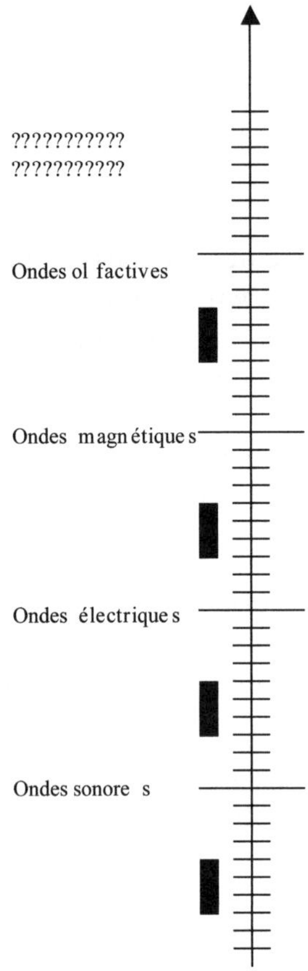

plus élevées, avec notre *odorat*, que percevons-nous ? Les fréquences vibratoires des parfums sont encore plus élevées que les ondes magnétiques.

En toute logique, pourquoi faudrait-il que le monde des radiations s'arrête aux *ondes olfactives* ?

La conception selon laquelle la force d'attraction de la Terre serait à l'origine de la pesanteur reste une question de point de vue. Si nous inversions la perspective, il se pourrait qu'en réalité, l'afflux des ondes en provenance du cosmos constitue la cause de la gravitation. C'est en tout cas ce que certains scientifiques ont déjà proposé. Selon eux, la cause de la pesanteur ne devrait plus être considérée comme étant la force d'attraction terrestre mais la force de répulsion du cosmos. Au début du XXe siècle, selon les théories communément admises à l'époque, on s'imaginait que le rayonnement radioactif de la Terre allait diminuer à mesure qu'on s'éloignerait de celle-ci. Or, les expériences scientifiques ont démontré le contraire. On trouve une augmentation des radiations plus on s'éloigne de la Terre.

Le rayonnement qui nous parvient du cosmos est constant, continu et invariable. On y décèle des particules ayant des énergies extrêmement fortes qui atteignent notre planète et la pénètrent.

Supposons que ces rayons cosmiques constituent l'aboutissement dans la matière du rayonnement de la Force originelle neutre. Si nous partons de ce que nous connaissons déjà, sans expliquer l'origine proprement dite de cette force première, la description du processus suivant devient logique.

À partir du moment que certains physiciens appellent le Big-Bang, dès que les radiations issues de la Force unique sont propulsées au-delà des limites de leur origine, elles exercent, en raison de leur magnétisme, un effet d'attraction sur leur entourage. Ces courants magnétiques attirent de petites particules provenant de la masse en suspension dans le milieu qu'ils traversent. Homogènes à l'origine, ces courants se fractionnent alors en d'innombrables et minuscules particules énergétiques qui, se condensant toujours davantage, s'éloignent de la Force originelle incandescente, se refroidissent et se densifient. Ayant franchi des distances inimaginables, ces particules énergétiques enrobées constituent vraisemblablement à terme les particules élémentaires de la matière dont le noyau est énergie. En descendant plus bas, ces particules donnent ensuite naissance, selon le même processus d'enrobage, aux atomes qui, en se liant à leur tour, forment les molécules et ainsi de suite.

Selon cette perspective, la pesanteur terrestre a comme origine l'énergie contenue dans la matière. En acceptant cette possibilité, nous sommes en droit de croire que la loi de la gravité agit sur tous les plans depuis l'origine de la Force unique jusque dans la matière ce qui lui confère son caractère universel.

Concernant l'hypothèse des plans au-dessus de la matière connue, il est intéressant de savoir que les physiciens, en cherchant à évaluer le poids de l'univers, en sont venus à la conclusion qu'il existe une masse manquante, un monde invisible encore plus gigantesque que l'univers connu. Certains d'entre eux suggèrent que les trous noirs découverts par les astronomes sont la porte d'entrée de ce monde encore inexploré.

Même si la physique moderne n'a pas encore trouvé le moyen de mesurer le poids des particules subatomiques, la loi universelle de la pesanteur pourrait s'énoncer ainsi : *tout ce qui existe et prend forme possède une énergie interne qui lui confère une force d'attraction et conséquemment un poids.*

Selon cette compréhension de la loi de la pesanteur, il est également logique de penser que les êtres vivants possèdent eux aussi, comme noyau, une énergie interne enrobée des différents genres flottant dans les plans intermédiaires qu'ils ont traversés, et ceci, jusqu'au corps physique qui constitue leur enveloppe extérieure sur Terre. Dans mon ouvrage intitulé *La roue des talents*, nous avons eu l'occasion d'approfondir les facultés liées au noyau énergétique de l'être humain.

Le poids des idées

En suivant toujours la même logique, il est raisonnable de croire que les pensées et les sentiments, même s'ils appartiennent à un plan matériel de plus faible densité que notre environnement physique, acquièrent un poids en prenant forme.

Produites par le cerveau, nos pensées accumulent une grande force magnétique quand nous y investissons toute notre attention. Si, dans le silence, je me concentre sur une idée, celle-ci va acquérir de la force et attirer d'autres pensées en affinité avec elle, si bien que la pensée en question va s'en trouver fécondée. Cet afflux de force est palpable dans ce que les artistes ou les scientifiques nomment l'inspiration. Le processus fonctionne dans les deux sens. Si je me concentre sur des pensées positives, je vais recevoir un apport de force toujours plus élevée. Si je me concentre sur des pensées négatives, je vais recevoir un apport de force qui risque de m'enfoncer.

Vous avez sans doute déjà vécu l'expérience d'entrer dans une salle de réunion en retard. Avant même d'avoir entendu les gens s'exprimer, vous soupçonnez déjà ce qui se passe parce que vous ressentez immédiatement l'ambiance de la réunion. Comment cela est-il possible ? Les formes-pensées et les émotions qui y sont associées exercent une force d'attraction dont nous pouvons ressentir les effets. On dit : « C'est dans l'air ». Si l'ambiance est joyeuse, nous nous sentons légers et ouverts. Si l'ambiance est agressive et triste, nous nous sentons oppressés et confus.

En conclusion, nous avons intérêt à surveiller les pensées que nous émettons comme celles que nous recevons, car elles ont le pouvoir de nous élever ou de nous abaisser selon qu'elles sont chargées positivement ou négativement.

Selon cette conception, les ouvrages sur la pensée positive seraient loin d'être dénués de fondement.

La structure hiérarchique

La loi de la pesanteur trouve une application organisationnelle dans la structure hiérarchique.

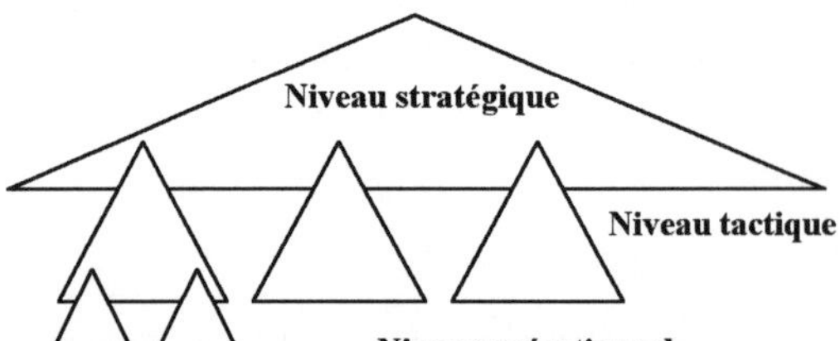

Le travail des employés au bas de la pyramide consiste à exécuter des actions souvent très physiques. C'est le niveau opérationnel. Au milieu de la pyramide, les cadres intermédiaires travaillent au maintien de systèmes d'informations et de règles de fonctionnement pour encadrer le travail des employés. C'est le niveau tactique. Au sommet de la pyramide, les chefs jonglent avec des idées et des données abstraites. C'est le niveau stratégique.

La hiérarchie est aussi naturelle dans le monde social qu'elle l'est dans le monde minéral et animal. Sans structure hiérarchique, qui détermine la contribution des membres d'une organisation, impossible de diriger. Sans structure hiérarchique, il n'y a tout simplement pas d'organisation au départ.

Il existe une distance naturelle entre ces niveaux hiérarchiques. Vouloir à tout prix réduire ces distances occasionne des problèmes importants. Pour s'en rendre compte, il s'agit d'observer le comportement des employés quand le président de l'entreprise leur rend visite. Une trop grande familiarité sonne toujours faux. Comme le grand patron ne connaît pas dans les détails ce qui se passe dans les opérations, ses interventions, quand elles ne respectent pas le filtre des cadres intermédiaires, introduisent presque toujours de la distorsion dans les communications. Un de mes collègues avait une image saisissante pour illustrer le phénomène. « Imaginez le propriétaire d'une vaste plantation de pommes de terre qui supervise l'évolution de sa production en hélicoptère. S'il veut se rapprocher trop près des travailleurs dans les champs, son appareil va soulever beaucoup de poussière et semer la confusion. »

C'est un art de respecter son niveau hiérarchique et de maintenir un contact productif avec la base ou les niveaux supérieurs de l'organisation.

Le climat social et le leadership

La loi de la pesanteur joue un rôle important dans la constitution du climat social d'une organisation et éclaire sous un angle nouveau le phénomène du leadership.

Par la force magnétique qu'elles exercent, les formes-pensées créent une pression qui affecte les gens et conditionne leurs comportements. Nous savons par expérience que les gens qui pensent de la même manière agissent de la même manière. Ceux qui organisent les campagnes publicitaires et les campagnes politiques le savent très bien eux aussi. Ils en ont d'ailleurs fait un métier.

Nous avons plusieurs exemples qui illustrent le pouvoir galvanisant d'un projet commun. Un groupe sans idée directrice est vite désorganisé. Ceci devrait nous éclairer sur l'origine de l'influence des chefs. Contrairement à ce qu'on aurait tendance à penser, le pouvoir qu'on croit intrinsèque à la personne du chef est davantage lié à sa vision des choses et à sa capacité d'y faire adhérer ses collaborateurs. Quand les pensées sont alignées, la force qui s'en dégage pousse à l'action. Les exercices de planification stratégique si populaires aujourd'hui ont pour seul but de doter l'organisation d'une vision commune. Plus cette vision est claire et plus le chef en fait la promotion, plus elle gagnera de force pour guider l'entreprise.

On comprend mieux pourquoi les chefs sont soucieux de connaître ce qui se passe dans la tête de leurs collaborateurs et pourquoi la question du leadership et celle des communications sont si étroitement liées. Les sondages, les enquêtes de satisfaction des clients n'ont qu'un but : connaître l'opinion des gens pour mieux l'influencer.

La loi de l'attraction des affinités

Si la loi de la pesanteur était la seule loi qui régit l'univers, les scientifiques nous affirment que le cosmos tiendrait dans une boîte de moins d'un mètre carré. Déduction ? Une autre loi met les choses en relation les unes avec les autres dans l'espace et le temps. Cette loi, c'est la loi de l'attraction des affinités.

Qui se ressemble s'assemble ! Les sciences naturelles ont observé ce phénomène dans le règne minéral, végétal et animal. Les molécules de fer se rejoignent pour former un métal très utile, les molécules d'eau s'assemblent pour former les ruisseaux, les lacs, les rivières et les mers. Dans le monde des plantes et des animaux, nous observons la même chose : les plantes ne sont pas insensibles à certains voisinages, les moutons se tiennent avec les moutons, les loups avec les loups... Partout nous observons que cette loi force les éléments similaires à former des ensembles.

Pour expliquer les fondements de cette loi, il faut revenir aux radiations de la Force première projetées en dehors de leur limite d'origine. Les particules énergétiques enrobées par la masse en suspension sur les plans supérieurs subissent en s'éloignant une modification des radiations par le fait même de cet enrobage. Les particules ayant subi des modifications similaires auront tendance à se rassembler du fait de leur affinité énergétique, créant ainsi la base de la diversité que nous rencontrons dans la nature.

La loi de l'attraction des affinités peut donc s'énoncer de la façon suivante : *tout ce qui existe et prend forme possède sa propre radiation qui attire et est attirée par les éléments en affinité énergétique avec elle.*

Respecter les affinités

« Dis-moi qui tu fréquentes et je te dirai qui tu es. » Ce proverbe bien connu illustre parfaitement l'importance sur le plan social de la loi de l'attraction des affinités. Les personnes qui partagent les mêmes valeurs ou les mêmes croyances auront tendance à se fréquenter. C'est la raison pour laquelle les voleurs se rassemblent, les honnêtes gens aussi. Cette loi explique pourquoi les êtres humains aiment se rencontrer sur la base d'une même profession, de mêmes intérêts, d'une même ethnie et ainsi de suite.

Le respect de cette loi dans la vie organisationnelle est de première importance. Embaucher, promouvoir des personnes à des fonctions, former des équipes de travail : voilà autant d'occasions d'utiliser la loi de l'attraction des affinités pour garantir le développement harmonieux de l'entreprise.

Les méthodes d'embauche qui mettent les candidats en interaction avec des membres de l'organisation dans des exercices de simulation donnent les meilleurs résultats pour prédire la performance des futurs candidats. Pourquoi ? Parce que, lors de ces exercices, les candidats comme les membres de l'organisation d'accueil ont l'occasion de ressentir les affinités qui les unissent.

La polarisation des points de vue : l'effet d'une loi naturelle

Être en affinité ne signifie pas être en tout point identique. Dans un groupe en affinité énergétique, les individus peuvent être très différents. L'affinité est liée à ce qu'ils partagent en commun. La loi de l'attraction des affinités force également l'expression des différences dans la mesure où elle est à la base des sous-groupes qui se forment spontanément au sein des groupes.

L'organisation de nos entreprises, de nos institutions, de nos quartiers, de nos villes et de la vie sociale en général gagnerait en efficacité si nous utilisions consciemment le pouvoir de cette loi, car elle conditionne l'harmonie sociale. Réunissez, par exemple, plus de trois personnes et elles formeront automatiquement deux groupes, ne serait-ce que pour permettre un échange de points de vue.

Ce phénomène, qui se répète continuellement depuis des millions d'années, n'est pas l'effet du hasard, mais d'une loi, celle de l'attraction des affinités. Dans une équipe de travail ou dans une organisation, il ne sert à rien de combattre la polarisation des points de vue, vaut mieux l'utiliser pour mieux cerner la réalité. Nous voilà ramenés à l'allégorie des aveugles devant un éléphant. Le premier, en touchant une patte de la bête, prétend que c'est un tronc d'arbre, le second qui tient dans ses mains une défense affirme que c'est une branche d'arbre, le troisième des mains duquel vient d'échapper la queue du gros animal crie avec effroi que c'est un serpent venimeux, le quatrième qui passe à côté d'une oreille en mouvement atteste que c'est un éventail et le cinquième que la trompe vient enserrer jure que c'est un boa. De toute évidence, c'est par l'intégration de ces différentes informations que le groupe pourra évoquer la réalité de l'éléphant et non en contestant la perception des uns et des autres.

Dans une organisation où les membres sont de bonne volonté, l'élimination de l'opposition n'est jamais productive. C'est par l'union et la coopération qu'on améliore les choses. Pourtant, beaucoup de chefs ne tolèrent pas l'opposition et préfèrent s'entourer de personnes complaisantes. Cette attitude encourage la ségrégation et les comportements sectaires.

À la recherche de l'harmonie sociale

Déjà une compréhension élémentaire de la loi de la gravité en relation avec la loi de l'attraction des affinités nous donne des indications utiles pour structurer de façon logique nos organisations par niveaux hiérarchiques certes, mais aussi par départements, pour regrouper ensemble les éléments d'une même fonction. On illustre cette structure par la pyramide.

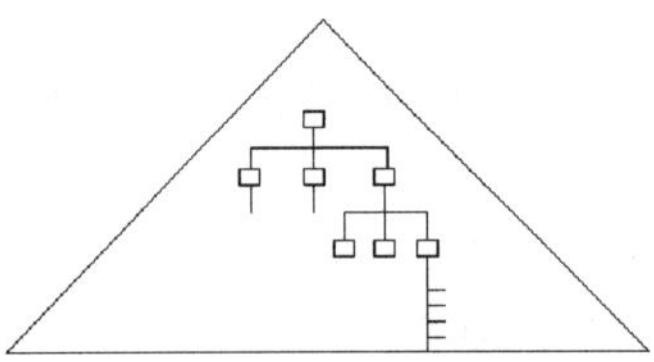

Ce n'est pas par hasard que nous divisons spontanément l'éventail des activités humaines en trois catégories : le domaine économique, le domaine social et le domaine culturel. Nous avons là des sous-ensembles qui regroupent par affinité toutes les professions humaines, jetant ainsi les bases de ce que les sociétés traditionnelles appelaient les castes. L'esprit de caste est donc quelque chose de naturel régi par la loi de l'attraction des affinités.

La dysharmonie sociale vient de l'erreur qui consiste à répartir les classes sociales en classe supérieure, en classe moyenne et en classe inférieure. Cela est devenu possible parce que nos sociétés, toutes allégeances politiques confondues, soutiennent la domination de l'économique sur le social et le culturel.

Comme la combinaison des trois couleurs primaires que sont le jaune, le rouge et le bleu donne la gamme de toutes les couleurs, la combinaison des trois domaines d'activités humaines de base – l'activité économique, l'activité sociale et l'activité culturelle – donne la gamme de toutes les professions. À l'intérieur d'une catégorie professionnelle donnée, on trouve une hiérarchisation des compétences, des professionnels aux techniciens aux employés de soutien. Comme l'harmonie des couleurs suppose un agencement approprié entre les tonalités et les intensités, l'harmonie organisationnelle exige, elle aussi, l'agencement approprié des contributions de chacun par niveau hiérarchique et par département, ce qui exclut une subordination des uns aux autres et invite plutôt à la collaboration des uns à côté des autres.

La loi de la réciprocité des effets

Les sciences naturelles nous ont appris depuis assez longtemps qu'il n'y a pas d'effets sans cause et qu'à toute action correspond une réaction qui en dernier essor affecte rétroactivement l'initiateur de cette action.

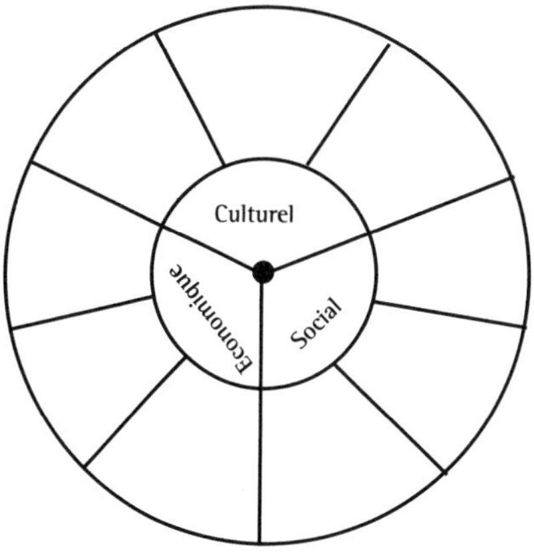

Cette loi peut être énoncée de la façon suivante : *tout ce qui existe et prend forme agit sur son environnement déclenchant une réaction en chaîne qui tôt ou tard va affecter la forme initiatrice de cette réaction.*

Tous les systèmes naturels s'autorégulent de cette façon. Prenons par exemple la relation entre les renards et les lapins sur un territoire donné. Nous observons que la population de renards va croître jusqu'au moment où celle des lapins va décroître puisque l'un est le prédateur de l'autre. Au moment où les lapins vont se faire plus rares, c'est la population de renards qui va décroître pour permettre à la population de lapins de se régénérer.

L'écologie a démontré de façon convaincante que ce nous faisons à l'environnement c'est à nous que nous le faisons en bout de piste. Les cultures anciennes étaient très conscientes de cette loi et elles l'ont exprimée de différentes façons. Dans notre culture, il est coutume d'entendre : « Ce que tu sèmes, tu le récolteras au centuple. » ; « Il faut vivre avec les conséquences de ses actes. » ; « Petite cause, grands effets ! ». Les Amérindiens disent : « Totamowin tipentakwan » ; ce qui signifie : « Ce que tu fais t'appartient. ».

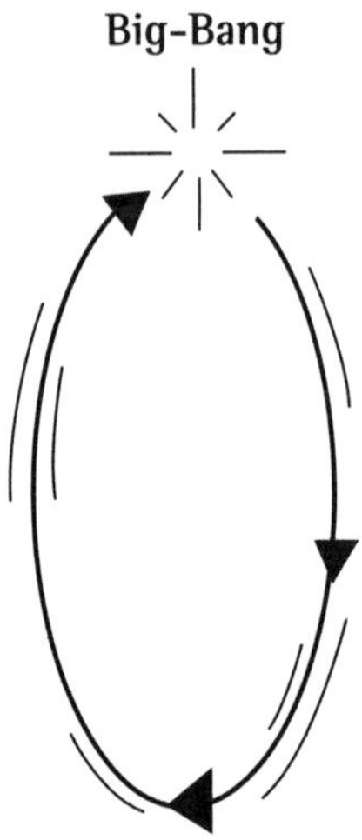

Pour expliquer les fondements de cette loi, il faut, encore une fois, revenir à la Force originelle. Après le Big-Bang, les radiations projetées au-delà des limites de leur origine donnent naissance aux particules énergétiques enrobées qui en s'éloignant de la Source originelle constituent les différents plans énergétiques jusqu'à la Terre. L'énergie contenue dans la matière et dans les autres formes des plans supérieurs reste cependant toujours en lien avec la Force originelle de sorte que dès l'instant où elle échappe à la pesanteur du milieu ambiant du moment, elle dégage un énorme potentiel de force ascensionnelle en direction de la Force originelle. L'énergie originelle enrobée est alors rappelée à sa source créant ainsi un immense cycle de radiations. Ce retour énergétique contribue au maintien de l'univers tout entier et indique les voies que doivent suivre toutes choses. La théorie de l'expansion et de la contraction de l'univers est en résonance avec ce processus.

On peut donc visualiser un immense courant alternatif qui parcourt l'univers et ordonne à tout ce qui s'éloigne du lieu de son origine de revenir un jour à son point de départ.

Nos œuvres nous suivent

La loi de la réciprocité des effets nous invite donc à rester attentifs à l'impact de nos pensées, de nos paroles et de nos actions car ce sont des semences que tôt ou tard nous récolterons. Nos pensées parcourent elles aussi un cycle et dans leur voyage s'agglutinent à des pensées similaires de sorte que lorsqu'elles nous reviennent, elles sont chargées et peuvent nous affecter positivement ou négativement selon leur nature. Selon notre disposition intérieure du moment, elles nous exposent à ces chocs en retour plus ou moins positifs. C'est ainsi que nous participons en pensée à des crimes ou à des œuvres nobles dont nous n'avons même pas conscience parce que nos pensées nourrissent quelque part celles des autres.

La loi de la réciprocité des effets nous enseigne donc que notre liberté est balisée par les influences plus ou moins positives que nous avons sur notre environnement.

L'autorité hiérarchique et l'autorité fonctionnelle

La loi de la réciprocité des effets s'exprime aussi dans la complémentarité des rôles hiérarchiques et des rôles fonctionnels. L'autorité hiérarchique, la ligne de commandement, dirige le courant descendant du grand cycle cosmique et l'autorité fonctionnelle, la structure-conseil, canalise le courant ascensionnel. Si l'on peut s'exprimer ainsi, les cadres hiérarchiques exercent une pression pour la réalisation des choses sur le terrain, tandis que les cadres fonctionnels exercent leur influence pour maintenir les opérations dans le cadre des politiques d'entreprise. De cette façon, le courant énergétique qui descend de l'unité centrale dans la ligne de commandement est traduit en résultats concrets ; ces résultats sont ensuite évalués par les unités fonctionnelles et l'information ainsi générée est retransmise à l'unité centrale. Ce processus devrait permettre à l'organisation de s'autoréguler.

J'ai en tête l'exemple d'une organisation nationale qui, sous prétexte d'améliorer ses pratiques au niveau régional, avait donné à ses vice-présidents corporatifs une autorité hiérarchique sur le personnel des unités régionales. Cela a vite fait de rendre les directeurs régionaux irresponsables des résultats de leurs unités car ils ne contrôlaient plus rien. Dans les faits, leur rôle avait été réduit à gérer l'insatisfaction des clients et à rapporter les plaintes au bureau chef.

Les conflits entre les opérateurs et les fonctionnels entre le siège social et les succursales relèvent habituellement d'une articulation déficiente de ces rôles complémentaires. Paradoxalement, plus on essaie, dans une entreprise, de centraliser le contrôle au niveau du siège social, plus on le perd. Pourquoi ? Pour la simple raison que les unités fonctionnelles sont loin des opérations. La distance affecte le temps de réaction, ce qui perturbe les opérations.

Planification stratégique, système d'information et système de rémunération

Sur la base de la loi de la réciprocité des effets, nous vivons individuellement et collectivement le meilleur des mondes : celui que nous nous sommes programmés dans le passé. En d'autres mots, la façon dont nous nous acquittons du présent construit, à un autre niveau de réalité, ce que sera bientôt notre avenir. En conséquence, il est important de choisir consciemment l'avenir que nous désirons et d'agir en conséquence. En entreprise, les exercices de planification stratégique ont justement pour but d'enrôler tous les employés dans un projet commun qui spécifie les valeurs à respecter pour atteindre les objectifs visés. La loi de la réciprocité des effets interdit que la fin justifie à elle seule les moyens. Un chef et ses collaborateurs ne sont pas seulement responsables de la destination qu'ils choisissent, mais aussi des moyens qu'ils mettent en branle pour s'y rendre. La maximisation des profits pour les seuls actionnaires, par exemple, est une pratique qui va à l'encontre de la loi de la réciprocité des effets, mais plus encore à l'encontre de la loi de la compensation que nous allons maintenant aborder. D'autres acteurs sont importants : les clients, les travailleurs et les différents paliers de gouvernement voire même l'environnement.

La loi de la réciprocité des effets trouve une autre application au niveau des systèmes d'information de gestion et plus particulièrement au niveau du système de rémunération. Mettre en place un système d'information de gestion permettant aux travailleurs de connaître les résultats de l'entreprise et de participer avec les actionnaires aux profits relève du sens commun. C'est tout simplement vouloir respecter la loi de la réciprocité des effets.

La loi de la compensation

La loi de la compensation et la loi du mouvement qui va suivre sont des corollaires de la loi de la réciprocité des effets. Elles sont toutes les deux fondées sur le cycle des radiations. L'équilibre constant entre les courants cosmiques positifs et négatifs constitue la loi de la compensation. Cet équilibre nécessaire entre le donner et le recevoir engendre aussi le mouvement et avec le mouvement vient la modification des radiations et le changement.

La loi de la compensation établit que *tout ce qui existe et prend forme est le résultat d'un jeu d'équilibre entre le donner et le recevoir.*

La loi de la compensation gouverne le monde minéral, végétal et animal. Tout ce qui se produit dans l'univers est soumis à cette loi. L'attraction ou la répulsion des corps célestes ou bien encore l'équilibre du corps physique est régi par la loi du donner et du recevoir.

Cette loi permet aux êtres vivants de s'adapter à leur environnement et de survivre. Prenons un exemple : la vache dans le champ produit du fumier dont se nourrissent les bactéries dans le sol. Les bactéries libèrent des minéraux qui vont être utiles à l'herbe. L'herbe nourrit la vache. Cette loi s'exprime également dans notre propre respiration. En expirant, nous produisons du CO^2 très utile aux plantes. Ce n'est d'ailleurs que lorsque nous expirons de la bonne façon que nous pouvons prendre une bonne inspiration.

Tout gain réel implique un effort personnel, un travail qui doit être fournit avant de recevoir et de posséder quelque chose.

Se battre ou échanger

Pour obtenir ce qu'elles veulent, plusieurs personnes pensent qu'elles doivent se battre et dominer les autres. La loi de la compensation dit que pour avoir le droit de prendre, il faut donner. C'est quand il y a un échange véritable que les deux parties y trouvent un avantage. Le retour de nos investissements peut être parfois différé, mais si nous comprenons la loi de la juste compensation, nous devrions être convaincus que ce n'est qu'en donnant que l'on peut recevoir.

En opposition avec cette vision des choses, certains font valoir que le combat existe dans la nature. Ce que nous appelons le combat dans la nature n'est pas à proprement parler un combat qui finit avec des gagnants et des perdants. Ce qui se produit est toujours dans l'intérêt de tous les acteurs. Dans l'exemple des renards et des lapins, il n'y a pas à proprement parler de combat, mais un échange qui sert en fin de compte l'intérêt des deux populations en leur conservant leurs qualités génétiques et leur vigueur.

Amour et profit sont compatibles

Cette loi de la compensation peut aussi être appelée la loi de l'amour. Si nous reconnaissons qu'aimer n'est rien d'autre que de donner aux autres ce qui leur est utile, nous comprenons la loi de la compensation qui interdit de prendre sans donner ou de donner sans compensation.

Cette loi est bien connue dans le monde des affaires : c'est la loi du nécessaire profit. Par exemple, quand nous échangeons un bien quelconque contre de l'argent ou d'autres considérations, la transaction n'est équitable que si les deux parties y trouvent un profit raisonnable.

Qu'est-ce que le profit dans la vie sociale ? Le profit est ce qui est utile à une personne. Le profit n'est pas uniquement financier comme on nous a conditionnés à le croire. Le profit est tout ce qui nous aide à grandir et à nous développer en tant qu'êtres humains. Deux personnes qui décident de se marier le font parce qu'elles en escomptent un profit mutuel. Si, dans ce cas, l'équilibre du donner et du prendre en vient à se briser, c'est nécessairement la fin de l'union. Si elle persiste malgré tout, les deux personnes vont, à la longue, se détruire.

Épuisement professionnel

L'ampleur du phénomène d'épuisement professionnel dans nos organisations est le résultat de la rupture de cette loi de la compensation. Si quelqu'un donne plus d'énergie qu'il n'en reçoit, il va épuiser ses réserves et, à la fin, il va tomber malade. L'argent ne compte pas ici. En tant qu'êtres humains, nous avons des besoins dont ceux de vivre en sécurité, d'être acceptés et d'exercer une influence utile. Travailler dans un environnement où nous ne nous sentons ni en sécurité, ni acceptés, ni utiles en compensation de ce que nous y apportons, risque de nous rendre malades.

Faire du profit est naturel. Dans une structure sociale bien organisée, les personnes vont réaliser leur profit au moyen de l'échange. Si elles vivent dans une organisation défaillante, le vol, les guerres, la corruption et toutes les formes d'abus de pouvoir vont remplacer le libre-échange.

Là où la loi de la compensation est respectée, il n'y a pas d'abus de pouvoir. Le respect de cette loi en milieu organisationnel implique donc la mise en place d'une structure de communication et de prise de décisions qui donne à chacun un pouvoir équivalent. Sans cela, les abus de pouvoir vont devenir la règle parce que la loi de la compensation pourra être brisée au profit de la loi du plus fort.

La loi du mouvement

La nature cherche constamment à atteindre l'équilibre au moyen d'une transformation permanente. Comme la thermodynamique nous l'a appris, rien ne se perd, rien ne se crée, tout est en transformation. La loi du mouvement peut donc s'énoncer ainsi : *tout ce qui existe est né d'un processus et va disparaître dans un processus. Il n'y a de stable que la transformation.*

D'où vient le mouvement ? La radiation de la Force originelle du fait de sa force magnétique exerce une pression incommensurable au-delà de la limite de son origine, ce qui crée la chaleur et le mouvement. En pénétrant dans ce nouvel environnement, les radiations forcent les éléments en suspension à se précipiter sur l'énergie projetée, créant ainsi un formidable mouvement.

Dans notre monde physique, le mouvement vient également de la pression. La pression crée la chaleur et la chaleur engendre le mouvement.

La créativité, la seule issue possible

Dans la vie sociale, le mouvement vient également de la pression. Les problèmes que nous devons résoudre pour survivre et améliorer notre qualité de vie d'instant en instant causent cette pression. De ce point de vue, la vie est un processus sans fin de résolution de tensions, de conflits, de problèmes, ce qui laisse entendre que la qualité d'une organisation se mesure par la façon dont celle-ci résout ses problèmes.

Se battre ou fuir ne sont pas des stratégies efficaces pour solutionner un problème. Elles ne font que temporairement et artificiellement réduire la pression. La meilleure stratégie reste la créativité. Cela devient possible dans un environnement social qui tolère une pression suffisante entre ses membres pour obliger les personnes à mettre leurs talents au service du groupe, tout en respectant les limites de chacun dans la mise en route d'une solution.

Une certaine pression est nécessaire pour dégeler les polarisations qui surviennent naturellement dans la vie en société, remettre en mouvement les énergies prisonnières dans ces polarisations et trouver des solutions d'intégration mieux adaptées aux circonstances. Si je peux ni fuir ni me battre, il me reste deux voies possibles : la folie ou la créativité.

L'observation des écosystèmes nous apprend que l'équilibre des milieux naturels est maintenu parce que chaque espèce a le pouvoir de se défendre si elle est menacée. Même l'herbe dans un champ peut se défendre en sécrétant une substance qui va dégoûter ses prédateurs quand sa survie est en jeu. C'est la raison pour laquelle les vaches ne mangent pas systématiquement l'herbe d'un pré, mais se déplacent constamment en laissant des plaques d'herbe intactes. L'herbe se défend.

Si nous voulons respecter la loi du mouvement dans l'édification de nos organisations, il devient important de structurer le processus de communication et de prise de décisions de façon telle que tous les participants puissent contribuer à résoudre les problèmes qui les affectent. Si c'est la façon de faire des systèmes naturels, pourquoi ne serait-ce pas la solution tout indiquée pour les systèmes humains ?

La loi du mouvement est incontournable. Nous sommes constamment poussés à faire mieux, sachant que la perfection ne sera jamais atteinte. Le mouvement de la qualité totale qui a marqué nos organisations occidentales depuis les années 80 s'appuie sur cette loi.

Le bonheur ne semble possible que dans un travail qui vise une amélioration constante de la qualité de vie. La retraite oisive n'est pas un programme institué par la nature. L'absence de mouvement et de transformation est un symptôme de décadence et constitue le terrain favorable pour la corruption sous toutes ses formes.

Ces lois qui nous gouvernent

La reconnaissance des lois qui régissent la nature nous laisse perplexes quant à l'hypothèse qui veut que le hasard soit à l'origine de tant d'intelligence et de détermination à promouvoir la Vie.

Si l'univers est régi par des lois inflexibles et parfaites, quel est donc le législateur qui les a édictées ? Certains parlent d'un principe directeur qui anime et organise tout, d'autres d'une force qui pousse à l'évolution.

Contentons-nous de constater avec les scientifiques que la force qui anime l'univers depuis le Big-Bang est immuable dans son action et qu'elle exprime une grande sagesse qui favorise toujours l'évolution.

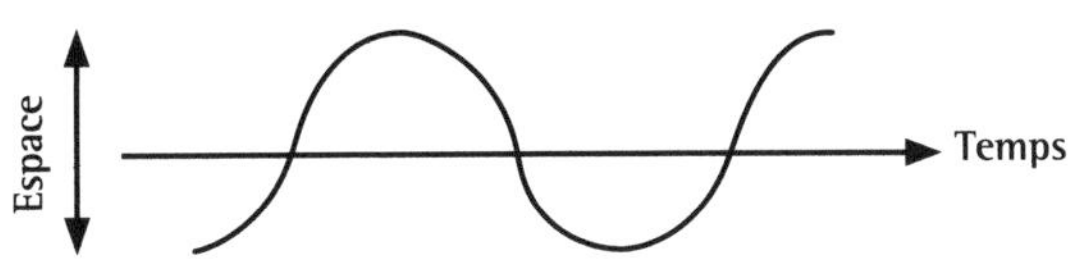

Appelons cette force, pour l'instant, l'énergie vitale et représentons-la graphiquement par une onde qui voyage dans l'espace et le temps.

Si nous ne pouvons pas connaître de façon expérimentale l'origine de cette force, nous pouvons tout de même en constater les effets et en découvrir les lois. Nous pouvons même ressentir cette énergie sous forme de tension dans notre propre corps, son intensité variant avec l'émergence et la satisfaction de nos besoins.

Chez tous les êtres vivants, quand la tension monte trop haut, c'est signe que l'organisme vit un conflit. S'il ne réussit pas à gérer ce conflit, c'est la crise. Cette crise peut entraîner la mort de l'organisme de deux façons : l'individu peut aller au bout de ses ressources et mourir d'épuisement ou encore, pour l'aider à survivre le plus longtemps

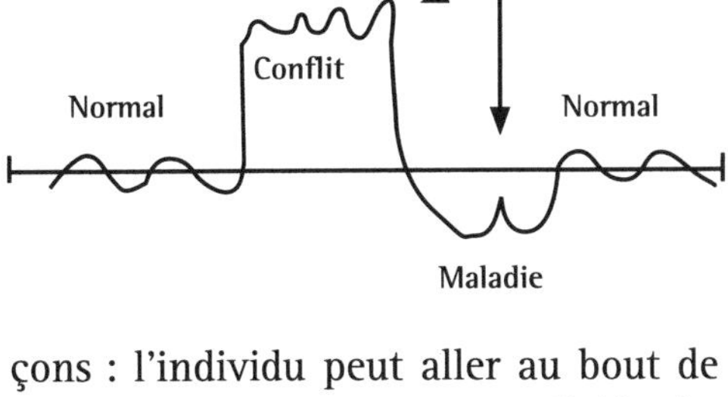

possible, son système nerveux peut ramener le conflit au niveau biologique et déclencher une maladie en relation avec ce conflit. Pendant qu'une partie de l'organisme est sacrifiée, ce que la médecine traditionnelle appelle le processus de la maladie, l'individu peut trouver des moyens plus créateurs de résoudre le conflit. S'il n'y réussit pas, il meurt.

Diriger c'est rester attentif à la force vivante qui actionne le devenir des choses et des événements pour détecter la tension qu'elle génère en soi, au sein des équipes de travail ou dans l'organisation et interpréter ce signal comme une forme d'adaptation plus ou moins réussie aux lois naturelles.

Notre défi commun

Les dirigeants du XXIe siècle font face à des défis considérables. Pour paraphraser l'astrophysicien canadien Hubert Reeves : « La Terre vit une crise grave. Malgré les comportements irresponsables des hommes, la Vie va continuer parce qu'elle est bien plus forte que nous ; mais la question reste de savoir si elle va le faire avec nous ou sans nous ? ».

Le défi le plus important du prochain siècle est, à n'en pas douter, la protection de l'environnement. N'entendons pas, ici, uniquement l'environnement physique, mais surtout l'environnement social. Soigner la Terre, c'est d'abord soigner la société, car la pollution physique est d'abord le résultat du désordre social.

Il est donc plus urgent de trouver des solutions pour régénérer le tissu social de nos organisations et de nos communautés que de trouver de nouvelles techniques pour colmater la couche d'ozone. Pour cela, nous avons besoin d'une avancée des sciences sociales et des sciences de la gestion qui nous dira quoi faire pour revitaliser nos familles, nos écoles, nos quartiers, nos entreprises, nos associations, nos villes et villages et, bien sûr, nos pays.

Nous avons besoin d'apprendre à créer et à gérer des organisations apprenantes qui soient capables de se réguler elles-mêmes. Pour réussir notre tâche, nous sommes appelés à approfondir, dans un temps relativement court, les lois de la nature pour en tirer des enseignements, des principes et des règles de gestion qui vont nous aider à faire mieux.

Les lois de la Vie et le mode sociocratique de gouvernance

Les quatre règles du mode sociocratique de gouvernance sont d'autant plus utiles qu'elles se veulent, au niveau organisationnel, une application concrète des lois universelles de la Vie.

1. La loi de la pesanteur

Plus on monte dans la hiérarchie d'une entreprise, plus on s'éloigne de la réalité concrète. De l'opération des machines à l'organisation du travail, jusqu'au plan stratégique de l'entreprise, s'échelonnent des niveaux de plus en plus subtils de réalité qu'il importe de maîtriser, si nous voulons influencer le cours des choses. L'organisation de l'entreprise en cercles sociocratiques respecte cette loi et reconnaît l'importance de la hiérarchie.

La solution à nos problèmes de communication dans l'organisation réside moins dans l'élimination des niveaux hiérarchiques que dans l'organisation de celle-ci de façon à favoriser la libre circulation de l'information dans les deux sens. Une pyramide aplatie demeure une pyramide et ne change rien à la dynamique de communication puisqu'elle n'empêche pas le patron de faire fi de ses subordonnés.

Le simple bon sens veut que l'ordre hiérarchique soit la donnée de base d'une saine gestion. L'autorité hiérarchique des cercles assure cet ordre.

La loi de la pesanteur est aussi mise en valeur par la règle du consentement qui inscrit au coeur du processus décisionnel le poids des arguments comme l'élément de base de la prise de décisions. Puisque ce sont les arguments qui prévalent, la discussion ouverte entre les membres du cercle va permettre d'élever le niveau du débat dans la direction du bien commun.

2. La loi des affinités

La loi des affinités régit la constitution des cercles sociocratiques : « Qui se ressemble s'assemble ». Parce qu'il peut s'autoorganiser, le cercle sociocratique sélectionne ses membres en fonction de ses propres critères. Dans ces conditions, il aura naturellement tendance à choisir des personnes qui seront en affinité avec les valeurs du groupe.

Parce qu'il est disposé à respecter la loi des affinités, le cercle va acquérir une cohésion et une stabilité qui en feront sa force car il attirera des gens qui l'aideront à progresser dans l'harmonie.

3. La loi de la réciprocité des effets

On récolte toujours ce que l'on sème. Cette loi vit au cœur de la notion de cercle sociocratique. Parce que les membres du cercle ont le sentiment que leur organisation leur appartient, ils vont naturellement prendre la responsabilité des résultats de leurs actions.

La règle du double lien s'appuie elle aussi sur cette loi. Comme élément de régulation du processus décisionnel le double lien donne un meilleur accès au feedback de l'environnement. En ayant une meilleure vision des impacts de ses décisions le cercle sociocratique est à même d'agir de façon plus responsable.

L'ingénierie sociale du cercle comme système est une autre application de cette loi. La description des processus de travail et la mise en place de mesures à chaque étape du processus permettent une plus grande vigilance et un contrôle responsable des opérations.

4. La loi de la compensation

Les systèmes écologiques naturels privilégient les relations de type gagnant. Le cercle sociocratique, par l'ouverture qu'il crée à l'interne et à l'externe, oblige au dialogue et à l'échange. Les points de vue, tant des actionnaires que ceux des clients ou des employés, seront pris en compte de façon à compenser les contributions de chacun en optimisant le profit mutuel.

5. La loi du mouvement

Il n'y a de stable que la transformation. Les formes naissent, croissent et se dégradent avant de renaître. Les scientifiques expliquent la dégradation des systèmes par la loi de l'entropie. Pour contrer cette loi, il faut que les systèmes déploient une énergie qui va permettre le renouvellement des formes.

Le cercle sociocratique génère l'énergie qui facilite grandement cette adaptation. Il devient le creuset où se fait et se défait l'organisation. C'est un lieu sécuritaire qui donne accès à la créativité indispensable à la transformation et au renouvellement des formes. C'est le lieu où la résistance au changement peut être vaincue avec le plus d'efficacité, car c'est là que l'on prend, en toute conscience, les décisions qui vont affecter l'avenir du cercle et de son environnement.

Résumé et commentaires du chef des MoaZoa

Notre peuple avait la connaissance des lois de la nature. Grâce à votre science, vous avez tiré de ces lois des applications destinées à vous faciliter la vie dans le monde matériel. Ce n'est cependant pas suffisant ! Votre défi, comme ce fut le nôtre, est maintenant de trouver des applications de ces lois pour la survie même de vos communautés.

Voici les paroles qu'un de nos shamans nous a laissé pour que nous nous souvenions de l'importance des lois naturelles. Nous avions l'habitude lors des grandes fêtes spirituelles de notre peuple de les réciter au rythme des tambours. Voici ces paroles traduites dans votre langage.

Pesanteur

La pierre roule sur la pente, pourrait-elle faire autrement ?
Le bois flotte sur la rivière, la pierre ne sait pas en faire autant.

Attraction des affinités

Les oies blanches volent ensemble au printemps et à l'automne.
Faut-il voyager avec les siens pour devenir une personne ?

Réciprocité des effets

Le fruit, la fleur et l'arbre n'ont plus souvenance
Qu'il n'y a pas si longtemps, ils étaient semences.

Compensation

Ce qu'une main donne revient dans l'autre mille fois.
Je fais confiance à la Vie et j'ai foi dans sa loi.

Mouvement

Sur la route de l'espoir, qu'on soit gueux ou bien roi
Sans faire le même voyage, on rentre tous chez soi.

Remerciements

Je voudrais remercier tous ceux et celles qui reconnaissent les possibilités qu'offre le mode de gouvernance sociocratique et qui participent à sa diffusion pour l'amélioration de notre savoir-vivre ensemble.

Au nom de Sociogest, la société dont je suis le président, je tiens à remercier nos clients en Europe et en Amérique avec qui nous entretenons des liens d'amitié parce qu'ils travaillent, comme nous, à démontrer que la coopération est supérieure à la compétition dans tous les domaines de l'activité humaine.

Merci à mes collègues du Cercle international de sociocratie avec qui j'expérimente la mise en œuvre du modèle sociocratique dans ma vie et dans les organisations.

Je tiens à souligner de façon particulière la contribution de deux personnes qui, par leur persévérance et leurs convictions profondes, soutiennent la quête que je poursuis depuis toujours d'une vie sociale fondée sur les lois de la Vie. Il s'agit de Gerard Endenburg, le père de la sociocratie moderne, et de Ghislaine Cimon, mon épouse. Ces deux personnes regardent dans la même direction et leur foi dans ce qu'ils voient m'encourage à suivre mon étoile.

Références bibliographiques

La sociocratie comme mode de gouvernance s'inscrit dans l'école du management participatif.

Dans la société occidentale moderne, les trois auteurs à qui l'on reconnaît la paternité des principes de base de la gestion participative sont McGregor, Likert et Argyris (Széll, 1992). Ces idées sont restées marginales jusqu'à la montée des modèles de gestion japonais axés sur la notion de clan. Le modèle participatif se popularise alors en Occident comme une façon permettant d'obtenir un avantage compétitif et de créer de la valeur.

Comme pour tous les modèles de prise de décisions, son efficacité et même sa faisabilité dépendent d'un grand nombre de facteurs internes et externes de l'entreprise qui seront ici explorés.

Les fondements de la gestion participative du changement organisationnel

Malgré la confusion qui règne dans les définitions et les pratiques du management participatif, on s'entend pour dire qu'il propose de donner aux subordonnés une influence dans le processus de prise de décisions. Ce modèle contraste avec l'autocratie et repose sur des fondements humanistes.

Tosi (dans Williams p. 232) décrit les niveaux d'association des employés aux décisions de la façon suivante : (a) l'explication des décisions, (b) la consultation a priori, (c) les décisions communes, et (d) la délégation. Ce modèle, caractérisé par un enrichissement des tâches, redonne au travailleur plusieurs tâches décisionnelles qui lui avaient été enlevées dans le Taylorisme.

Principaux objectifs et avantages

Les chercheurs ont démontré que la gestion participative a plusieurs avantages sur les autres modes de prises de décisions. Un des premiers aspects est d'améliorer la qualité de la communication (Holt, 2003). Gain significatif lorsque l'on tente de motiver une équipe ou des individus à atteindre des objectifs organisationnels. D'ailleurs, de nombreux auteurs ont noté une hausse de l'implication, l'engagement et la motivation des employés (O'brien, 1976 ; Sashkin, 2003). On voit également un lien significatif entre l'utilisation d'une gestion participative et l'acceptation du changement (Judson, 1991 tiré de Holt, 2003).

Plusieurs auteurs présentent ce modèle comme conférant un avantage compétitif par utilisation du potentiel dormant chez les collaborateurs pour trouver de meilleures solutions aux problèmes (Pfeffer ; Ichniowsky, 1996). Ce mode de gestion augmente donc la capacité d'adaptation de l'entreprise (Sashkin, 1976).

Le facteur humain est largement souligné dans la documentation, que ce soit pour une amélioration du moral et le développement d'une relation de confiance réciproque (Rosenbach, 1989). Le modèle participatif facilite le travail d'équipe et indique les conditions pour une véritable décentralisation.

Les freins

Les détracteurs du modèle ont souligné que les intérêts divergents entre les individus et les entreprises (Tornhill, 2000 dans O'Brien, 2002, p. 445) peuvent être des éléments qui éliminent les forces de la gestion participative. La critique du modèle de qualité à la Japonaise que l'on tente d'implanter en Occident repose sur ces arguments. En réalité, le modèle entretien chez le travailleur l'illusion que l'entreprise lui appartient. Ultimement, au moment des décisions importantes, il n'est plus consulté et ce sont les impératifs économiques (actionnaires) qui prennent toutes les décisions. C'est le cas dans les décisions de délocalisation, par exemple.

L'argument de la faisabilité est aussi soulevé à cause de divers facteurs tels que l'incapacité de déléguer de la haute direction (Bartkus, 1997), la peur du changement ou l'attachement de la direction aux anciennes façons de gérer (McHugh, 1999).

Le mode de gouvernance sociocratique

Le mode de gouvernance sociocratique, en changeant la structure de communication et de prise de décisions, vient donner au modèle traditionnel de la gestion participative ses assises opérationnelles. Il offre une base scientifique qui justifie les intuitions et les données expérimentales accumulées par les différents chercheurs sur la gestion participative.

Beaucoup d'ouvrages traitant plus récemment du modèle sociocratique sont en langue hollandaise, mais depuis le début du siècle les recherches vont bon train pour documenter en d'autres langues l'apport extraordinaire de ce mode de gouvernance.

Voici une liste bibliographique pour ceux et celles qui voudraient approfondir les principes qui sont à la base du mode de gouvernance sociocratique.

Quelques ouvrages intéressants

ALBRECHT, KARL (2002) *« The power of mind at work : Organizational intelligence in action »,* Publisher : American Management Association; 1st edition (ISBN-10 : 0814407374

ANDERSON, RUTH A. ET COLL. (1999) *« RN participation in organizational decision making and improvements in resident outcomes »* Health Care Management Review. Vol. 24, N° 1, pg. 7, 10 pgs, ISSN 0361-6274

BARNHART, TIM (1997) *« Save the bureaucrats (while reinventing them) »* Public Personnel Management. Vol. 26, N° 1, pg. 7, 8 pgs, ISSN 0091-0260

BARTKUS, BARBARA R. (1997) *« Employee ownership as catalyst of organizational change ».* Journal of Organizational Change Management. Vol. 10, N° 4, pg. 331, ISSN 0953-4814

BUCK, J., GERARD ENDENBURG G (2004) *« Sociocracy, the creative forces of self-organization »,* (Article) 2004 (www.sociogest.ca) (Traduction française disponible)

BUCK, JOHN A. AND VILLINES, SHARON *We the People: Consenting to a Deeper Democracy, a Guide to Sociocratic Principles and Methods,* Washington, DC : Sociocracy.info Press. 2007

CHAREST, GILLES (2005) *« La roue des talents : Pour diriger sa vie et les organisations»,* Éd. Publistar, 2005 ISBN: 2-89562-130-6

CHAREST, GILLES (1996) *« La gestion par consentement : Une nouvelle façon de partager le pouvoir»,* Éd. Transcontinentale, Collection de la Fondation de l'entrepreneurship, 1996

CRÉPON, MARC ET STEIGLER, BERNARD *« De la démocratie participative fondements et limites »* aux éditions des mille et une nuits, paru en Mars 2007

DEHERME, GEORGES *« Démocratie et sociocratie »* éditions Prométhée, 1930

DRAGO, ROBERT (1991) *« The Determinants of Participatory Management ».* British Journal of Industrial Relations. Vol. 29, N° 2, pg. 177, 28 pgs, ISSN 0007-1080

GERARD ENDENBURG GERARD (1998) *« Sociocracy : as social design »,* Publisher EBURON, ISBN ; 90-5166-604-7

GOLEMAN, DANIEL (1997) — *« Emotional Intelligence »*, Publisher Bantam, New York

HENNESTAD, BJORN (SEP 2000) — *« Implementing participative management : Transition issues from the field »"*, Journal of applied behavioral science. Vol. 36 N° 3, pg 314, ISSN 0021-8863

HODSON, RANDY ET COLL. (1994) — *« Loyalty to whom ? Workplace participation and the development of consent ».* Human Relations. Vol. 47, N° 8, pg. 895, 15 pgs, ISSN 0018-7267

HOLT, DANIEL ET COLL. (2003) — *« Facilitating organizational change a test of leadership strategies ».* Leadership & Organization Development Journal. Vol. 24, N° 5/6, p. 262, 11 pgs, ISSN 0143-7739

ICHNIOWSKI, CASEY ET COLL. (1996) — *« What works at work : Overview and assessment »* . Industrial Relations. Vol. 35, N° 3, pg. 299, 35 pgs, ISSN 0019-8676

LEANA, CARRIE R. ET COLL. (1990) — *« Fact and Fiction in Analyzing Research on Participative Decision making: A critique of Cotton, Vollrath, Froggatt, Lengnick-Hall and Jennings ».* The Academy of Management Review. Vol. 15, N° 1, pg. 137, 10 pgs, ISSN 0363-7425

LOWIN, AARON (1968) — *« Participative decision making : A model, literature critique and prescription for research ».* Organizational behavior and human performance. Vol. 8, pg 68-106, ISSN 0030-5073

MCHUGH, M. ET BENNETT, H. (1999) — *« Introducing teamworking within a bureaucratic maze ».* Leadership & Organization Development Journal. Vol. 20, N° 2, pg. 81, ISSN 0143-7739

MERRY U., BROWN G. (1990) — *« The Neurotic Behavior of Organizations »*, Publisher : Gestalt Institute of Cleveland Press, ISBN : 0-89876-116-6

MINTZBERG, HENRY (1994) — *« The Rise and Fall of Strategic Planning »*, Publisher : Free Press, New York

MINTZBERG, HENRY (2007) — *« De l'obsession du leadership au communautéship »*, (Article) LA PRESSE, (Québec, Canada) avril 2007

O'BRIEN, GERALDINE (2002) — *« Participation as the key to successful change--a public sector case study ».* Leadership & Organization Development Journal. Vol. 23, N° 8 ; pg. 442, 14 pgs, ISSN 0143-7739

Ouchi, William (1985) « *Un nouvel esprit d'entreprise* », Éd. InterÉditions, 1985, Paris ISBN 2-7296-0052-3

Peck, Scott (1998) « *The different drum* », Publisher: Touchstone; Reprint edition ISBN-10: 0684848589

Pfeffer, Jeffrey (1994) « *Competitive advantage through people* ». California Management Review. Vol. 36, N° 2, pg. 9, 20 pgs, ISBN 0008-1256

Renaud Jacques « *Le management d'événements* » éd. Transcontinental, 2007, ISBN 9782894723449

Rosenbach, W et Zawacki, R. (1989) « *Participative work redesign: A field study in the public sector* ». Public administration Quarterly. Vol. 13, N° 1, pg 112-121 ISBN 0734-9149

Senge, Peter M. (1990) « *The fifth discipline : Theart & Practice of The learning organization* », Publisher DOUBLEDAY, ISBN : 0-385-26094-6

Sashkin, Marshall (Juillet 1976) « *Changing toward participative management approaches : a model and methods* ». The academy of management review. Vol. 1, N° 3, p. 75, 12 pgs, ISSN 0363-7425

Széll, György (1992) « *Concise Encyclopaedia of Participation and Co-Management* » De Gruyter studies in organization, Berlin, 1047 p. ISBN 3-11-012173-5

Williams, Ervin (1976) « *Participative management: Concepts, theory and implementation* » Publishing Services Division, School of Business Administration, Georgia State University. Atlanta, Georgia, 285 p. ISBN 0-88406-102-7

Zara, Olivier (2005) « *Le management de l'intelligence collective : Vers une nouvelle gouvernance* », Ed. M2, ISBN-10 : 2-9520514-1-0

Esserci Edizioni

La maison d'édition «Esserci Edizioni», dirigée par Vilma Costetti, **commence son activité éditoriale** en 2003, avec la publication en italien du livre de Marshall B. Rosenberg, *Le parole sono finestre [oppure muri]* (titre original : *Nonviolent Communication, A Language of Life)*.

Son **projet éditorial** se caractérise surtout par la production - en italien, français et anglais - de matériel expérimental et de livres ayant pour objet la communication. En particulier, les publications visent à offrir un soutien et des compétences pour créer un monde - intérieur et extérieur- bienveillant, et pour gérer le pouvoir « avec » les autres plutôt que « sur » les autres êtres humains et vivants.

Ainsi, outre la publication en italien d'auteurs comme Marshall B. Rosenberg, Thomas D'Asembourg, Lucy Leu, Sylvia Askvitz, les Editions Esserci produisent des ouvrages qui naissent en Italie de la réflexion théorique et de la pratique quotidienne d'une qualité de communication qui favorise la création de systèmes et d'organisations, intérieurs, familiaux, éducatifs, scolaires, politiques, économiques, sociaux, qui enrichissent la vie.

Esserci Edizioni
Via Silvano Caleri, 14
42100 Reggio Emilia ITALY
tel/fax: + 39 0522 943053
e-mail: info@centroesserci.it
site internet: www.centroesserci.it